ビジュアル
テキスト
国際法

〔 第 **3** 版 〕

編著

加藤 信行　植木 俊哉
森川 幸一　真山 全
酒井 啓亘　立松 美也子

"Visual" Textbook of International Law

有斐閣

Preface

第3版へのはしがき

　この『ビジュアルテキスト国際法』の初版が出版されたのは，2017年のことでした。本書は，幸いなことに，ビジュアル要素を豊富に盛り込んだ教科書として，多くの読者に恵まれました。読者の皆様や本書を活用してくださった関係者の皆様に，心より感謝しています。おかげさまで，この度，第2版（2020年）に続き，第3版を刊行する運びとなりました。

　この第3版では，これまでの基本構成を変更することなく維持し，かつ，なるべく頁数を増やさない形で，改訂を施しました。本書全体を改めて見直し，第2版以降に生じた国際法の進展を取り入れました。ロシアによるウクライナ武力侵攻という衝撃的な事態が発生したのは，ちょうど改訂作業を進めている最中でしたが，この問題についても本書の随所で加筆しました。

　オンライン授業が普及しつつある昨今，ビジュアル教材の有用性はますます高まっているように思われます。とくに国際法の学習においては，文章だけでなく図表や地図，写真などを見なければなかなか理解しにくいことが少なくありません。目で見て学ぶことができる本書の第3版が，これまでと同様，今後とも多くの人々の国際法の学習に役立つことを願っています。

　本書は，日本語で国際法を学ぶ日本の読者を念頭に出版した入門的な教科書ですが，海外でも，本書（初版）の中国語版，さらにウズベク語版が，相次いで出版されました。本書を通じて国際法が世界の多くの人々に伝わるとすれば，それは私たち編著者にとって望外の喜びです。これら翻訳書の作成を担われた皆様には，この場を借りて，厚くお礼申し上げたいと思います。

　有斐閣編集部の藤原達彦さんには，第2版に引き続き，第3版の編集でも大変お世話になりました。ビジュアル要素を多く含む本書の編集には，一般の法律書の編集の場合にはない厄介な作業も伴いますが，見事に本書を完成に導いてくださいました。編著者一同，ここに心よりお礼申し上げます。

2022年11月

編著者を代表して　加藤信行

Preface

初版へのはしがき

　本書は，大学ではじめて国際法を学ぶ学生の皆さんのために，ビジュアルな要素をなるべく多く盛り込みながらまとめた国際法の入門的な教科書です。授業の教材として使用されることを想定し，序章と全14章で構成されています。国際法の標準的な体系にほぼ従った構成をとり，壮大な国際法の全体を一通り取り上げています。

　国際法の教育は，これまでおもに，法学専門教育の一環として大学の法学部を中心に行われてきました。いまや，法学部の学生にとって国際法の学習がいっそう重要性を増すと同時に，法学を専門としない学生諸君にとっても，いわば「国際社会の共通言語」の役割を果たす国際法（本書2頁参照）を学ぶ必要性がますます高まっています。そこで本書は，法学部生はもとより，法学部以外の学生諸君のことをも念頭におきつつ作成・編集しました。国際法を手軽に学べる教科書ですので，国際法に関心をもつ一般市民の皆様にも広くご覧いただきたいし，高校生諸君にとっては政治経済や歴史の理解を深めるための参考書として役立つことでしょう。

　本書には次のような特徴があります。第1に，写真や地図，図表を豊富に盛り込み，視覚を通じて国際法の具体的なイメージが浮かぶように工夫しました。文章だけでは理解しにくい部分を図表化したり，有用な写真や資料を載せることで，興味・関心を維持しながら国際法を学べるよう配慮しています。第2に，初学者の目線に立って，法学を専門としない学生諸君のことをも考慮しつつ，国際法の全体をわかりやすくコンパクトにまとめることを目指しました。そのため本書では，なるべく平易な表現を心がけるとともに，高度に専門的で難解な議論には深入りしないようにしました。

　私たち編著者は，東京をはじめ京都，札幌で，最初の打ち合わせを含めると計10回の会合を重ね，忌憚（きたん）のない議論を通じて本書を完成させました。著作権や肖像権の関係で掲載を断念したビジュアル要素も少なくありませんが，本書を企画した趣旨はある程度達成できたのではないかと思っています。まだまだ至らない点もあるでしょうが，今後機会があれば，読者の皆様の声をふまえて改善していきたいと考えています。

　本書の作成にあたっては，有斐閣書籍編集部の皆様に大変お世話になりました。そもそも本書を最初に企画されたのは，伊丹亜紀さん（現営業部）と奥山裕美さん（現六法編集部）でした。奥山さんには，その後ほぼ完成段階にいたるまで長くご担当いただき，本書の大部分を築いてくださいました。京都支店の一村大輔さんは，東京や札幌の会合にもご参加いただき本書の肉付けに大いに貢献されました。最後の詰めの段階でご担当いただいた藤本依子さんには，本文の校正，資料の点検・レイアウト，著作権の処理などで大変ご苦労をおかけしましたが，じつにきめ細やかな作業によって本書を完成に導いてくださいました。本書はこれらの皆様のご尽力の賜物です。編著者一同，ここに心よりお礼申し上げます。

2017年2月

編著者を代表して　　加藤信行

Contents

ビジュアルテキスト国際法 第3版　目　次

Authors

Nobuyuki Kato

加 藤 信 行

北海学園大学教授

担当 ： *Chapter 4, 5, 6*

＜読者へひとこと＞
国際法を多くの人が興味深く学べるよう，悩みつつもワクワクしながら本書を作りました。本書のような国際法の教科書は世界的にも珍しいと思われます。

Toshiya Ueki

植 木 俊 哉

東北大学教授

担当 ： *Chapter 2, 3, 7*

＜読者へひとこと＞
本書は，主に初めて国際法を学ぶ方を対象としていますが，少し奥深い内容も含んでいます。なお，私の担当章の写真の撮影等には，次女・英里子の協力を得ました。

Koichi Morikawa

森 川 幸 一

専修大学教授

担当 ： *Chapter 1, 13*

＜読者へひとこと＞
国際法は国際社会の縮図です。諸国は何をめぐって対立しているのか，どのような形で協調が可能なのか。国際法を学ぶことで，きっと答えが見つかるはずです。

Akira Mayama

真 山　全

大阪学院大学教授

担当 ：*Chapter 9, 14*

＜読者へひとこと＞
条約は紙くず同然，慣習法は紙で
すらないと思うのが普通で，諸賢
も読後その感を深くされると同時
に国際法がなぜ遵守せられるのか
の感慨にもとらわれましょう。

Hironobu Sakai

酒 井 啓 亘

京都大学教授

担当 ：*Introduction, Chapter 12*

＜読者へひとこと＞
私たちが生きている現代の社会で
は，国際問題から身近な話題まで，
国際法はいたるところで顔を見せ
るようになっています。この本で
ぜひそれを実感してください。

Miyako Tatematsu

立 松 美 也 子

共立女子大学教授

担当 ：*Chapter 8, 10, 11,*

＜読者へひとこと＞
国際法を学んで，日々，取りあげ
られる国際問題について，ぜひ，
国際法の切り口からも考えてみて
ください。別の見え方に気づくか
もしれません。

（富士山かぐや姫ミュージアム所蔵）

C-1　ロシアの軍艦ディアナ

プチャーチンを乗せて日露通好条約締結交渉のため下田を訪れていたロシア海軍の軍艦ディアナは，1854年の安政大地震による津波で大破し，修理のため君沢郡戸田（へだ）に回航中，駿河湾で沈没した。⇨*Introduction* 2

（写真：Alamy／PPS通信社）

C-2　ナンセン旅券（パスポート）

1922年からナンセン難民高等弁務官が，ロシア革命後の難民に発行した国際的に認められた旅券。有効期間は1年であったが，所有者の就職，再定住，第三国のビザ取得に有用であった。⇨*Chapter 8* 3 (2)

（写真：Bridgeman／PPS通信社）

C-3　ガン条約の調印

1812年6月に米国と英国・カナダとの間で勃発した北米植民地をめぐる戦争を終結させたのが，南ネーデルランド（現在のベルギー）のガン（ゲント）で締結されたガン条約である（1814年12月）。⇨*Introduction* 2

C-4　ドイツのプファルツ城

ライン川を航行する船舶からの徴税を目的として築かれたプファルツ城。ライン川における船舶の自由航行を確保するために最初の国際河川委員会として，1815年のウィーン会議最終議定書でライン川中央委員会がドイツのマインツに設立された。⇨*Chapter 7* 1 (2)

（写真：Alamy／PPS通信社）

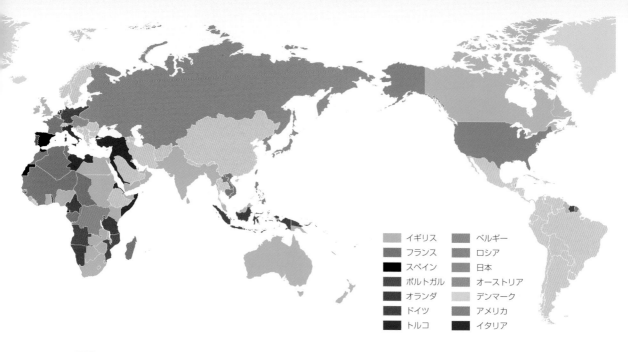

イギリス　　　　ベルギー
フランス　　　　ロシア
スペイン　　　　日本
ポルトガル　　　オーストリア
オランダ　　　　デンマーク
ドイツ　　　　　アメリカ
トルコ　　　　　イタリア

C-5 **第一次大戦開始時(1914年)の植民地地図**

15世紀末から始まるヨーロッパ諸国の地球規模での拡大の結果，第一次大戦前には，日本，中国等を除くアジアと，エチオピア，リベリア等を除くアフリカ大陸のほぼ全域が，ヨーロッパ諸国によって植民地化された。⇨*Chapter 1* 4

C-6 **難民の保護**

1995年，ザイール（現コンゴ民主共和国）東部の難民キャンプで，ルワンダ難民の歓迎を受ける緒方貞子・国連難民高等弁務官。彼女は，1991〜2000年まで，同職を務めた。⇨*Chapter 8* 4

（写真：AFP＝時事）

（写真：Bridgeman／PPS通信社）

C-7 **真珠湾攻撃で炎上の米戦艦**

1941年12月7日朝（ハワイ時間），日本軍はハワイの真珠湾を奇襲し，在泊の米太平洋艦隊に壊滅的打撃を与えた。真珠湾攻撃は，奇襲の教科書的成功例とされるが，駐米日本大使による米国務長官への宣戦布告は日本側の重大な過誤で攻撃開始後となり，「騙し討ち」として米国民を一致団結させることになった。⇨*Chapter 14*

（写真：AFP＝時事）

C-8 **ロシア軍の攻撃を受けた商業施設（ウクライナ・キーウ）**

2022年2月，ロシア軍はウクライナに軍事侵攻し，一時は首都キーウ近郊にまで進軍した。その後，欧米諸国から軍事支援を受けたウクライナ軍の激しい抵抗を受け，東部ドンバス地方や南部に戦線を縮小しつつも，戦闘は長期化の様相を呈している。⇨*Chapter 13*

＜衛生部隊および宗教部隊の保護標章＞

(a)赤十字, (b)赤新月, (c)赤いライオンと太陽の標章。これらはジュネーヴ諸条約で定められた衛生部隊および宗教部隊の保護標章である。このほか, イスラエル軍は, ジュネーヴ諸条約上の根拠のない(d)ダヴィデの赤い楯標章を使用してきた。

保護標章が多数あると混乱を招くため, 赤十字国際委員会を中心に統一標章の検討が行われた。(e)赤いクリスタルが 2005 年のジュネーヴ諸条約第 3 追加議定書で統一標章とされた。しかし各国使用の従来の標識をこの中に入れて使用することを認めるなど, 完全な意味での統一標章にはなっていない ((f))。

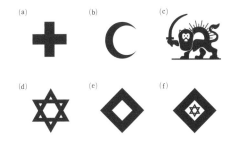

＜その他の標章＞

(a) 文化財保護標章。文化財は, ハーグ文化財保護条約およびその議定書, ならびにジュネーヴ諸条約第 1 追加議定書などの条約で保護される。

(b) 危険な力を内蔵する工作物および施設の保護標章（三橙色円）。ダム, 堤防および原子力発電所の3種の危険な力を内蔵する工作物および施設は第 1 追加議定書 56 条および第 2 追加議定書 15 条で保護される。

(c) 文民保護組織保護標章。第 1 追加議定書は, 武力紛争や災害から文民を防護するための組織である文民保護組織が保護されることを定めた。文民保護組織は, 避難, 救助, 需品供給などにあたり, 独立組織ではなくとも警察や消防を含む政府や地方政府の機関がこれ

を担うことができる。

(d) 病院安全地帯の標識。ジュネーヴ文民保護条約には, 病院・安全地帯・地区, 中立地帯といった傷病者や文民を収容する保護地域設定の条文がある。第 1 追加議定書では, 文民居住地をそのまま保護する無防備地区や非武装地帯の定めも設けた。

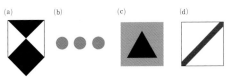

（出典：ICRC, Red Cross and Red Crescent Emblems：Safeguarding their Power to Protect and Preventing Misuse , 2016 , p . 4 ）

C-9 赤十字標章その他の保護標章
⇨*Chapter 14* **4** (1)

....

ウクライナ
ジョージア
リビア
パレスチナ
イラク／英
アフガニスタン
マリ
ダルフール・スーダン
フィリピン
コロンビア
ベネズエラ
ギニア
ケニア
バングラディッシュ／ミャンマー
コートジボワール
ウガンダ
ボリビア
ナイジェリア
ブルンジ
コンゴ民主共和国
中央アフリカ共和国

■ ICC で審理中または結審済みの事件の発生地
ICC の捜査がなされている事態の発生地
ICC の予備調査がなされている事態の発生地
※これらの種別のうちの 2 種以上が生じた場所については上位カテゴリー色で示す。

（2021 年 4 月現在）

C-10 ICC の予備調査・捜査・審理対象事態発生地 ⇨*Chapter 9* **3** (3)

主な国際組織

★……国連と国連主要機関　●……国連の補助機関
■……専門機関　■……その他の国際機関　年は設立年

ジュネーブ（スイス）

■ 国際電気通信連合
（International Telecommunication Union：ITU），1865 年　⇨*Chapter 7*

■ 国際労働機関
（International Labour Organization：ILO），1919 年　⇨*Chapter 7*

■ 世界知的所有権機関
（World Intellectual Property Organization：WIPO），1970 年
⇨*Chapter 10*

■ 世界保健機関
（World Health Organization：WHO），1948 年　⇨*Chapter 12*

● 国際法委員会
（International Law Commission：ILC），1947 年
⇨*Chapter 2, 3, 4, 9*

● 国連人権高等弁務官事務所
（Office of the United Nations High Commissioner for Human Rights：
OHCHR），1993 年　⇨*Chapter 8*

（写真：UN Photo/Jean-Marc Ferré）

● 国連人権理事会
（United Nations Human Rights Council：UNHRC），2006 年
⇨*Chapter 7, 8*

● 国連難民高等弁務官事務所
（Office of the United Nations High Commissioner for Refugees：
UNHCR），1950 年　⇨*Chapter 8*

● 国連貿易開発会議
（United Nations Conference on Trade and Development：UNCTAD），
1963 年　⇨*Chapter 10*

■ 世界貿易機関
（World Trade Organization：WTO），1995 年　⇨*Chapter 7, 10, 11*

■ 赤十字国際委員会
（International Committee of the Red Cross：ICRC），1863 年
⇨*Chapter 14*

ベルン（スイス）

■ 万国郵便連合
（Universal Postal Union：UPU），1874 年　⇨*Chapter 7*

■ 国際事実調査委員会
（International Humanitarian Fact-Finding Commission：IHFFC），1991 年
⇨*Chapter 14*

ウィーン（オーストリア）

● 国連国際商取引法委員会
（United Nations Commission on International Trade Law：UNCITRAL），
1966 年　⇨*Chapter 10*

■ 欧州安全保障協力機構
（Organization for Security and Co-operation in Europe：OSCE），1972 年
⇨*Chapter 7, 12*

■ 国際原子力機関
（International Atomic Energy Agency：IAEA），1957 年
⇨*Introduction*，*Chapter 14*

ブリュッセル（ベルギー）

■ 欧州連合
（European Union：EU），1993 年　⇨*Chapter 1, 7*

■ 北大西洋条約機構
（North Atlantic Treaty Organization：NATO），1949 年
⇨*Chapter 7, 13*

ハンブルク（ドイツ）

■ 国際海洋法裁判所
（International Tribunal for the Law of the Sea：ITLOS），1996 年
⇨*Chapter 11, 12*

フランクフルト（ドイツ）

■ 欧州中央銀行
（European Central Bank：
ECB），1998 年　⇨*Chapter 7*

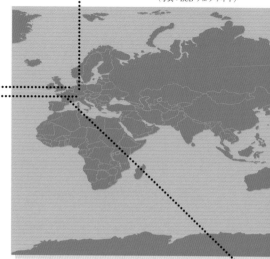

（写真：ECB ウェブサイト）

ハーグ（オランダ）

★ 国際司法裁判所
（International Court of Justice：ICJ），1946 年　⇨*Chapter 2, 3, 4,
5, 6, 11, 12, 13, 14*

■ 常設仲裁裁判所
（Permanent Court of Arbitration：PCA），1899 年　⇨*Chapter 12*

（写真：PCA）

● 旧ユーゴスラビア国際刑事裁判所
（International Criminal Tribunal for the former Yugoslavia：ICTY），1993
年　⇨*Chapter 9*

● レバノン特別裁判所
（Special Tribunal for Lebanon：STL），2009 年　⇨*Chapter 9*

■ 国際刑事裁判所
（International Criminal Court：ICC），2003 年　⇨*Introduction*，
Chapter 1, 9, 12

パリ（フランス）

■ 国連教育科学文化機関
（United Nations Educational, Scientific and Cultural Organization：
UNESCO），1946 年　⇨*Chapter 1, 7*

■ 国際商業会議所
（International Chamber of Commerce：ICC），1920 年
⇨*Chapter 10*

ワシントンDC(アメリカ)

■ 国際通貨基金
(International Monetary Fund：IMF)，1946年　⇨*Chapter 1, 7, 10*

■ 国際投資紛争解決センター
(International Centre for Settlement of Investment Disputes：ICSID)，
1966年　⇨*Chapter 10*

■ 国際復興開発銀行
(International Bank for Reconstruction and Development：IBRD)，
1945年　⇨*Chapter 1, 10*

■ 米州機構
(Organization of American
States：OAS)，1948年
⇨*Chapter 1, 7, 8, 12*

(写真：OASウェブサイト)

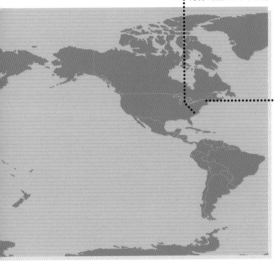

ストラスブール(フランス)

■ 欧州人権裁判所
(European Court of Human Rights：ECHR)，1959年
⇨*Chapter 8, 12*

(写真：Council of Europe Credits)

■ 欧州評議会
(Council of Europe：CoE)，1949年　⇨*Chapter 7, 8*

アディスアベバ(エチオピア)

■ アフリカ連合
(African Union：AU)，2002年　⇨*Chapter 1, 7, 8, 12*

カイロ(エジプト)

■ アラブ連盟
(League of Arab States)，1945年　⇨*Chapter 7, 8*

ナイロビ(ケニア)

● 国連環境計画
(United Nations Environment Programme：UNEP)，1972年
⇨*Chapter 11*

ニューヨーク(アメリカ)

☆ 国際連合
(United Nations：UN)，1945年
⇨*Introduction*,
*Chapter 1, 2, 3, 4, 5, 6, 7,
8, 9, 10, 11, 12, 13, 14*

(写真：UN Photo/Milton Grant)

☆ 安全保障理事会
(United Nations Security Council：UNSC)
⇨*Introduction, Chapter 2, 3, 7, 9, 12, 13, 14*

☆ 経済社会理事会
(United Nations Economic and Social Council：ECOSOC)
⇨*Chapter 7, 8*

☆ 事務局
(United Nations Secretariat)　⇨*Chapter 4, 7, 8*

☆ 信託統治理事会
(United Nations Trusteeship Council)（活動停止）　⇨*Chapter 7*

☆ 総会
(United Nations General Assembly：UNGA)
⇨*Chapter 2, 3, 4, 6, 7, 8, 9, 10, 12, 13*

■ 大陸棚限界委員会
(Commission on the Limits of the Continental Shelf：CLCS)，1997年
⇨*Chapter 6*

モントリオール(カナダ)

■ 国際民間航空機関
(International Civil Aviation Organization：ICAO)，1947年
⇨*Chapter 7*

キングストン(ジャマイカ)

■ 国際海底機構
(International Seabed Authority：ISA)，1994年　⇨*Chapter 6*

サンホセ(コスタリカ)

■ 米州人権裁判所
(Inter-American Court of Human Rights：IACHR)，1979年
⇨*Chapter 8, 12*

プノンペン(カンボジア)

■ カンボジア裁判所特別裁判部
(Extraordinary Chambers in the Courts of Cambodia：ECCC)，2001年
⇨*Chapter 9*

エルサレム(イスラエル)

● 国連休戦監視機構
(United Nations Truce Supervision Organization：UNTSO)，1948年
⇨*Chapter 13*

ジャカルタ(インドネシア)

■ 東南アジア諸国連合
(Association of South-East Asian Nations：ASEAN)，1967年
⇨*Chapter 7*

フリータウン(シエラレオネ)

● シオラレオネ特別裁判所
(Special Court for Sierra Leone：SCSL)，2002年　⇨*Chapter 9*

アルーシャ(タンザニア)

● ルワンダ国際刑事裁判所
(International Criminal Tribunal for Rwanda：ICTR)，1994年
⇨*Chapter 9*

■ アフリカ人権裁判所
(African Court on Human and Peoples' Rights)，2006年　⇨*Chapter 8*

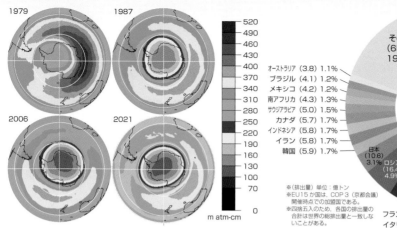

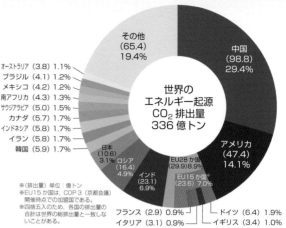

（写真：気象庁ウェブサイト）

（出典：国際エネルギー機関(IEA)「Greenhouse Gas Emissions from Energy」2021 EDITION を基に環境省作成）

C-11　オゾンホール

1979 年，1987 年，2006 年，2021 年のオゾンホールの比較。1979 年にはほとんどなかったオゾンホールが1987 年には大きく広がっているのがわかる。近年では，1987 年に採択されたモントリオール議定書に基づくフロン類の規制で縮小傾向にあるともいわれる。
➡*Chapter 11* **3**(1)

C-12　世界のエネルギー起源 CO₂ の排出量（2019 年）

CO₂ の排出量1位は中国，2位は米国。日本は国別では5位になる。ほかには，メタン，一酸化二窒素，フロン，代替フロンにも温室効果が認められる。➡*Chapter 11* **3**(1)

C-13　ソユーズの打上げ

日本人飛行士・大西卓哉さんを載せたソユーズがバイコヌール基地（カザフスタン）から発射された瞬間（2016 年7月）。
➡*Chapter 5* **4**(2)

（写真：NASA/Bill Ingalls）

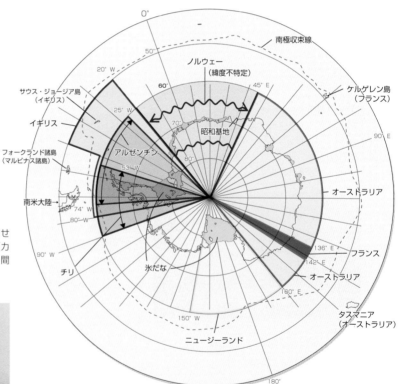

C-14　南極におけるセクター理論による領有権主張

20 世紀以降，英国等 7 カ国が「セクター理論」に基づく南極の領有権主張を行うようになった。南極条約は南極における領有権を「凍結」した。なお，南極条約は南緯 60度以南の地域（氷だな含む）に適用される。南極海洋生物資源保存条約は，南極の生態系を考慮し，南極収束線以南をも条約の適用範囲に含めている。➡*Chapter 5* **3**(3)

C-15　将来の月面基地（イメージ図）

（写真：JAXA）

米国航空宇宙局（NASA）は，月周回有人基地（ゲートウェイ）を拠点として月面基地を建設し，月面での持続的な探査活動を行うアルテミス計画を打ち出している。同計画は月面探査のみならず，2030年代の火星有人探査活動を目標に掲げている。2020年には，この計画を推進するための「アルテミス合意」が，米国と7か国（日本含む）の間で署名され，2022年7月現在21か国が署名している。日本はアルテミス計画への参加を決定しており，ゲートウェイには，居住機能の提供や物資補給を通じて参加する予定。⇨*Chapter 5* **4**(2)

C-16　持続可能な開発目標
　　　（Sustainable Development
　　　Goals, SDGs）⇨*Chapter 11* **1**(3)

2000年に採択された国連ミレニアム宣言の後継として，2015年国連サミットで採択された。持続可能でよりよい世界を目指す国際目標である。17のゴールから構成され，途上国のみならず先進国も取り組む普遍性や人間の安全保障理念を反映した包摂性や参画型であるなどの特徴がある。

SUSTAINABLE DEVELOPMENT G⦿ALS

C-17　ユーロ通貨と導入前の各国の紙幣

（左）ユーロ導入前の各国の紙幣（左列上からドイツの50マルク紙幣，10マルク紙幣，5マルク紙幣。中列上からフランスの200フラン紙幣，100フラン紙幣。右列上からベルギーの500ベルギー・フラン紙幣，100ベルギー・フラン紙幣）。
（右）2002年に導入されたユーロ通貨。
⇨*Chapter 7* **4**

（写真右：Alamy／PPS通信社）

（横浜開港資料館所蔵）

C-18　黒船来航

日本が欧米諸国との国際法関係に入るきっかけとなった黒船来航。ペリーは 1853 年に久里浜で大統領親書を渡した後，翌年再び来航し横浜に上陸した。写真は横浜上陸を描いた石版画（ハイネ作）。⇒***Chapter 1*** **4** (4)

（写真：代表撮影 /AP/ アフロ）

C-19　オバマ大統領広島訪問

G7 伊勢志摩サミット後，広島原爆死没者慰霊碑を訪れたオバマ大統領（右）。献花後，安倍首相と握手をかわした（2016 年 5 月 27 日）。⇒***Introduction*** **5**

（写真：UN Photo/ICJ-CIJ）

C-20　国際司法裁判所の法廷

南極海捕鯨事件（オーストラリア対日本。ニュージーランド訴訟参加）判決言渡し時における国際司法裁判所の法廷の様子。正面の一段高いところに 16 名の裁判官（1 名のオーストラリア側裁判官を含む）が座っている（2014 年 3 月 31 日）。⇒***Introduction*** **5**

（資料協力：八百津町・杉原千畝記念館）

C-21　命のビザ

第二次大戦中の 1940 年，リトアニアの日本領事であった杉原千畝は，ナチス・ドイツの迫害を逃れて来た人々に対し，本国政府の訓令に反して通過査証（ビザ）を発給し，多くの命を救った。写真は，千畝が発給した手書きの「命のビザ」。⇒***Chapter 4*** **5** (2)

Introduction
国際法をなぜ学ぶのか
—— 日本で私たちが国際法を学ぶ意義

1 日本にいる君たちが国際社会とつながっていることの意味

　自宅や下宿から外に出なくても，パソコンやスマホなどの電子機器があれば，日本や世界でどのような事件や事故が起こっているかはすぐに，しかも手にとるようにわかるし（もちろん知りたいと思えばだが），何かほしいものがあればインターネットで注文して自分の部屋まで配達してもらうことだってできる（もちろん画像でほしいものを吟味することにはなるだろうし，そのうち味やにおい，触感などもネットを通じてわかる日が来るかもしれない）。部屋には電気や水道，ガスが来ているし，インターネット回線も今や標準装備のところがほとんどだ。パソコンを使った在宅勤務ができるのであれば，1日中外出しなくたって快適に過ごすことも可能だろう。家にいても，一人だけれど，回線を通じてみんなとつながっている 0-1 。そんな生活の中で，それに何の疑問も抱かなければ，たとえば法律がどんなことに役立っているかなんて意識もしないかもしれない。

　今，日本に住んでいる君たちはどうだろうか。ここにいれば，いろいろなものが容易に手に入る。おいしいものも，楽しいことも。値段さえ気にしなければ，ミシュランの星のついたレス

0-2　南スーダンの国内避難民センターで食事をする子ども（2018年）

君たちは遠い世界の出来事とみることができるだろうか。
（写真：AFP＝時事）

トランは東京・大阪・京都にたくさんあるし，海外の有名なオーケストラやミュージシャン，オペラやミュージカルのコンサートなどもわざわざ日本までやってくる。さらに，今までは高すぎて手の出なかった外国の名産品も，比較的手ごろな値段で近くのスーパーや通販で売られていたりする。逆に，海外で起きたイヤなことやつらいことも，もしかしたら目や耳に入ってくるかもしれない。内戦で自宅のアパートに打ち込まれるミサイルの爆音に泣き叫ぶ子どもの声や，道端に放り出された戦闘の犠牲者の姿など。それにアクセスするのも目をつぶるのも，確かに君たちの自由だ。

　でも，考えてほしいことがある。そうしたことは，日本にいるからこそ，見たり聞いたり，手に入れられたりできるのかもしれないということを。たとえば南スーダン（もし場所がわからなければ世界地図で探してほしい）で起こっている出来事 0-2 は，衛星回線やインターネット環境が整っている先進国にいる人々ほど容易にその情報にアクセスできる。しかし，同じアフリカ大陸の隣国にいる人たちは，すべてが必ずしもそうした恵まれた環境の下に置かれている

0-1　グローバルなネットワークの一員

人々はどこにいてもネットでつながり，情報は瞬時に得ることも発信することもできる。

わけではないし，もしかしたら自国自体が内戦で他国のことまで顧みる余裕さえないかもしれない。逆に言えば，そうした情報に触れることができたり，自ら情報を発信できたりするのは，それが可能な状況にいる人々だけで，そのような環境に自分たちが生きていることを意識しないと，自分が世界とつながっている実感もわかないし，その意味も正確には理解できない。

　大切なことは，自分が日々の生活の中で世界と向きあっていることを常に意識すること，そしてそれが決して偶然の出来事ではなく，いくつかの条件が満たされてはじめて実現しているということを理解することではないだろうか。

2 国際社会において果たされるべき国際法の役割

　君たちがつながっていると感じる世界にも法が存在している。たとえば海外の書店のネット販売を利用した場合には国際取引に関する法が適用されるように，個別の分野ごとにさまざまな内容の法がわれわれの周りにはネットワークのように張り巡らされている。ところが，そうした「法」の存在は普段は意識もされない。よく言われるように，社会規範としての「法」は，普段の生活では意識されないまま人々の行動に影響を与える一方，他人との争いが生じてしまい解決しなければならない段階になってはじめてその存在が意識されるからである。

　国際法も国際社会における法という意味では「法」の一種であるから，国際法など意識していない国際社会の構成員も多いのではないかと思うかもしれない。国際社会の構成員の間で通常業務が円滑に処理され，争いごとが何もなければそうは言えるだろう。ただ，大規模な紛争が数多く発生する（ように報道を通じて伝えられる）国際社会では，それだけ紛争の存在がきわだって目立つことも多い。そうなると，紛争を引き起こした行動にどのような国際法が関係しているのだろうかとか，その国際法を問題の行動をとった当事者が遵守していただろうかといった問題が出てくるので，否応なく国際法の存在が意識される機会も多くなる。

0-3　日米首脳会談（2022年5月）

現代における国家間の関係は，首脳会談等を軸に展開される。　　　　（写真：首相官邸ウェブサイト）

　さらに国際法は，紛争の局面に限らず，国際社会の構成員間の日常関係でも重用されてきたということも知っておいてよい。政治・経済・文化・言語・宗教その他さまざまな背景が異なる国際社会の構成員は，他の構成員とコミュニケーションをとりたければ，何らかの共通した言語を介して行わなければならないのであり，とりわけ国家間の関係 0-3 では，昔からそうした共通言語としての国際法が意識して用いられてきたからである。

　歴史的に言えば，国際法は，米英戦争を終結させたガン条約のように（⇨巻頭カラー C-3），主権国家間の争い（戦争）による被害を最小限にとどめる方策の1つとして登場し，今もなお，そのような争いが生じないように日常的な交際（外交）を円滑かつ効率的に営む手段としての役割を演じている。日本もまた，江戸幕府末期に米国や英国，ロシアなどとの和親条約を締結して欧米諸国中心の主権国家体制に入ることで国際法に接することになり，不平等な立場を押し付けられたものの，同時に国際社会において日本が他の主権国家とともに生きていく重要な手段を手に入れることができた。この国際法という共通言語を使って，幕末の日本も他の主権国家と付き合いを開始し，国際社会にデビューを果たしたのである。

たとえば，日本との通好（和親）条約締結の交渉のため来日していたロシア提督プチャーチンの軍艦ディアナ（⇨巻頭カラー **C-1**）が安政大地震のために損害を受けたとき，当時欧州で生じていたクリミア戦争の交戦国であったロシアの軍艦を日本が自国の港で修理することは，国際法上の中立国の義務に違反するおそれがあった。結局，ディアナは駿河湾で座礁・沈没したため英国等から中立義務違反を問われることはなかったが，鎖国をしていた極東の国である日本の江戸幕府も，遠く欧州のクリミア戦争と国際法でつながっていたのである。当時の言葉を使うと，文明国間はもちろん，文明国と非文明国との間にも国際法は妥当しており，問題はその中身であった。

このような国際法の性質や内容を理解するためにも国際法が登場し発展する歴史を学ぶことはきわめて重要である。君たちが生きる今に近づくにつれて，国際法も発展していく。現代の国際法においては，国と国の間の利益ばかりでなく，国益を超えた地球全体の利益，「**国際社会の共通利益**」という概念が登場するまでになっているのであり，それが君たちとどのような関係があるのかということもぜひ考えてみてほしい（⇨***Chapter 1***）。

このように，主権国家は国際法に基づいて，他国との関係を築き，国際社会全体の利益を保護する制度を発展させてきたのであり，国際社会の構成員が法に依拠して行動する必要性は，国内社会の場合よりも大きいとさえいえるかもしれない。国際法は，君たちが思うよりも国際社会の営みにおいて不可欠な存在なのだ。だからこそ，国際法は時代とともにその内容を豊かにして発展しており，そのように発展する国際法を用いて国際社会における「**法の支配**」の実現に人々が努力を続けているのである。

こうした国際法の形成過程が重要なのは，その国際法規則の目的が，規則の適用対象者の利害調整のためだけでなく，国際社会全体の平和と繁栄に貢献しうるように考えられることも多くなってきているからである。法の適用対象者自身（たとえば国家）が法をつくるとき，その

0-4 北朝鮮による核実験を非難して新たな制裁を決議する国連安全保障理事会（2017年9月）

国連は，国際社会を代表して条約義務違反に対応することもできる。　　　　（写真：UN Photo/Manuel Elias）

法によって守られるべき自らの利益（国益）を考慮することは当然だが，他方で，それぞれの個別の利益を超えて国際社会全体の利益（国際社会の共通利益）を守る法規則も国際法として形成されている。

もちろん，そのようにつくられる国際法規則が国際社会の構成員に守られるようにするためにはどうしたらいいか（履行確保），そうした規則がある構成員により結果として守られなかったとき，他の構成員はどのような行動をとることができるのか（国家責任）という問題は別に存在するであろう。隣国が核兵器の開発と核拡散の防止を条約で約束していたにもかかわらず，その条約から脱退して核実験を強行し，核兵器の開発を進め国際義務を履行しないという態度に出た場合 **0-4**，その周辺国はどのような対応を国際法上とることができるのであろうか（⇨***Chapter 2***）。君たちが知らなければならないのは，そうした国際法の実際の役割である。

3 主権国家からみた国際社会における法としての国際法

国際法の登場にともない認識されはじめた国際社会が主に主権国家で構成されてきたという考えは，以上のような国際法の内容や特徴を考えるうえで重要な見方を与えてくれる。なぜならその場合，国際法は国際社会の法として国家間の関係を規律することが重要な任務となるか

0-5 日本・コソボ首脳会談（2022年9月）

日本は，2008年3月18日にコソボを国家として承認し，2009年2月25日付けで外交関係を開設した。
（写真：首相官邸ウェブサイト）

らである。

　それでは，たとえば国際法が規律対象とする主権国家はどのように成立するかという問題を立ててみよう。その成立には国際法が関係しているのであろうか。もし国際法が主権国家の成立を規律するのであれば，主として国家が形成するはずのその国際法はどこから来るのであろうか。あたかもタマゴが先かニワトリが先かというように，主権国家と国際法の関係にはいずれが先に存在しているのかという問題があるのかもしれない。国際法には国家の成立要件が定められているから，それに従って国家が形成されるのであれば国際法が国家の形成を規律しているとみることができる。しかし，そうした国家成立の要件を満たしているようにみえるにもかかわらず，必ずしも国際社会からは国家として扱われていない例がいくつかある。

　たとえば，かつてユーゴスラビアの自治州であったコソボは，2022年10月現在で約100カ国から主権国家としての存在を認められており，日本もコソボと外交関係を開設している **0-5**。しかし，逆に言えば，そのほかの約90カ国はコソボを国家として認めていないということでもあり，その中にはロシアや中国も含まれている。これら国際連合（国連）安全保障理事会の常任理事国が反対することでコソボが国連加盟国となる見通しも近い将来はない。

　他方で日本はパレスチナを国家としては認めていない。コソボと同じように，領域や住民，

そしてそれを統治する政府が存在しているのにもかかわらず。その違いとは何だろうか。そこではどのような国際法規則が作用しているのであろうか（⇨*Chapter 3*）。

　また，相互依存関係が深まる現代の国際社会では，国家が他の諸国と条約を結ぶことにより，さまざまな約束をして自己の利益や国際社会の共通利益の実現を図ろうとする。そうした条約がどのように締結され，どのような効果を持つのかを定めるのも**条約法**という国際法の規則であり，友好関係を維持することが平和につながるという思想の下で，外交関係を安定化させるのも**外交関係法**という国際法の役割である（⇨*Chapter 4*）。

　国家間の合意である条約は法的安定性を求める性格から現状の固定化に貢献するため，その時点での平和が保たれる側面はある。1965年に日本と韓国との間の関係を正常化させる日韓基本関係条約とともに結ばれた日韓請求権協定において，両国は戦後賠償に関する両国と自国民の請求権を相互に放棄することに合意した。それはいわゆる慰安婦問題も処理済みとすることを，少なくとも両国政府の理解では含むものであり，それによって両国間の関係の安定性が確保されたのである。日韓両国の国家間関係を重視することは主権国家体制の安定という観点からは当然ともいえるが，後に述べるように，国際法が保護すべき利益を違う視点からみてみることも必要かもしれない。

　主権国家に関係するということで言えば，ある領域がいかにしてある国家に属するものとして扱われるかを規律する規則も国際法が提供している。日本と韓国がともに領有権を主張している竹島（韓国名「独島」）の問題は，国際法が定める領域帰属に関する規則によって法的に解決することは可能である。日本と中国がともに領有権を主張している尖閣諸島（中国名「釣魚群島」）問題も同様であろう。日本が「固有の領土」だと主張している北方領土 **0-6** はどうであろうか。いずれの紛争についても，問題の領域をめぐっては，関係国による国内法の制定とその実施などのようなさまざまな実行（いわ

0-6 北方領土の範囲

日本は，歯舞群島，色丹島，国後島，択捉島を自国の領土
として領有権を主張している。

（出典：外務省ウェブサイト）

ゆる国家実行）や，領域の帰属や境界の画定に
関連する条約が存在している。こうした領域紛
争を平和的に解決するためにも，まずはそのよ
うな国家実行や国際文書を吟味し，問題となる
領域が法的にいずれの国に帰属するのかを国際
法の関連規則に照らして判断することが望まし
い（⇨**Chapter 5**）。

　こうした陸地にかかわる国際法に対して，海
に関する国際法は一般に**海洋法**と呼ばれるが，
その適用領域もまたきわめて広い。中国漁船が
尖閣諸島領海内に入ってきた場合のように，沿
岸国の領海に外国船舶が入ってきたとき，いつ
でも沿岸国の公船はこれを取り締まることがで
きるのだろうか。外国船舶が巡視艇のようにそ
の国の公船である場合はどうだろうか。ガス田
があるという日中間に横たわる大陸棚はどのよ

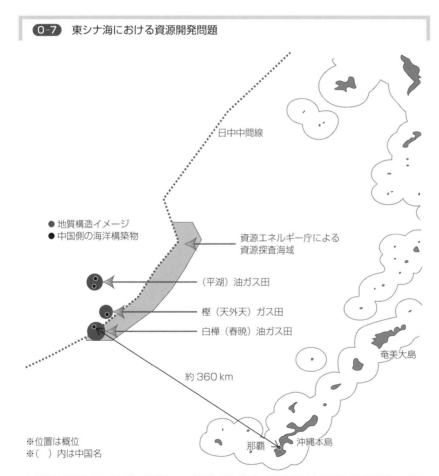

0-7 東シナ海における資源開発問題

● 地質構造イメージ
● 中国側の海洋構築物

日中中間線

資源エネルギー庁による
資源探査海域

（平湖）油ガス田

樫（天外天）ガス田

白樺（春暁）油ガス田

約 360 km

奄美大島

沖縄本島

那覇

※位置は概位
※（　）内は中国名

中国は沖縄近海まで自国の大陸棚として主張しているが，資源開発は中間線の自国側で行ってい
る。
（海上保安庁ウェブサイトの図をもとに作成）

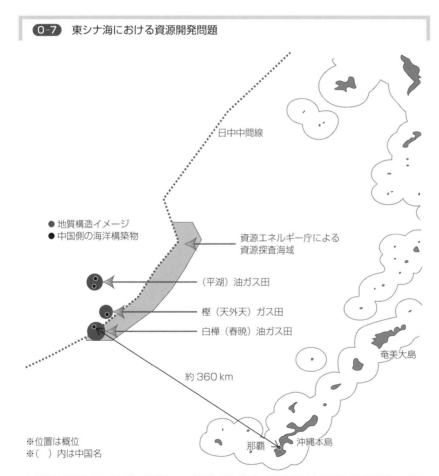

0-8 福島第一原子力発電所を視察する国際原子力機関（IAEA）調査団（2011年5月）

2011年3月11日に発生した福島第一原子力発電所の事故は，国際社会の関心を呼んだ。
（写真：東京電力ホールディングス）

0-9 2022年核兵器不拡散条約（NPT）運用検討会議における岸田総理大臣の演説

日本は，自国の安全保障を考えながら，NPT体制の維持を主張している。　（写真：首相官邸ウェブサイト）

うに境界線を引いたらいいのだろうか **0-7**。自国沿岸の排他的経済水域に入ってきた外国漁船がサンゴをとりたい放題とっていくのを沿岸国は手をこまねいてみているしかないのだろうか。これらはいずれも，領海や大陸棚，排他的経済水域といった海洋法上の制度をしっかりと理解していなければ回答できない問いである。あるいは，天然ウナギやクロマグロの保存のためにその漁獲量を制限しなければならないといった資源保存措置もまた，海洋法でも扱われる事項である。日本は，地理的には海で囲まれた島国であり，それゆえ海とは密接な関係を持って人々は生活してきた。その海にある豊かな資源を，自分自身のためと同時に国際社会のため，そして次の世代につなげていくために，どのようなことが制度として構築されているのか，海洋法はその答えを提供してくれる（⇨**Chapter 6**）。

　以上のように主権国家が自国の領域を中心として活動するのは，他の主権国家との関係で国境線や海洋境界線を定めることにより，自国の権限が及ぶ領域的事項的範囲を明確にさせて，自国領域内で生じる問題に自国の権限で対処するためである。国際法はそうした主権国家の活動を支援し，それが行きすぎる場合には制御する手段として発展してきたといえる。

　しかし，それでも一国では対処できない問題は出てくるのであり，郵便や通信，保健・衛生といった分野から安全保障分野まで，そうした例は昔から数多く存在してきた。そのような場合には関係国が集まって協力しあい，時には自らの権限の一部を担わせるかたちで別の組織を設立することさえある。こうして自国の利益のみならず関係国間の共通利益の増進を図り創設されるのがいわゆる（**政府間**）**国際組織**であり，このような国際組織を創設しその活動を規律する法も国際法の一部として発展してきた（⇨**Chapter 7**）。

　日本も当然のことながら，多くの国際組織の一員となって国際協力の一翼を担い，いずれの組織においても主要なメンバーとして活躍しているし，東日本大震災と福島第一原子力発電所事故の際には国際原子力機関（IAEA）による援助を受け入れたように **0-8**，国際組織の助力を現在でも必要としている。

　特に2022年10月現在193の加盟国を数える国連も国際組織の一種であり，その目的や権限はまさにグローバル化の時代にふさわしく，社会・経済の分野から平和・安全の分野まで広範にわたるものである。君たちの中には，「国連なんて何もできない」とか「結局は政治的な動機で活動が行われるだけだろう」というシニカルな見方をする者もいるかもしれない。しかし，国際社会の構成員たる主権国家が一堂に会して

意見を交換しあえるのは国連のような国際組織をおいてほかにないということもまた事実である。

確かに，国際組織や国際会議における法や規則の形成，決議の採択とその実施が政治過程にかかわるものであることは間違いないが，そうしたプロセスを規律するのは国際法の役割であるといってよい。核軍縮問題 **0-9** や環境問題などを追っていくと，国際法と国際政治・外交が時に緊張関係に立ち，時に手を携えて，ダイナミックに国際社会とその構成員を動かしていくことがあることに君たちも気づくはずである。

4 国際社会の構成員には個人も含まれるという視点

このように，国際社会を主権国家で構成された社会としてとらえ，国家間で国際法がどのような役割を果たしているかということを知ることは，多くの情報を受け取ることができる君たちにとってそれほど難しいことではない。難しいのは，そうした情報の陰に見え隠れしている国際法の姿を自分に向けられているものとしてとらえることである。国際法が日本と他の国との間の関係を規律するだけでなく，日本に住んでいる君たちに直接関係する場合には，目をよく凝らせばその姿がおぼろげながらも見えてくるのではなかろうか。

実は，国際社会における法の役割を身近に考えることと同じくらい重要なことがある。それは，そのとき，国際法の存在を意識することになる国際社会の構成員には君たちも含まれているということだ。さまざまなネットワークを通じて日本にいながらにして世界とつながっている君たちは国際社会の構成員でもあるのであり，普段は意識されていない「国際社会」が国際法を介して君たちの目の前に現れることだってあるかもしれない。国際法が個人に権利や義務を与えている場合はもちろん，個人がすでに国内法上持っている権利や義務に国際法が影響を与えるような場合にも，そうした実感がわくのではなかろうか。人権の分野はまさにそうした国際社会における個人の地位についての格好の題

0-10 世界人権宣言の文書を持つルーズベルト夫人（1949年11月）

人権が国際的な文書による保護の対象になったのは，主に第二次大戦後のことである。　　　（写真：UN Photo）

材を与えてくれる **0-10**（⇨**Chapter 8**）。

たとえば表現の自由を考えてみよう。この自由は日本国憲法により基本的自由として個人に保障されている。しかし，いくら自由とはいえ，人種差別を助長するような発言・行動まで保障されるとは限らない。最近の裁判例によると，朝鮮民族学校に向けて在日朝鮮人を蔑視する示威活動を行った個人・団体に対し，人種差別撤廃条約で定められた国際法規則の趣旨を国内法の解釈に反映させるかたちで表現の自由に一定の規制が課されている。すなわち，国内法を介してではあるが，人種による差別の禁止という国際法規則が個人の基本的自由に影響を与えており，逆にいわれなき差別を受ける人たちにとってみれば，間接的にではあれ国際法が差別を受けない権利を強化しているのである **0-11**。

国際法は個人の人権を国際的に保障する制度を提供する一方，一定の国際法規則に違反して行動した個人を処罰する制度も構築しつつある。古くは，ある国の刑法に反する行為を行った容疑者がその国の外に逃亡し，違法行為を行った国から容疑者の身柄の引渡請求が逃亡先の国に行われた場合に，各国がいかにこうした犯罪や容疑者に対処するかといういわゆる犯罪人引渡制度が国家間の国際協力というかたちで形成されてきた。

さらにとりわけ第二次大戦後になると，戦争

7

0-11 ヘイトスピーチ法案が参議院を通過
（2016年5月）

表現の自由には一定の制約がある。　（写真：時事）

0-12 国際刑事裁判所（ICC）から逮捕状が
出ているバシル・スーダン大統領
（当時）（2019年4月）

政府高官も国際法違反により刑事責任を問われることがある。　（写真：AFP＝時事）

犯罪や集団殺害（ジェノサイド）犯罪，人道に対する犯罪など一定の国際犯罪が国際法規則により定められ，その犯罪行為に関係する国の国内裁判所や，**国際刑事裁判所（ICC）**といったそうした犯罪の処罰を定める国際文書で設立された国際的な刑事裁判所により個人が処罰される事例が増えてきた。スーダンのバシル大統領（当時）の場合のように，国家元首のような国家の指導者であっても，個人の国際犯罪にあたるような行為を行えば，ICCで訴追される可能性がある **0-12** 。日本にいても，ルワンダで集団殺害行為が行われたことを知ることができれば，これを非難するのが自然な感情であろう。このとき，君たちは集団殺害行為の処罰を求める国際社会と確かにつながっている。国際社会の動向は，一定の民族的人種的集団を暴力行為で破壊することが国際社会全体にとって法的に守られている利益（法益）を害することになると認められてきたことを表しているのであり，その結果として，国際法が直接，または国内法を通じて間接的に，個人の刑事責任を問うよう

になってきたのである（⇨**Chapter 9**）。

　君たちが国際社会の構成員の一員だということは，経済活動を考える場合にも自覚することができるだろう（⇨**Chapter 10**）。日本でパソコンやスマホを利用するのであれば，それらを起動させる電気は今のところ日本の中で作り出さなければならない。しかし，資源に乏しい日本ではそうしたエネルギーを作り出す資源のほとんどは諸外国から取り寄せざるをえず，そもそもスマホの本体に必要なレア・アースだって輸入に頼っているのである。だから，日本および日本に住む人々にとってその手立てとなる貿易はきわめて重要だということはわかるだろう。仮にそうした物資を輸出する国が日本にだけ輸出しないということになったらどうなるのであろうか。そして，こうした事態を避け，貿易が自由にかつ安定的に行われるために国際法がどのような役割を果たしているのであろうか。

　また，かつての西欧諸国の植民地が新国家として政治的に独立を果たしても，依然として相対的には経済発展が遅れているという現実がある。途上国における貧困の問題は，グローバルな市場経済でつながっている先進国にとっても対岸の火事ではない。外国からの投資を保護す

0-13 「クールビズ」の下でのライフスタイル

地球環境問題は日常の生活に直結している。
（出典：内閣府政府広報オンライン）

0-14 9.11 同時多発テロ事件を発端とするアフガニスタンにおける米国海兵隊によるタリバン掃討作戦の実施（2009 年 7 月）

テロに対する攻撃を国際法で正当化することは可能だろうか。
（写真：AFP＝時事）

る制度のように，そうした途上国の経済開発を促すために必要な国際制度はどのような内容で形成されているのであろうか。

しかも，ある国が経済開発を行う過程において汚染物質や地球温暖化ガスを排出すれば，その国ばかりでなくその隣の国，さらには地球全体の環境に影響を与えるようになり危険も出てこよう。こうした環境分野で国際法はそれに対してどのような対策を講じているのであろうか（⇨**Chapter 11**）。夏になるとクールビズが勧められ，「地球温暖化の防止のため室温を 28 度に設定しましょう」というようなことが繰り返し言われるように，こうした問題はいずれも君たちの身近な生活に直結しているのである**0-13**。

5 国際法が求める国際社会における「平和」とは何か

君たちは「平和」という言葉を聞いて何を連想するだろう。多くの人は，戦争がない状況を思い浮かべるのではなかろうか。確かに，武力による紛争がないことが「平和」であることは間違いないし，その意味での「平和」は君たちのいる日本にはあふれている。しかし，武力紛争は世界各地で起こっているし，事件や事故，テロも含めれば，「平和」ではない国のほうがもしかしたら多いかもしれない**0-14**。さらに「平和」の意味をより広く考え，人々が安全に

暮らすことのできる状況とみるならば，武力紛争や内戦，テロといった軍事にかかわることだけでなく，人権侵害や環境被害，貧困など経済的社会的事情も「平和」ではない状況となりうるであろう。ただし，本書では，さしあたり「平和」を主に武力紛争のない状況に限定する。そして，この「平和」のために国際法がいかなる役割を果たしているのかをみていくことにしよう。

そのように「平和」をとらえると，国際社会における紛争，とりわけ国家間の紛争を，武力によってではなく非軍事的手段によって解決することが重要である。武力紛争は，人々の生命と財産が奪われる結果をともなうために道義的にも避けられるべきだし，紛争当事国にとっても，実は軍事費や兵力の動員などで多大なコストがかかるため，平和的手段で紛争が解決されるほうが都合がよい。国際社会にとっても，戦争のない世界が理想であろう。そうした理想に近づこうとすれば，紛争を平和的に解決するために国際法が果たす役割とはいかなるものとなるのであろうか（⇨**Chapter 12**）。

また，紛争といってもさまざまな種類がある。日本の焼酎と欧州のウォッカやジンなどは，GATT（「関税及び貿易に関する一般協定」という条約）3 条 2 項にいう「同種の産品」かどうかといったような，条約の解釈・適用をめぐる紛争

平和安全保障法制は憲法とどのような関係にあるのだろうか。
（朝日新聞2015年7月16日朝刊）

（写真：参議院事務局提供）

もあれば，1980年代に日米間で問題となった自動車・半導体・農産物に関する市場開放問題のような経済紛争もある。ガス田を擁する大陸棚をめぐる争いや，ミナミマグロやクジラの捕獲・保護をめぐる争いも平和的に処理される必要がある（⇒巻頭カラー **C-20**）。国際法は，紛争の性格に応じた規則と紛争解決の制度を提供するように発展してきた。だが，解決のための規則や制度がいかに発展しても，紛争が平和的に解決されるには，その当事国が誠実に問題に取り組み，平和的に解決する意思を持たなければならないことは言うまでもない。

　もちろん自分たちが生活している周りが「平和」であることを誰もが強く望んでいるだろう。国際社会を国単位で考えれば，君たちが「平和」の中で生きていくためには，君たちが住んでいる国や地域が「平和」でなければならない。それは，その国や地域が国内的に安定しているばかりでなく，国外からも攻撃を受けない，あるいは攻撃を受けてもこれに的確に対処し，「安全」を迅速に確保することにより達成されるはずである。だから，「平和」は常に「安全」と結びつくことになる **0-15**。

　そこで，国家間で「安全」を確保するためには，互いに武力を行使しないことを約束すればいいと考えるかもしれない。しかし，そもそもそうした約束がない場合に，国は自由に武力を行使することができるのであろうか。現実の国際社会では，過去に数多くの武力衝突や武力紛

戦争は大きな惨禍をもたらす。　　（写真：AFP＝時事）

争が発生してきたし，ロシアによるウクライナへの「侵略」行為のように **0-16**，国家間でのあからさまな「戦争」さえ，現在においても生じている。その原因は，政治的・経済的な観点からさまざまに考えることができるであろう。

　では，国際法から考えると，もし武力が行使できるとすれば，その条件とはどのようなものなのであろうか。たとえば隣国からミサイルが飛んできた場合，その対象となった国にはどのような対処が国際法上認められているのだろう。また，仲良くしている友人が不良に絡まれているのを見て勇気を出してその友人を助けに行くことがあるように，同盟国が他国から攻撃を受けているときに武力を用いて助けに行くことが国際社会では認められているのであろうか。さ

0-17 南スーダンの国連平和維持活動（PKO）における自衛隊の活動（2015年）

国連PKOでは各部隊にさまざまな任務が要求されている。
（写真：防衛省ウェブサイト）

0-18 原爆投下直後の広島市内（1945年）

核兵器のある社会で私たちはどのように生きていけばいいのだろうか。　　　　　（写真：Granger/PPS通信社）

らにいえば，これだけ緊密にお互いがつながっている現代社会においては，遠い他国の内戦でさえ自分の国に影響を与えるおそれもある。天然資源のほとんどを輸入に頼っている日本にとって，資源を有する国や資源輸送の際に経由する国において戦火が広がれば，たちまち日本でも安定した生活は営めなくなることになるかもしれない。他国での「平和」を脅かす行為に対して，国際社会はどのような手立てを用意しているのであろうか **0-17** （⇨*Chapter 13*）。

どんなに紛争を平和的に解決しようとしても不幸にして武力紛争が生じてしまった場合，「平和」は確かに犠牲になってしまう。しかし，そのような中でも，武力の行使にともなう被害を最小限に抑える努力が続けられるべきであろう。戦闘に参加していない人々に銃を向けること，軍事的な装備をしていない建物，特に病人が治療を受けている病院に対して爆撃を行うこと，こうしたことは国際法で認められているのであろうか。武力の行使がその国の利益のためであるとしても，人々の生命や財産を犠牲にすることができるのであろうか，そしてできるとすれば，それはどのような範囲で可能なのであろうか。焼夷弾でいたるところが焼き払われ，あるいは化学兵器で草木を根絶やしにされて，そこに住んでいる人々の暮らしが多大な影響を受ける様子を見れば，心情的にそうした兵器の存在やその使用方法に対して君たちが疑いの目

を向けるのは当然ともいえるかもしれない。

国際社会では戦い方にもルールがある。国際法には，武力紛争が行われている中でも被害を最小限にとどめる役割が求められているのである。もちろん，原子爆弾のような核兵器が使用されてしまえば，被害は甚大なものとなってしまうことは簡単に想像できる **0-18** （⇨巻頭カラー**C-19**）。そのため，そうした大量破壊兵器を国家間で減らしていく努力も必要であり，国際法はこうした軍縮・軍備管理の分野でも一定の役割が期待されている。軍備を規制する努力や兵器削減の結果が，日常における国家間の緊張緩和や信頼を醸成し，紛争が起こった場合でもその平和的解決の可能性を高めることにつながるからである（⇨*Chapter 14*）。

このようにみていくと，国際法は，政治的な紛争や武力紛争がかかわるようなさまざまな分野で，そして紛争の予防から紛争の発生，それが解決されるまでのさまざまな段階において，国際社会に「平和」をもたらすために少なからぬ役割を演じていることがわかるであろう。世界とつながっている君たちもまた国際社会の構成員なのだから，国際法がこうした役割を果たしていることをきっと身近に感じられるはずである。それでは，次の章から国際法が果たしている役割をより具体的にみてみることにしよう。

Chapter 1 国際社会のルールはこうしてできた
──国際法の成り立ち

1 社会あるところ法あり

人類の歴史上，独立した政治共同体が互いに接触や交流を持つようになると，その間の関係を規律するための何らかの社会規範が必要となる。実際に，条約（約束）の拘束力への信念，他の部族からの使者を傷つけることへの宗教的な畏れ，旅行者に関する法の痕跡，平和を宣言することで戦争を終結させる多くの慣行等が見出されている。そのような意味で，いかなる時代，いかなる民族においても，ほとんど例外なく国際法の断片的な萌芽を認めることができる。

こうした初歩的な政治共同体間の関係を規律する社会規範は，古代メソポタミア，エジプト，インド，中国等，世界の主要文明圏にそれぞれ存在していたとされる。たとえば，紀元前25世紀ごろのメソポタミアの都市国家ラガシュとその隣国ウンマとの間の国境画定のための条約を記した禿鷹の碑 1-1 は，そうした規範が現実に存在したことを物語るものである。

1-1 禿鷹の碑

19世紀後半に現在のイラク国内で発掘された6つの破片と由来不明の1つの破片から成る石碑で，禿鷹が敵兵の死骸をついばむ絵が描かれていることから「禿鷹の碑」と呼ばれる。ラガシュの王エアンナトゥムがウンマとの戦いに勝利したことを記念して両国間の境界に建てられたとされる。現在はルーブル美術館に所蔵されている。　　　（提供：ALBUM／アフロ）

もっともこの時代の政治共同体間の規範は，多分に宗教的色彩の濃いものであり（ラガシュとウンマの条約は，共通の神であるシュメール神への誓約という形式をとった），また，特定事項に関する個別的・断片的規定を持つにすぎず，全体として1つの法秩序を形成するには程遠いものであった。

2 近代国際社会の成立と近代国際法

今日われわれが「国際法」と呼んでいるものの直接の起源と一般に考えられているのは，16世紀から17世紀にかけてヨーロッパの地で生まれ，18世紀から19世紀にかけて確立したといわれる近代国際法である。

中世ヨーロッパにおいては，キリスト教世界の統一が理念として要請され，現実にも**ローマ教皇**を頂点とするキリスト教会がヨーロッパの精神生活を支配していた。他方で，世俗世界にあっては，こうしたキリスト教世界の統一を武力で擁護するものとして，古代ローマ帝国の承継者を標榜する**神聖ローマ皇帝**が存在し，封建領主たちと権力を分かちあっていた。

しかし16世紀になると，一方で，**宗教改革**の結果としてローマ教皇の精神的権威は弱まり，他方で，商業資本の発達によって，それまでの狭い地理的範囲を単位とした封建領主の下での局地的な経済が次第に崩れ，より広い経済単位を政治的にも統合する強力な君主（国王）の出現が求められるようになった。こうして**領域**（⇨**Chapter 5**）を基礎とし，外に対してはキリスト教世界の普遍的秩序からの解放，すなわち自らの上位に立つ権威・権力を認めない**独立・平等**の存在を，内にあっては封建領主たちの権力を奪い**中央集権的**な国の建設を目指す**近代主権国家**（sovereign state）が誕生することになった。

このような独立・平等の主権国家によって構成された社会，すなわち**近代国際社会**の成立を

1-2 ウェストファリア条約の締結（1648
年）

ウェストファリア条約は，三十年戦争を終結させる講和
条約で，神聖ローマ皇帝とスウェーデン国王間のオスナ
ブリュック条約，神聖ローマ皇帝とフランス国王間のミ
ュンスター条約から成る。絵画は，ヘラルト・テル・ボ
ルフの手になるミュンスター条約締結の図。
（写真：Album/PPS 通信社）

象徴するものとして通常挙げられるのが，**三十
年戦争**を終結するために締結された 1648 年の
ウェストファリア条約 1-2 である。三十年戦争
は，1618 年に始まった旧教（カトリック）諸国
と新教（プロテスタント）諸国との間の戦争で，
30 年にもわたる長期の戦争の結果，その戦場
となったドイツを中心に多大の犠牲者を出すこ
とになった。この戦争の講和会議として開催さ
れた**ウェストファリア会議**には，ヨーロッパの
多数の国が参加し，そこで締結されたウェスト
ファリア条約は，オランダとスイスの神聖ロー
マ帝国からの分離・独立を認めるとともに，新
教国の国際的地位を正式に承認した（もっとも，
神聖ローマ帝国自体は，1806 年にフランス皇帝ナポ
レオンの侵攻を受け解体されるまで存続した）。こ
うしてウェストファリア条約は，ローマ教皇や
神聖ローマ皇帝といった中世の古い権威から解
放された主権国家を単位とする近代国際社会の
誕生を条約上も確認するものとなった。

このように，17 世紀のヨーロッパでは，ロ
ーマ教皇や神聖ローマ皇帝といった中世の古い
権威から解放された主権国家を単位とする近代
国際社会の誕生をみたが，既存の権威体系から
の主権国家の解放は，これに代わる新たな権威
体系が確立されないかぎり，共通の規律を欠く
無秩序状態を意味することになる。ここに，無

秩序状態を克服し，国家間の争いを合理的なル
ールにのせるための体系的な国際法が要請され
るようになった。

こうした近代国際法の創成期にあっては，国
の実践的要求を満たしつつも，合理的・体系的
な法の必要を説く国際法学者の存在が実際上も
大きな意義を有した。

3 近代国際法を基礎づけた学者たち

(1) 自然法論

16〜17 世紀の国際法の形成期から 18 世紀に
至る時期は，「**国際法の英雄時代**」と呼ばれ，
多数の著名な国際法学者を輩出した。もっとも
この時代にあっては，現在のように学問分野が
高度に専門分化しておらず，彼らは単に国際法
学のみならず，法学一般，政治学，宗教学，哲
学，さらには自然科学にまで及ぶ総合的な学識

1-3 グロティウス（1583〜1645）

幼いころから神童・天才と呼ばれ，8 歳にしてラテン
語で詩を作り，11 歳でライデン大学に入学した。15
歳の時に外交使節の一員としてフランスに派遣された
が，その際フランスのアンリ 4 世から「オランダの奇
跡」と感嘆されたという。
その後 16 歳の時にハーグで弁護士を開業したが，
1619 年，宗教上・政治上の争いに巻き込まれて終身
刑を宣告され，ルーフェステイン城に幽閉されてしま
った。しかし，妻マリアの機知により，本箱に身を潜
めて城を脱出し，パリに亡命した。フランスではルイ
13 世の庇護を受け，研究と著述に専念することにな
り，主著『戦争と平和の法』もこの時期（1625 年）
に執筆された。 （出典：rijksmuseum ウェブサイト）

を備えた思想家であった。そうした学者の中にあって，オランダ人フーゴー・グロティウス（Hugo Grotius, 1583～1645）**1-3** は，「**国際法の父**」と呼ばれ，近代国際法の理論的基礎を築いた学者としてとりわけ有名である。

彼は，当時の三十年戦争の惨状に直面し，1625年，大著『**戦争と平和の法**』を著した（⇨***Chapter 13***）。その中で，グロティウスが国際法の存在根拠を示すために主に依拠した**自然法**は，もとは神に起源を持つものだったが，彼は，自然法は神が存在しないとしてもある程度は妥当しうるとして，中世の神学的自然法論とは区別される近代的な**合理的自然法論**を展開した。ここにいう合理的自然法とは，人間が，その**理性**に基づき，社会の維持のために一定のルールが必要であることを理解するようになる結果として妥当する法のことで，神の意思に基づく**神意法**や，人の意思によって制定される**人意法**または**実定法**とは区別される法のことである。

こうして，中世キリスト教世界の権威体系が崩壊し，その結果，神の法としての神意法が十分な規制力を果たしえなくなり，他方で，新たに成立した近代国際社会における国家間の実際の慣行や合意を通じて形成される実定国際法が未発達であった時期に，グロティウスは，自然法という人間理性から必然的に導かれる規範によって国際法を基礎づけようとした。

そのほか，自然法に依拠して国際法を基礎づけようとした学者として，グロティウスに先立つスペインの神学者ビトリア（Vitoria, 1483?～1546），**スアレス**（Suárez, 1548～1617），グロティウス以後のドイツの法学者，**プーフェンドルフ**（Pufendorf, 1632～1694），**ヴォルフ**（Wolff, 1679～1754）等が著名である。

(2) 法実証主義

このように，近代国際法はまず自然法論によって理論的基礎づけを与えられたが，18世紀に入ると，資本主義経済の発展に伴うヒト・モノ・カネなどの国境を越えた移動が活発化し，国際関係はますます緊密なものになった。そのため国は，現実面でも，その実際上の必要に応える国際法を要請するようになり，国の実際の慣行や条約に基づく**実定国際法**が次第に確立されることになった。具体的には，18世紀から20世紀初頭にかけて，多数の**通商条約**が締結され，**常駐外交使節**（⇨***Chapter 4***）や**仲裁裁判制度**（⇨***Chapter 12***）が発展し，**戦争法の法典化**や**中立制度の確立**（⇨***Chapter 14***）がみられるようになった。

1-4 ヴァッテル『諸国民の法』（初版，1758年）

ヴァッテルはスイス生まれの外交官で，1758年に初版が刊行された彼の『諸国民の法』は，現代語であるフランス語で著された初の国際法の体系書で，彼の外交官としての実務の経験を活かした現実的な感覚ゆえに，それまでになく広く読まれた。ヴァッテルは，ヴォルフの影響を受けつつも，自然法は結局人間の内心の問題であるとして，国家間の条約や国家慣行を重視する法実証主義的国際法学の先駆者とされる。
（専修大学図書館所蔵）

それに伴い，理論上も人間理性という実証不可能な前提に依拠する自然法論に代わって，実際の国家慣行を重視して国際法の内容と手続を描写しようとする**法実証主義**が有力になっていく。こうした法実証主義の代表的な学者として，オランダ人の**ビィンケルスフーク**（Bynkershoek, 1673～1743），スイス人の**ヴァッテル**（Vattel, 1714～1767） **1-4** ，ドイツ人の**モーゼル**（Moser, 1701～1785）等がいる。

4 国際法と非ヨーロッパ

近代国際法は，一方で，ヨーロッパに誕生した独立・平等の主権国家間の関係を調整し，当時飛躍的に進展しつつあった経済活動の広域化に伴って要請された取引の安全を増進すると同時に，戦争の人道化にも積極的な役割を果たした。

しかしそれは他方で，非ヨーロッパとの関係では，これとは異なるもう1つの顔を有していた。15世紀後半から16世紀にかけて始まるヨーロッパの全世界への膨張過程において，国際法は非ヨーロッパとの関係でいかなる機能を果たしたのか。この点を知ることが，これまで見てきた近代ヨーロッパ国際法と今日の国際法との関係を理解するうえで重要な意味を持つ。

(1) ヨーロッパの膨張

(a) 大航海時代 1-5　　中世末期のヨーロッパは，各方面から，アラブ・イスラム勢力の圧迫を受けていた。東からはオスマントルコの侵入を受け，1453年には東ローマ帝国の首都コンスタンチノープルが陥落，バルカン半島はトルコ人の支配下に入った。また，南からもイスラム教徒の襲撃は止むことなく，イタリア，フランス，スペインの沿岸を荒らされ，さらに西では，イベリア半島を征服したサラセン人がピレネー山脈越しにヨーロッパへの侵出をうかがっていた。

こうした中，キリスト教徒は，イスラム教徒に押さえられたインド・中国への地中海航路に代わる新たな航路の発見と，イベリア半島回復の願望（レコンキスタ）を抱いていたが，スペイ

1-5	大航海時代年表
1453 年	東ローマ帝国の首都コンスタンチノープル陥落
1488 年	ポルトガル人バーソロミュー・ディアスによる喜望峰の発見
1492 年	グラナダのアルハンブラ宮殿（赤い城）の陥落
1492 年	ジェノバの船乗りコロンブスによるアメリカ「発見」
1493 年	ローマ教皇アレキサンドル6世の勅書
1494 年	スペイン・ポルトガル間にトルデシリャス条約締結
1498 年	ポルトガル人バスコ・ダ・ガマによるインド航路発見
1529 年	スペイン・ポルトガル間にサラゴサ条約締結

ンとポルトガルという強力な王国の出現と航海技術の飛躍的発展が，この願望の実現を可能にした。

この時代，キャラック船と呼ばれる大型帆船の建造やイスラムから伝わった羅針盤によって外洋航海が可能となったことで，ポルトガルはアフリカ大陸を回りインド洋へと，スペインは大西洋を渡ってアメリカ大陸へと乗り出していった。スペインとポルトガルは，1493年，ローマ教皇**アレキサンドル6世の勅書**に基づき，大西洋沖の特定の子午線を指定し，ポルトガルはその線の東側で，スペインはその西側で，それぞれ発見する土地と富を取得し，キリスト教を布教する権利を認められた。この勅書の内容に不満を持ったポルトガルは，1494年，スペインとの間で**トルデシリャス条約**を結び，同条約に基づき境界線は西寄りに改定された **1-6** 。その後1529年に両国は**サラゴサ条約**を結び，その線の西側をポルトガルの，東側をスペインの勢力圏と定めた。こうして，15世紀後半以降，イベリア半島の2王国によるヨーロッパ外への最初の膨張が開始されることとなった。

コルテスやピサロに代表されるように，アメリカ大陸に足を踏み入れたスペイン人は，先住民へのキリスト教の布教，金銀財宝の強奪，抵抗する先住民の殺害を行い，**アステカ文明**や**インカ文明**といった現地文明を滅亡に追いやった。

こうした中，当時のスペインの神学者ビトリ

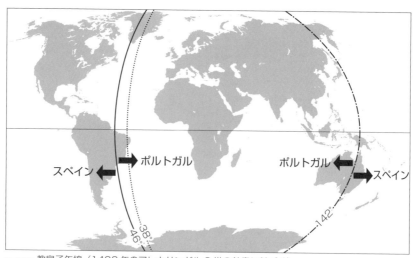

1-6 教皇子午線とトルデシリャス条約による再分割線

スペイン ← → ポルトガル　　ポルトガル ← → スペイン

38°
46°
142°

.... 教皇子午線（1493年のアレキサンドル6世の勅書に基づく）
―――― トルデシリャス条約による分割線（1494年）
―・―・― サラゴサ条約による分割線（1529年）

ア **1-7** は，先住民を異教徒として迫害するスペイン人のやり方に異議を申し立てた。『インディオについて』（1539年）というサラマンカ大学での特別講義の中で，ビトリアは，異教徒は自然法上いかなる権利も認められず征服の対象になるにすぎないという従来の考え方を否定した。また，異教徒であるインディオも正統な君主を戴き土地を所有する権利をもちうることを認め，スペインの植民者が正当な根拠なしにインディオに武力を振るいその土地を奪うことは許されないとして，スペインの植民者が当時アメリカで行っていた略奪行為を非難した。

　もっとも，このようにキリスト教的人道主義の立場から，普遍人類法としての国際法の非ヨーロッパにおける妥当性を承認しつつも，ビトリアは，結果としてスペインの植民を正当化する法を主張した。すなわち，彼は，植民を合法的に行いうるための法的根拠を提示し，その中で，自然法によってすべての人には交際と交通の権利が認められているとして，インディオがそれを否定したり妨害したりすれば，かかる権利の侵害となること，また，インディオには，キリスト教宣教師を受け入れる義務があり，それを否定することも戦争の正当原因（⇨*Chapter 13*）を構成するというものである。彼の主張は，

1-7 サラマンカ大学のビトリア像

（写真：サラマンカ大学ウェブサイト）

非ヨーロッパ人にヨーロッパ国際法上の一定の権利を認めている点で，当時としては先進的なものであったとはいえ，やはりヨーロッパ中心主義的偏向を免れることはできなかった。

　同じころ，ポルトガルは西アフリカで奴隷貿易の権利を手に入れ，ポルトガルの首都リスボンは，東方貿易とアフリカ黒人の奴隷市で繁栄を極めていた。これらの奴隷は，白人プランテーション（大規模農園）のための労働力として，カリブ諸島や南北アメリカ大陸に輸出された。

ポルトガルの衰退後，こうした奴隷貿易はオランダ，イギリスによって引き継がれ，15世紀から19世紀までの400年間で，アフリカ大陸から連れ去られたり死亡したりした奴隷の数は，約1千万人にも上るといわれている。

（b）植民地の分割　16世紀後半以降になると，先行のスペイン，ポルトガルに対し，オランダ，**イギリス**，**フランス**といった各王国がヨーロッパ内でこれと肩を並べる勢力になるとともに，非ヨーロッパでの植民地争奪戦においてもこれらの先進植民国と争うようになった。

これら新興の3国は，大西洋航路を独占するスペイン，インド航路を独占するポルトガルに対する挑戦を開始し，16世紀末から17世紀初頭，**東インド会社**あるいは**西インド会社**を設けて，東洋貿易への参画と植民地獲得に乗り出した。北アメリカにはオランダ，イギリス，フランスが進出し，次第にイギリスが優位に立つようになった。他方アジアでは，ジャワ・マラッカ方面にオランダが進出し，インドではイギリスがフランスの勢力を駆逐し，インドを追われたフランスはさらに東へと向かいインドシナへと進出した。

こうして18世紀までに，新大陸，アフリカ沿岸部および，日本，中国等を除くアジアは，スペイン，ポルトガル，オランダ，イギリス，フランス等のヨーロッパ諸国によって植民地として分割されることになった。

19世紀になると，これに**ドイツ**，**イタリア**，**ベルギー**等が加わり，1884〜85年に当時のヨーロッパ列強が一堂に会して開催された**ベルリン会議**では，ベルギー王によるコンゴ盆地の領有や植民地化の原則が確認された。こうしてアフリカ大陸はその内陸部まで分割され，19世紀末までには，エチオピア，トルコ支配下のエジプトを除き，すべてヨーロッパ諸国によって分割されてしまった。

このように，16世紀から19世紀末にかけて，非ヨーロッパ地域のほとんどは，ヨーロッパ諸国によって植民地化され，支配されることになった（⇨巻頭カラー **C 5**）。

（2）対非ヨーロッパ関係において形成された国際法のルール

ヨーロッパにおいて，独立・平等の主体間の関係を調整し，もって取引の安全を増進するとともに，戦争の人道化にも積極的な役割を果たしたヨーロッパ国際法は，他方で，非ヨーロッパに対しては，一般にこれを平等な主体と認めることなく一方的な征服，布教の対象とし，例外的にその法主体としての性質を認める場合にも，結果的にはヨーロッパにとって有利なルールを押しつける形で発展していった。こうした非ヨーロッパとの関係において形成された典型的な国際法のルールの例としては，**領域取得**や**戦争**に関するものがある。

（a）「発見」と「先占」の法理　この両者は，領域取得の方式（⇨**Chapter 5**）に関するもので，ヨーロッパ諸国の非ヨーロッパにおける植民地の獲得，拡張に適用される法としての機能を果たした。

16世紀のスペイン，ポルトガルの優勢期には，先に見たアレキサンドル6世の勅書に見られたように，ローマ教皇の権威に基づき，「発見」がヨーロッパにとっての未知の領域に対する取得権原とされていた。無人の場合のみならず，すでに先住民が居住していたとしてもその存在が無視されることもしばしばであった。

新教国であり，後発のオランダ，イギリスは，ローマ教皇の権威を否定し，すでにスペインやポルトガルによって「発見」されてしまった地域への進出を図るため，「発見」に代わり「先占」を領域取得権原として主張することになった。「先占」は，ローマ法上の「無主物先占」の法理を類推したもので，いずれの国にも属さない「無主地」に，ある国が実効的占有を及ぼすことにより，その地域を領域とすることができるというものである。

そこにいう「無主地」には，ヨーロッパ的な意味での集権的な「国家」が存在しない地域が広く含まれるとされ，たとえすでに共同体的な統治組織があったとしても，それらは「先占」の対象たる「無主地」とされた。

（b）「正当戦争」と「征服」　これに対して，

非ヨーロッパ地域にすでに強力な王国が存在する場合には，「発見」や「先占」の法理では十分に説得力を持ちえない。そうした場合には，先のビトリアに代表されるように，先住民の王国もなにがしかの法的存在であることを承認せざるをえない。その場合に持ち出されたのが「正当戦争」，その結果としての「征服」の権利であった。すなわち，ヨーロッパ諸国によるキリスト教の布教，交際・交通の権利が現地の国によって侵害される場合には，ヨーロッパ諸国は「正当戦争」に訴える権利があるとされ，実際に武力によって獲得された地域に対する「征服」による領域取得が法的にも合法的なものと認められた。

(3) 非ヨーロッパ諸国のヨーロッパ国際法への参入

このように，非ヨーロッパは，基本的にはヨーロッパ国際法の独立・平等な法主体として認められることなく，ヨーロッパ諸国による「発見」「先占」「征服」の客体として考えられてきた。

18世紀から19世紀初めにかけて米国や中南米諸国が続々と独立を達成したが，これらの諸国は，ヨーロッパ人植民者やその先住民との混血者によって構成された国であり，ヨーロッパとの文化的同質性が高い国であった。米州諸国は，ヨーロッパ国際法を一方的に受容するだけでなく，逆に影響も与えたといわれている。

これに対して，19世紀中ごろから，近代国際法の主体として非キリスト教国が登場してくることになる。すなわち，クリミア戦争の講和条約であるパリ条約（1856年）により，トルコは，「ヨーロッパ公法と協調の利益」に参加することを正式に認められることになった。また極東では，中国が南京条約（1842年）を通じて，日本が日米和親条約（1854年）を通じて，ヨーロッパ諸国との正式な国際法関係に入ることになった。もっともこれらの諸国は，領事裁判制度や関税自主権の制限（⇨(4)）に服するなど，ヨーロッパの「文明国」とまったく対等な国際法主体とされたわけではなかった。

(4) 日本のヨーロッパ国際法への参入

日本の場合，自ら望んで欧米諸国との国際法関係に入ったわけではなく，日本に開国と開港を迫る「黒船」（⇨巻頭カラー C-18 ）という外圧によって否応なく国際法関係に引き入れられることになった。そのうえ，江戸幕府が1858年に米国，イギリス，ロシア，オランダ，フランスとの間で締結した**修好通商条約**は，①日本に在留する締約国国民は日本の裁判権に服することなく，その国の領事裁判権に服すること（**領事裁判制度**），②輸入される物品の関税率を日本が自由に決めることができず（**関税自主権の制限**），外交交渉の結果決められる協定税率に縛られること，③ある締約国が日本との条約で獲得した権利は，自動的に他の締約国にも適用されること（**片務的最恵国待遇**）を定めるなど，不平等な関係を日本に強いるものであった。そのため，そうした**不平等条約の改正**が明治前期における日本の最大の外交課題となった。

その実現の手段として，一方では，自由民権運動の過程で，国内における民権の確立と被抑圧民族との連帯を通じて，ヨーロッパ国際法の不平等な内容を是正すべく，全面的な変革を求

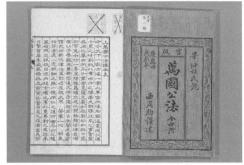

1-8 フィッセリング口述・西周（周助）訳『万国公法（全4巻）』

西周（周助）は，1829年に津和野藩の典医の子として生まれ当初儒学を学んだが，黒船が浦賀に来航した翌年の1855年に洋学を志し，幕府が初めて欧州に派遣した留学生の一人として，63年から2年間オランダ・ライデン大学で法学，経済学を学んだ。
1868年（慶応4年）に『万国公法（全4巻）』と題して刊行された本書は，ライデン大学教授であったフィッセリングから受けた講義を翻訳したものであったが，日本語で著された国際法教科書としては日本で最初のものとなった。　　（写真：国立国会図書館ウェブサイト）

めるべきだとの主張もあった。しかし，実際に明治政府が追求した選択肢は，ヨーロッパ国際法の存在を前提としたうえで，日本も欧米諸国から「文明国」として認められることで，平等な国際法主体へと上昇することであった。

そのための具体的政策として，「富国強兵」，「殖産興業」のスローガンが主張され，「文明国」の条件であるヨーロッパ型の法体系と司法制度の整備が追求され，国際法の研究も非常に早い時期から行われた 1-8 。欧米諸国との関係では，たとえば，日露戦争でロシア人捕虜を戦争法に基づき厚遇するなど，日本は，国際法を忠実に遵守する国であるとの評判を勝ち取ることになった。

こうした努力の結果，1894 年の日英通商航海条約の調印を皮きりに，不平等条約の改正に成功し，また国際連盟では，イギリスやフランスと並び理事国を務めるなど，欧米諸国と対等な関係を確立するまでになった。しかし他方で，中国，朝鮮，東南アジアの諸国に対しては，欧米諸国が行ってきたのと同様に，植民地主義的な進出を行うなど，決して対等とはいえないような関係を強いる方向に向かっていくことになる。

5 ヨーロッパ国際法から普遍的国際法へ

第二次大戦以降，とりわけ 1960 年代以降，人民の自決権を根拠に，新興のアジア・アフリカ諸国が植民地ないしはそれに準じる地位から徐々に解放され，法的に独立・平等な主権国家として国際社会に登場するようになった。当初 51 カ国でスタートした国際連合（国連）は，1955 年のアジア・東欧諸国など 16 カ国の大量加盟や，1960 年のアフリカ諸国など 17 カ国の大量加盟を経て，その加盟国数は増加の一途をたどり，今日では，当初の 4 倍近い 193 カ国を数えるまでになった 1-9 。こうした国際社会の普遍化の過程で，ヨーロッパ諸国の利益の増進とその相互間関係の調整のための法として発展した伝統的な国際法のルールに対しても，大規模な挑戦が開始された。

たとえば，先進国にとって有利とされた外国人財産の国有化に際しての補償原則の見直し（⇨*Chapter 10*），外交的保護権（⇨*Chapter 8*），国家責任法（⇨*Chapter 2*）などについての伝統的なルールの変革，さらには，すでに存在する格差を是正するための海洋（⇨*Chapter 6*），貿易（⇨*Chapter 10*），環境（⇨*Chapter 11*）などの分野での新たなルールの樹立などがそれにあたる。

もっとも，これらの新興諸国も，国際法のルールの全体を否定しようとしたのではなく，国際社会の基本的な枠組みを構成する主権平等の原則や国内問題不干渉の原則（⇨*Chapter 3*），国際交通の合理的な調整のために不可欠な条約法や外交関係法（⇨*Chapter 4*）など，当初ヨーロッパ諸国間の関係において成立したとはいえ，独立・平等な法主体にとって，普遍的な価値・有用性を持つルールに対してまで反対してきたわけではない。その意味で，近代国際法が歴史的に果たしてきた機能を認識しつつも，それにもかかわらず国際法が持ちうる普遍的価値を積極的に見出していくことこそが重要である。

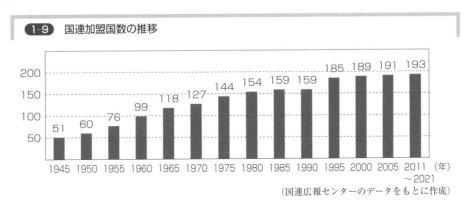

1-9 国連加盟国数の推移

（国連広報センターのデータをもとに作成）

6 今日の国際法の特徴

以上に見てきたような，ヨーロッパ国際法から普遍的国際法へという，国際法の地理的適用範囲の拡大に加えて，今日の国際法には，次のようないくつかの特徴が見られる。

第1に，戦争・武力行使の違法化である。19〜20世紀初頭の国際法は国に「戦争の自由」を広く認めていた。しかし，2度の世界大戦を経て成立した国連憲章（1945年）の下では，紛争の平和的解決義務の強化が図られる（⇨*Chapter 12*）とともに，自衛権の行使などを例外として，国が武力に訴えることは一般的に禁止されるに至った。もっとも，今日の国際社会は，国際テロ組織アルカイダや過激派組織「イスラム国」（IS）など，国際法規範に縛られることを認めない非国家団体による暴力をいかに制御できるかという新たな課題に直面している。加えて，2022年2月に開始されたロシアによるウクライナへの軍事侵攻は，核保有国であり国連安全保障理事会の常任理事国でもある国によるあからさまな国際法違反にいかに有効に対処できるかという難問を国際社会に突き付けている（⇨*Chapter 13, 14*）。

第2に，国際社会の組織化である。国際法は近代主権国家の誕生とともにその相互関係を規律するための規範として発展してきた。しかし19世紀後半になると，郵便，通信，衛生，度量衡（測定単位）などの専門的・技術的事項に関する国際協力を実現するための国際組織が設立されるようになった。第一次大戦後には，紛争解決，安全保障，軍縮といった政治的事項を扱う国際連盟が設立（1920年）され，さらに第二次大戦後には，専門的・技術的事項と政治的事項とを包括的に扱う一般的組織である国際連合（国連）が設立（1945年）された。また，国際復興開発銀行（IBRD），国際通貨基金（IMF），国連教育科学文化機関（UNESCO）などの専門的・技術的な組織や，米州機構（OAS），欧州連合（EU），アフリカ連合（AU）等の地域的組織も数多く設立されるようになり，今日，国際組織は国家と並ぶ重要な国際法の主体とみなされるようになっている（⇨*Chapter 7*）。

第3に，個人に係る国際法の発展である。伝統的な国際法の下では，個人に係る国際法は，外国人の処遇や少数民族の保護など狭い分野に限られていた。しかし，第二次大戦後になると，国際人権規約をはじめとする各種の普遍的人権条約や欧州，米州，アフリカなどの地域的人権条約の締結を通じて，国際的な人権保障が広がりを見せ，個人の国際機関への申立てを認めるなど手続面での保障も強化された（⇨*Chapter 8*）。他方で，個人の国際犯罪を国際法によって裁くための常設的な裁判所として，国際刑事裁判所（ICC）が設立されるなど，個人の権利保障だけでなく，責任追及のための国際法も発展してきている（⇨*Chapter 9*）。

第4に，協力の国際法の発展である。伝統的な国際法は，国家管轄権（一定の範囲のヒト・モノ・事実に対して国がその国内法を適用し行使する権限）を諸国に配分し，互いに他国の国内管轄事項に干渉しないことで，国家間の平和的共存を可能にするという消極性を特徴としていた（⇨*Chapter 3*）。これに対して，今日の国際法では，国際社会の共通利益を促進するため諸国が積極的に協力しなければならない分野が増えている。国際経済の発展や国際環境の保護の分野などはその例である（⇨*Chapter 10, 11*）。グローバル化が進む今日の国際社会にあって，こうした協力の国際法を必要とする分野は今後さらに広がっていくことが予想される。

参考文献

- 明石欽司『ウェストファリア条約』（慶應義塾大学出版会，2009年）
- 石本泰雄『国際法の構造転換』（有信堂高文社，1998年）
- 大沼保昭編『戦争と平和の法〔補正版〕』（東信堂，1995年）
- 太壽堂鼎『領土帰属の国際法』（東信堂，1998年）
- 中井愛子『国際法の誕生』（京都大学学術出版会，2020年）
- 柳原正治『グロティウス　新装版』（清水書院，2014年）

Chapter 2 国際社会で守るルール
——国際法総論

1 国際法の法的拘束力とは？

（1） 条約は「単なる紙切れ」に過ぎないのか？

1914 年にヨーロッパで第一次大戦が勃発すると，ドイツは，永世中立国としての地位を当時の条約で保障されていたベルギーに侵攻し，ベルギー領を通過して宿敵フランス領内に攻め込んだ。

独仏両国が直接国境を接するアルザス・ロレーヌ地方には，両国が強固な防衛線を築いており，ドイツ軍がこの国境線を突破してフランス領内に攻め込むことは，きわめて困難であると予想されていた。他方で，永世中立国であるベルギーとの国境線付近にはフランスも要塞等を築いておらず，ドイツ軍がベルギー領を通過してフランスに攻め込めば，短期間でフランスの首都パリを攻略することができるとドイツ側は考えた。フランス・ロシア両国との二正面での

戦争をかねてから想定していたドイツの参謀本部は，仏露両国との戦争になった場合には，西部戦線でベルギーを侵犯してフランス領内に侵攻し短期間のうちにフランスを降伏させ，直ちに軍を東に戻して東部戦線でロシアを攻略する，

2-1 第一次大戦開戦時にドイツ参謀本部が準備していた「シュリーフェン・プラン」

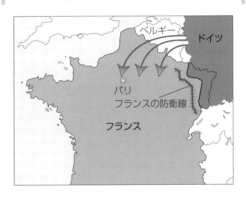

2-2 第一次大戦当時のドイツの指導者たち

（写真：Alamy/PPS 通信社）

（写真：Bridgeman/PPS 通信社）

（左）「重大な国家利益の前には，条約は単なる紙切れに過ぎない」と述べ，ドイツによるベルギーの永世中立の侵犯を正当化した第一次大戦時のドイツ首相ベートマン・ホルヴェーク。
（右）第一次大戦前のドイツ皇帝ヴィルヘルム 2 世（前列イスに着席）とドイツ指導部。後列右から 2 人目がベートマン・ホルヴェーク，その前に座るのが 1930 年代にワイマール体制下でドイツの大統領となりヒトラーを首相に任命したヒンデンブルク。

2-3 第二次大戦のきっかけともなったズデーテン地方

1938年にドイツがチェコスロバキアに対して割譲を要求したズ
デーテン地方の位置。

1938年10月，進駐するド
イツ軍を歓迎するズデーテン
地方のドイツ系住民。
（写真：Bridgeman/PPS通信社）

というシュリーフェン・プラン 2-1 を立ててい
た。

　実際に1914年に第一次大戦が勃発すると，
ドイツはベルギーに対してドイツ軍の領土通過
を要求したがベルギーがこれを拒否したため，
このシュリーフェン・プランに従ってベルギー
領内に侵攻し，フランス領へ進撃した。

　このようなドイツ側の行為は，ベルギーの永
世中立を定めた国際法に違反することは明白で
あった。しかし，当時のドイツの首相ベートマ
ン・ホルヴェークは，「重大な国家利益の前に
は，条約は単なる紙切れに過ぎない」とドイツ
議会で演説して，このようなドイツ側の行為を
正当化しようとした 2-2 。たしかに，単なる
「紙切れ」に過ぎない条約と，永世中立という
条約を守ったため戦争に敗れ国家が破綻に瀕す
る事態のどちらを選ぶかと問われれば，「紙切
れ」よりは「重大な国家利益」を選ぶ，という
政治的リーダーが存在しても不思議ではないか
もしれない。

　また，1938年にドイツのヒトラーが「ヨー
ロッパにおける最後の領土要求」としてドイツ
系住民が多数居住するチェコスロバキアのズデ
ーテン地方のドイツへの割譲を要求したが，チ
ェコスロバキアはこれを拒否し，戦争発生の危
機が迫った。1938年9月，イギリス・フラン
ス・イタリア3カ国の首脳はドイツのミュンヘ
ンでヒトラーと会談し，英仏伊独4カ国による

2-4 ミュンヘン会談から帰国し，イギリス
の空港でヒトラーの署名した協定を掲
げるチェンバレン首相（1938年9月）

（写真：Granger/PPS通信社）

ミュンヘン協定を締結してズデーテン地方のド
イツへの割譲を認めた 2-3 。このミュンヘン
会談から帰国した当時のイギリス首相ネビル・
チェンバレンは，ヒトラーが署名したミュンヘ
ン協定の「紙切れ」を示しながら，「これによ
り戦争は回避され，ヨーロッパに平和が確保さ
れた」と誇らしげに述べ，イギリス国民はこれ
を歓喜の声で迎えた 2-4 。しかし，この「紙
切れ」に記されたヒトラーの約束は，結局守ら
れることはなかった。「ヨーロッパにおける最
後の領土要求」であったはずのズデーテン割譲
のわずか6カ月後に，ドイツはチェコスロバキ
アに軍事侵攻してチェコを併合し，スロバキア
を保護国とした。さらに1939年9月には，ド

イツはポーランド侵攻を開始し，これを受けて英仏両国がドイツに宣戦布告して，結局，第二次大戦が始まることになった。ミュンヘン会談でヒトラーによる条約としての約束を信じた英仏両国のドイツに対する「宥和政策」は，結局は世界中を巻き込んだ第二次大戦の重要な導火線となったのである。

以上2つの例を見ると，条約は本当に「単なる紙切れ」に過ぎないようにも思われる。条約，あるいは広く一般に国際法というものが，実際に「単なる紙切れ」ではないとすれば，国際法はどのような法的効力を持つと考えられるであろうか。

(2) 国際法の法的効力とは？

それでは，条約などの国際法が法的な効力を持つことは，どのように説明できるのであろうか。

21世紀の今日の国際社会でも，さまざまな国際的な紛争や事件等が発生するが，これらの紛争や事件に際して，いずれの国の指導者や政府の役人なども，自国の行為は国際法に合致していると主張する場合がほとんどであり，「国際法は守らなくてもよい」「わが国は国際法を破る」と公言するケースは皆無であろう。このことは，国際法が現実に遵守されているか，またその違反に対して効果的な制裁が科されるかどうかは別として，「国際法は守られなければならないものだ」という意識自体に関しては，現代の国際社会でコンセンサスが形成されていることを示している。先に述べた第一次大戦開戦時のドイツによるベルギーの永世中立侵犯の例では，イギリスがこれ（ドイツによる国際法違反）を理由としてフランス側に立ってドイツに宣戦布告している。そして，このことはドイツが当初の計画どおりにパリを攻略することができず，西部戦線においてドイツ軍と英仏両軍が塹壕（ざんごう）で長期間対峙（たいじ）する結果を招く重要な一因となり，最終的にドイツは1918年に第一次大戦で敗北することとなった。また，ミュンヘン会談での約束を破ったヒトラーによるチェコ併合は，それまでの宥和政策の失敗を英仏両国に自

2-5 ウクライナ領内で破壊されたロシア軍戦車の残骸

(EPA＝時事)

覚させることとなり，その後のドイツ軍のポーランド侵攻に際して英仏両国がドイツに宣戦布告する結果を招いた。その後，紆余曲折（うよきょくせつ）はあったものの1945年に至りドイツは第二次大戦に敗北し，ズデーテン地方は再びチェコスロバキア領に復帰することとなる。

最近の例では，2022年2月，ロシアが隣接するウクライナに軍事侵攻し，ウクライナ北部から首都キーウに向けて，同時にウクライナの東部から南部にかけて，正規軍を動員した大規模な軍事攻撃を行った **2-5**。この行為は，国連憲章が明確に禁止する主権国家に対する武力の行使であったが，国連では，安全保障理事会の常任理事国ロシアによるいわゆる拒否権行使により安保理が有効に機能せず，国連総会がロシアの国際法違反の行為を非難するにとどまった（⇨**Chapter 3, 7**参照）。しかし，国際社会の多くの国は，このようなロシアの行為を強く批判し，ロシアに対して自主的な経済制裁を科すとともに，侵略を受けたウクライナに対して軍事物資や武器の支援等，さまざまな支援を行った。この結果，ウクライナ軍は首都キーウ近郊に侵攻したロシア軍を撃退し，ロシア軍はウクライナ北部からの撤退を余儀なくされた。ウクライナ東部および南部でロシア軍による違法な占拠とウクライナ軍との戦闘が続いているものの，ウクライナ現政権の転覆と新ロシア政権の樹立という当初の目標をロシアは達成することができなかった。

（写真：参議院事務局提供）

（写真：UN Photo/Milton Grant）

このように国際社会では，国内社会における法の違反に対する執行や制裁のように，法の違反に対する制裁が警察や裁判所などの国家権力によって組織的かつ実効的に科されるわけではない。しかし，国際法は守られるべき価値あるものであり，その違反に対しては一定の場合に何らかの制裁や法執行が必要である，という意識自体は，国際社会で広く一般に共有されるものとなっている。

国内社会においても，すべての法の違反に対して常に実際に制裁が科され，違反が正されるわけではない。たとえば，ある国の国内で自動車運転の制限速度を超えて運転した場合，常に罰金等の制裁が科され，そのためすべての自動車が制限速度を現実に遵守している，というわけではない。だからといって，制限速度に関する法に効力がないと考えられるわけではない。国内社会においてもこのような法が法的効力を持つと理解されるのであれば，国際社会における国際法も十分に法的効力を持つものと理解できるであろう。

2 国際法は，どのように作られ，どのような形で存在するのか？

(1) 国際法は，どのようにして作られるのか？

国内社会における法は，国ごとにその作成の具体的な過程はさまざまであるが，多くの国では議会等の立法機関において多数決など所定の手続に従って制定される。これに対して，国際社会には，国内社会に存在する立法機関と呼べるような「議会」は，現在のところ存在しない。たとえば，現代の国際社会で最も普遍的で一般的な国際組織である国際連合（国連）には，総会や安全保障理事会といった主要機関がある（国連憲章7条参照）。このうち，すべての国連加盟国の代表から構成され，各国連加盟国がそれぞれ1票ずつを有する国連の総会は，一見したところ国内社会における「議会」に最も近いように見える機関である。しかし，国連総会が多数決によって採択する決議には，勧告的な効力しか認められず，法的拘束力を持つ国際法規範を制定する権限は認められていない（⇨*Chapter 7*）。したがって，国連総会は，国内社会における「議会」と同様の権限を有する機関であるとはいえないのである 2-6 2-7。

それでは，国内社会における立法機関に相当する組織が存在しない国際社会において，国際法はどのようにして作られるのだろうか。

現代の国際社会は，国際法から考えた場合，主権を有する国（主権国家）をその基本的な単位として成り立っている（国際法上の「国」に関しては，⇨*Chapter 3*）。国際法は，このような国際社会における基本的な主体である国家間の「合意」を基礎として作り出される。文書の形で明記された国家間の「合意」は，条約という形をとり，文書として記されない暗黙の国家間の「合意」は，国際慣習法（慣習国際法）という形をとる。

国際法は，成文法（文書に記された法）である

条約と，不文法（文書に記されていない暗黙の法）である国際慣習法の2つをその主要な存在形態とするが，これらの根底には「合意は拘束する（合意は守られなければならない）」(pacta sunt servanda) という根本的な原則が存在している。条約に関する一般的ルールを定めた条約法条約（条約法に関するウィーン条約）は，「効力を有するすべての条約は，当事国を拘束し，当事国は，これらの条約を誠実に履行しなければならない」と規定し（26条），この原則を条約に関して確認している。他方で，国際慣習法を「黙示の合意」と捉えてその法的拘束力を基礎づける考え方に対しては，このような理解はフィクションに過ぎないとの批判も最近では提起されている。

(2) 国際法はどのような形で存在するか？
──条約，国際慣習法と「法の一般原則」

条約と国際慣習法という国際法の2つの主な存在形態のうち，条約に関する詳細については，*Chapter 4* で説明するので，ここでは国際慣習法に関して説明しておきたい。

国際慣習法とは，国際社会で一般に法として認められた不文法を指すものである。国内社会のように統一的な立法機関が存在しない国際社会では，古くから法はまず不文法という形で形成されてきた。交通・通信手段が飛躍的に発展した現代では，かつてと比べれば条約が数多く結ばれるようになったが，それでも国内社会と比較すれば国際社会では不文法である国際慣習法が占める地位は決して低いとはいえない。

国際慣習法の成立が認められるための要件としては，**国家実行の集積**による**一般慣行の成立**という客観的要件と，当該慣行が法であるという諸国の確信（これを**法的確信**〔*opinio juris*〕と呼ぶ）の成立という主観的要件の2つを満たすことが必要と考えられる。後者の法的確信を欠く一般慣行は，国際社会での礼儀としての**国際礼譲**や政治的判断に基づく国際慣行などにとどまるものといえ，法的拘束力を持つ国際慣習法とは区別されるものである。

条約と国際慣習法の2つは，国際司法裁判所

2-8 国際司法裁判所規程 38 条

1．裁判所は，付託される紛争を国際法に従って裁判することを任務とし，次のものを適用する。
   (a) 一般又は特別の国際条約で係争国が明らかに認めた規則を確立しているもの
   (b) 法として認められた一般慣行の証拠としての国際慣習
   (c) 文明国が認めた法の一般原則
   (d) 法則決定の補助手段としての裁判上の判決及び諸国の最も優秀な国際法学者の学説。但し，第59条の規定に従うことを条件とする。
2．（略）

(ICJ) における裁判の基準として適用される裁判準則としての国際法を規定した国際司法裁判所規程 38 条 1 項に，(a)と(b)としてそれぞれ明記されている。同項では，これら2つのほかに，(c)「文明国が認めた法の一般原則」，(d)法則決定の補助手段としての「判決」と「学説」，が規定されている **2-8**。

このうち(c)の「法の一般原則」は，国際法の適用法規の不存在による**裁判不能**を避けるために国内法上の一般原則を国際裁判でも適用することを認めたものであるが，今日ではこれを条約と国際慣習法に次ぐ補完的な国際法の第3の存在形態として認める見解も有力である。これに対して，判決と学説は，いずれも「法則決定の補助手段」とされるものであり，条約や国際慣習法といった国際法（ここでは「法則」）の内容を明確にするための補助的な役割を認められるに過ぎない（なお，国際裁判に関しては，⇨*Chapter 12*）。

3 国際法の効力

(1) 国際法相互の効力関係

以上のように国際法は，具体的には個別の条約や国際慣習法，場合によっては法の一般原則といった形で存在する。それでは，これらの具体的な国際法規範が相互に矛盾または抵触した場合，これら複数の国際法規範相互の効力関係はどのようにして調整されるのだろうか。

2つ以上の具体的な国際法規範が矛盾する規定を設けている場合，通常はこれらの法規範が

成立した時間の先後に照らして「後法は前法を破る」（後からできた法が前からある法よりも優先する）という「後法優位の原則」によって優劣関係が決定される。条約法条約は，条約相互の効力関係についてこの原則に従った規定を設けている（30条）。また，「特別法は一般法を破る」という「特別法優位の原則」が適用されることもある。

しかし，以上のような2つの原則が適用されるのは，問題とされている国際法規範が強行規範（*jus cogens*）でない場合に限られる。一般国際法上の強行規範について，条約法条約は，「いかなる逸脱も許されない規範として，また，後に成立する同一の性質を有する一般国際法の規範によってのみ変更することのできる規範として，国により構成されている国際社会全体が受け入れ，かつ，認める規範」と定義している（53条）。国際法のある法規範が強行規範にあたる場合には，その法規範が成立した時間の先後や規範の一般性・特殊性等を問わず，他の国際法規範に常に優先する効力を持つ。現代の国際法において具体的にどのような法規範が強行規範として確立しているかについては，議論がある。しかし，たとえば国連憲章2条4項に規定された武力不行使義務がこれに該当することについては，ほぼ異論がないといえる。

また，条約や国際慣習法，法の一般原則といった先に述べた国際司法裁判所規程38条1項に規定された国際裁判の基準となる国際法規範のほかに，厳密な意味では法的拘束力が認められないが一定の法的意義を有するものとして，国際組織の決議（国連総会決議など）や国際会議で採択された文書（1975年のヘルシンキ欧州安全保障協力会議最終議定書など）がある。これらを国際法上の**ソフトロー**（soft law）として捉え，これに何らかの法的効果を与えようという主張もなされてきた。しかし，条約法条約の中にその定義および法的効果が明記されている強行規範の場合とは異なり，ソフトローという概念はその定義や法的効果が明確に定められておらず，いまだ実定国際法上の概念として確立しているとはいえないであろう。

(2) 国際法の国内的効力
——国際法と国内法の関係

次に，国際法が各国の国内社会においてどのような法的効力を持つかについて考えてみたい。そもそも，国際社会の法である国際法と国内社会の法としての国内法は，どのような関係にあると捉えられるであろうか。

この点に関して学説は，国際法と国内法が同一の法秩序の中にありいずれか一方が他方の上位法秩序をなすとする「一元論」と，国際法と国内法は異なる次元の異なる法体系をなすものであり両者は一切関係を持たないとする「二元論」の2つの考え方が主張されてきた。前者の一元論には，国際法が国内法の上位秩序を構成するという「国際法優位の一元論」と，国内法が国際法に優位するという「国内法優位の一元論」とがある。このうち，国内法が国際法に優位するという「国内法優位の一元論」は，国の一方的意思で制定される国内法が国際法よりも優越するため，結果的に国際法そのものの法的拘束力の否定につながるものであり，今日では支持されていない。

「国際法優位の一元論」は，国際法秩序を各国の国内法秩序の上位に置く考え方であり，特に国際協調主義が有力であった第一次大戦後の1920年代にウィーン大学で教授を務めたハンス・ケルゼン（Hans Kelsen, 1881〜1973） 2-9 らによって有力に主張された。これに対して，国際法と国内法を別個の法秩序と捉える二元論は，現実を直視した考え方であり，今日でも相当の支持を得ている。

次に，実際の国際社会では，国際法がどのような形で国内社会において適用されるかについて考えたい。国際法が国内社会で実際に適用されるためには，国際法規範がそれぞれの国の国内法として適用できるようにする必要がある。そのための方式として，各国は，「変型」方式か「（一般的）受容」方式のいずれかをとっている。国際法が国内法として適用されるためには国内法への「変型」を必要とするというのが「変型」方式であるのに対して，「（一般的）受容」方式とは，国際法はそのままの形式で国内

2-9 ウィーン大学の構内にあるハンス・ケルゼンの胸像

（写真：筆者撮影）

法上も適用されるとするものであり，日本をはじめ多くの国は後者の「（一般的）受容」方式を採用している。

こうして条約や国際慣習法といった具体的な国際法規範に国内法上の効力が認められた場合，次に問題となるのはこれらの国際法の国内的効力の位置づけである。たとえば，日本の国内法秩序は，憲法を頂点として法律，政令，省令，条例といった序列を作っているが，条約や国際慣習法といった国際法はこのうちのどこに法的に位置するのであろうか。国際法にどのような国内法上の効力の位置づけを与えるかは，それぞれの国によって異なるが，日本の場合，たとえば条約には憲法よりは下で法律よりは上の効力が認められている。

なお，このようにして国際法に国内法上の効力が認められる場合にも，すべての条約や国際慣習法の規定が直接国内法上も効力を持ち，国内裁判所において直接に適用可能となるわけでは必ずしもない。たとえば条約の規定の中には，一般的な努力義務を定めるに過ぎないものや国内立法の義務を定めるものなどもあり，これらの条約の規定は国内裁判所においてそれ自体が直接適用可能ではない。条約の規定が国内法上直接適用可能とされるためには，その条約規定

が「**自動執行力のある**」（"self-executing" な）ものであることが必要とされる。ある条約の規定が "self-executing" と認められるための要件としては，その規定が明確であり，具体的であることなどが必要であると解されている。日本の国内裁判所の判決の中には，国際人権規約（自由権規約）の一部の規定は日本国内において直接適用可能であるとの見解を示すものもあるが，多くの場合に日本の国内裁判所は国際人権諸条約を国内法解釈の参考として用いる（いわゆる間接適用）にとどまっている（この点に関しては，⇨**Chapter 8**）。

4 国際法に違反したらどうなるか？ ——国際法上の責任

(1) 国際法上の責任と国家責任

国際法に関する違反が行われた場合には，その結果として国際法上の法的責任が発生する。国際法上の責任を負う主体となるものは，従来はもっぱら国に限られていたが，最近では国際組織や個人といった国以外の主体も国際法上の責任を負う場合がある。国が負う国際法上の責任のことを，国際法では一般に**国家責任**と呼んできた。

このような国際法上の国家責任に関して，国際社会では長い間その法典化作業が行われてきた。国連の国際法委員会（ILC）が長年にわたり起草作業を行い 2001 年に国連総会で採択された**国家責任条文**（国際違法行為に対する国家責任条文）は，国家責任に関する一般的規則をまとめたものであり，これ自身は法的拘束力を持つ条約ではないが，国家責任に関する問題を考える場合の重要な手がかりを提供する重要な文書であるといえる。

この国家責任条文によれば，国により国際違法行為が行われた場合に国際法上の国家責任が発生する。具体的には，①国による国際義務の違反が存在すること，②当該行為が国に帰属すること，の2つが国の国際違法行為を構成するものとされる（国家責任条文2条）。しかし，このような要件が満たされた場合でも，違法性阻却事由が存在するときには，例外としてその国

```
┏━━━━┓
┃2-10┃  国際法上の「国家責任」のルール
┗━━━━┛              (条文数は国家責任条文)
```

- 「国際違法行為」⇨「国家責任」の発生（1条）
  - 「国際義務」の違反（2条）
  - 行為の国への「帰属」（2条）
- 「国家責任」発生の法的帰結～「被害国」による
  「加害国」に対する責任追及手段
  - 違法行為が継続している場合 ⇨「中止」要求
    （30条(a)）
    違法行為の再発の可能性がある場合 ⇨「再発
    防止の保証」要求（30条(b)）
  - 「広義の賠償」（Reparation）＝国際違法行為に
    より生じた被害を賠償する義務（31条）
  ⇨以下の(1)～(3)を単独でまたは組み合わせて要求
    （34条）
  (1) 「原状回復」（Restitution）＝違法行為が行わ
    れた前の状態を回復する義務（35条）
  (2) 「金銭賠償」（Compensation）＝被害を金銭に
    換算して支払い（36条）
  (3) 「満足」（Satisfaction）＝外形的行為による救
    済（違反の自認，遺憾の意の表明，公式の陳
    謝その他）（37条）

の国家責任の発生が阻却されることになる。国
家責任条文では，同意，自衛，対抗措置，不可
抗力，遭難，緊急避難の6つが違法性阻却事由
として規定されている（20条～25条）。

(2) 国家責任の結果と責任解除の方法 2-10

　以上のように国家責任が発生した場合，国際
違法行為の被害国は加害国に対して具体的にど
のような形式の請求を行うことができるのであ
ろうか。これは，被害国にとっては加害国に対
する責任追及の手段・方法を考えることを意味
し，加害国にとっては自国に対して発生した責
任を解除するための手段・方法を考えることを
意味する。国家責任条文によれば，国家責任が
発生した結果として加害国は被害国に対して
「(広義の)賠償」（reparation。「回復」「事後救済」
と呼ばれる場合もある）を行う義務を負い，これ
は具体的には原状回復，金銭賠償，満足（サ
ティスファクション）のいずれかを単独でまたは組
み合わせて行うことになる（国家責任条文34条）。
まず，「原状回復」とは，違法行為が行われる
前に存在した状態に回復することを意味する

（同35条）が，これが不可能であるか十分では
ない場合には「金銭賠償」が行われる（同36
条）。さらに，原状回復や金銭賠償によっては
被害が十分に回復されない場合には，加害国に
による違反の自認（自ら認めること），遺憾の意
の表明，公式の陳謝といった「満足（サティス
ファクション）」が行われる（同37条）。また，
加害国による国際違法行為が継続している場合
には，被害国は加害国に対して違法行為の「中
止」の要求，あるいは必要な場合には「再発防
止の保証」の要求を行うことができるものとさ
れている（同30条）。

　なお，ILCによる国家責任条文の起草過程で
は，国家による国際違法行為を国家の「国際不
法行為」と国家の「国際犯罪」に2分し，侵略
等の重大な国際違法行為からは後者の「国家の
国際犯罪」が発生する，と整理する提案もなさ
れたが，このような「国家の国際犯罪」という
概念の定式化は実定国際法の枠を越えるものと
して国際社会の多くの国の受け入れるところと
ならず，実現しなかった。

┏━━━━━━┓
┃参考文献┃
┗━━━━━━┛
- 岩沢雄司『条約の国内適用可能性』（有斐閣，1985
  年）
- 小川芳彦『条約法の理論』（東信堂，1989年）
- 村瀬信也『国際立法』（東信堂，2002年）
- 坂元茂樹『条約法の理論と実際』（東信堂，2004
  年）
- 山田卓平『国際法における緊急避難』（有斐閣，
  2014年）
- 萬歳寛之『国際違法行為責任の研究』（成文堂，
  2015年）

Chapter 3 国ができたり，なくなったり
──国家とは？

■1 「国」とは何か？

(1) 国際社会の構成単位としての「国」
──その成立をめぐる問題

現在の国際社会は，好むと好まざるとにかかわらず，「国」をその基本単位として構成されている。

ところで，イラクやシリアの領域内で2014年以降急速に勢力を拡大した過激派組織「イスラム国」(IS) を自称する団体は，自らは「国」を名乗りながらなぜ国際社会では「国」として認められないのだろうか？　また，日本近隣の東アジアにも，台湾や香港，マカオなどがあるが，これらは「国」とは認められないのだろうか？　そもそも，国際社会において「国」と認められるための要件は何であるのか？

現在，国際連合（国連）の加盟国として正式に認められている「国」は，193である。しかし，国際社会には，この193の「国連加盟国」以外にも，「国」とも考えられる団体や地域が存在する。たとえば，イタリアのローマでは，ローマ教皇庁が存在する区域が「バチカン」と呼ばれている。バチカンは，国連加盟国ではないが，これも「国」の一種と考えられるであろ

うか。

たとえば，現在「国」として認められている領域の一部が，新たに別の「国」として独立することを宣言したとき，どのような場合にこれが正式な「国」として認められるのだろうか。いわゆる東西冷戦が終了した1990年代以降，かつてのユーゴスラビアの分裂に伴い6つの共和国が新たに「国」として独立した。そのうちの1つであるセルビアの中の一部の地域がコソボという「国」としての独立を宣言するなど，このような例は少なくない。これらの中には，2011年にスーダンから独立を宣言した南スーダンのように，国連加盟国としての地位を認められた例もあるが，コソボのように日本を含め多くの国から承認を受けながら国連加盟国としての地位を認められない例もある  。たとえば，沖縄のような日本の一部地域が，日本からの「独立」を宣言して新たな「国」を作ることは，法的に可能なのだろうか。

(2) 「国」であるための要件

現在の国際法では，一般に「国」として認められるための要件として，①実効的な「政府」，②明確な「領域（領土）」，③そこに居住する一定の「住民（人民）」，の3つがまず挙げられる。これらは，国の3要素とも呼ばれるものであり，これら3つを備えたものが原則として国際法上の「国」として認められる。1933年の「国の権利及び義務に関する条約（米州）」（モンテビデオ条約）1条は，以上①〜③の3つの要件に加えて，「他国と関係を取り結ぶ能力」，すなわち外交能力を，「国際法上の人格としての国」として認められるための第4の要件として規定している。この要件は，「独立性」と言い換えられることもある。「国」はこの第4の要件である外交能力ないし独立性を備えることにより，完全な国際法の主体，すなわち主権国家として

3-1 「イスラム国」に破壊されたパルミラ遺跡

（写真：AFP＝時事）

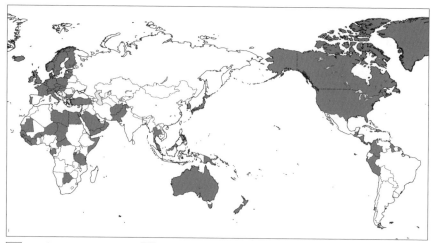

3-2 「コソボ」を「国」として承認している国と承認していない国

□ コソボを承認していない国　■ コソボを承認している国

3-3 最新の国連加盟国「南スーダン」の位置

（外務省ウェブサイトをもとに作成）

の地位を認められる。この「外交能力」ないし「独立性」を欠く「国」は，主権を制限された不完全な国際法の主体にとどまる。

② 「国」の始まりと終わり──「国」の誕生，発展・変更，消滅の動態

⑴ 「国」は，どのようにして生まれるのか？──「国」の誕生と国家承認

　このように，国際社会で「国」として認められる条件に関しては，国際社会では一定の共通

理解が成立している。しかし，現実には，ある存在が「国」として認められるためのこれらの要件を満たすかどうかを判断する仕組みや手続が，現在の国際社会には存在していない。国連は，ある「国」を国連の新しい「加盟国」として認めるかどうかの判断を行う（国連憲章4条参照）が，すべての「国」が国連への加盟を申請するわけではない。たとえば，スイスは2002年まで国連加盟国ではなく，韓国と北朝鮮（朝鮮民主主義人民共和国）が国連加盟を認められたのは，1991年だった。しかし，国連加盟以前にスイスや韓国などが国際社会で「国」として認められていなかったわけではない。つまり，「国連加盟国」であることは国際社会で「国」であると認められたことの有力な証拠となるが，「国」がすべて国連加盟国であるかといえば必ずしもそうではないのである。

　このような現象が生じるのは，現在の国際社会では，ある主体が「国」であるかどうかを統一的に決定する制度が確立していないためである。国際社会で新しい「国」が誕生したと主張される際に，それを「国」として正式に承認するかどうかは，他の国が個別に判断する。このように他国を国際法の主体として承認する個別の国の行為を，国際法では**国家承認**と呼ぶ。したがって，Aという「国」の成立が宣言され

た際に，B国はこのA国を国として承認するが，別のC国はこれを国として認めない，といった事態も，しばしば発生するのである。

「国家承認」がなされるためには，新たに独立を宣言した「国」が先に述べた「国の3要素」を客観的に満たしていることが必要とされる。同時に，新国家の樹立が，武力不行使義務といった国際法の基本原則に違反する形で行われたものでないことも必要であると考えられる。古くは，1931年のいわゆる満州事変後に日本が樹立した「満州国」を不承認とする理由として，当時の米国国務長官スティムソンが打ち出した「不戦条約違反の行為の結果生じた事態や国家はこれを承認しない」とするスティムソン主義がその先例として挙げられる。第二次大戦後も，1965年の白人少数派政権によるローデシアの一方的独立宣言，1976年のアパルトヘイト（人種隔離政策）をとる南アフリカの白人少数派政権の支援によるトランスカイの独立宣言，1983年のトルコの支援を受けた北キプロスの独立宣言等に際して，その不承認を求める国連の安全保障理事会（安保理）決議が採択された。2008年にグルジア **3-4**（日本政府は，2015年に「グルジア」の呼称を相手国政府からの要望に従い「ジョージア」に変更した）からの「独立」を宣言したグルジア領内の南オセチアやアブハジアについても，これらはロシアの軍事介入の下で樹立されたものであり，これらを正式に「国」として承認した国は国際社会では（ロシア等ごく一部の国を除いて）存在しなかった。

また，2014年には，ウクライナ領の一部であるクリミアにおいて，ロシア政府の事実上の支援の下でウクライナ政府の反対を押し切って独立を問う住民投票が実施された。その結果を踏まえ，クリミアはウクライナからの独立を宣言したうえで，ロシア領となることをロシアと

3-4 グルジア（ジョージア）とロシア

（外務省ウェブサイトをもとに作成）

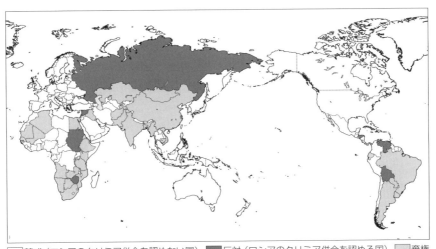

3-5 ロシアによるクリミア併合についての 2014 年 3 月 27 日の国連総会決議（68/262）に対する賛否

□賛成（ロシアのクリミア併合を認めない国）　■反対（ロシアのクリミア併合を認める国）　■棄権

の間で合意した。ウクライナをはじめ国際社会の多くの国々は，これはロシアによる事実上のクリミア併合であると捉え，ウクライナ政府の意思に反してロシアの武力による威嚇の下で行われたクリミア併合は国際法上違法・無効なものであると主張し，ロシアに対して経済制裁の発動を行った。

この問題に関して国連では，クリミアでの住民投票の結果を承認しないという内容の安保理決議案が2014年3月15日にロシアの拒否権行使により否決されたが，3月27日にはほぼ同一内容の国連総会決議68/262が賛成100，反対11，棄権58，欠席24で採択された **3-5**。国際社会の多くの国は，ロシアによるクリミア併合を国際法上違法なものと考えている。

2022年2月，ロシア軍は隣国ウクライナに軍事侵攻を開始した。ウクライナ北部から首都キーウ侵攻を目指したロシア軍は，ウクライナ軍の反撃により撃退されたが，ウクライナ東部のルハンスク州・ドネツク州からウクライナ南部のヘルソン州にかけては侵攻したロシア軍が占拠を続け，ウクライナ軍との激しい戦闘が続いている **3-6**。

(2) 「国」の発展・変更と解体・消滅

このようにして国際社会でいったん正式に認められた「国」は，その後に「領土」の変更（拡大や縮小）があっても，人口（「人民」の数）の増減があっても，あるいはクーデターや革命などで「政府」の変更や交代があっても，国としての同一性が失われない限り，国際社会での正当な主体，構成単位として存在しつづける。

しかし，1989年のベルリンの壁の崩壊と東西ドイツの統一（法的には，ドイツ民主共和国〔旧・東ドイツ〕のドイツ連邦共和国〔旧・西ドイツ〕への統合）や1991年のソ連（ソビエト社会主義共和国連邦）の解体，旧ユーゴスラビアからの6つの共和国の独立など，国際社会では「国」の変更や解体，消滅といった事態がしばしば発生する。このような場合，解体や統合等で消滅した国が国際法上有していた権利や義務，さらに財産や債務などが，新しく誕生した国に

3-6 ウクライナ戦況地図（2022年4月7日時点）

4月7日時点
ロシア軍の進攻エリア
ウクライナ軍が奪還したとされるエリア
米シンクタンク「戦争研究所」と「アメリカン・エンタープライズ研究所」から
←ロシア軍の侵攻 ←ウクライナ軍の反攻
ポーランドの「ロチャン・コンサルティング」から

（2022年4月9日朝日新聞デジタル）

対してどのように引き継がれるかが問題となる。

このように国の消滅に伴い国際法上の権利や義務，財産などが新しい国にどのように引き継がれるかは，「国家承継」の問題と呼ばれる。新しい国に引き継がれるかが争われる権利義務としては，条約上の権利義務や財産や債務など，さまざまなものが含まれる。これらの問題については，国家承継に関する2つのウィーン条約が一定の規定を定めている（1978年採択の「条約についての国家承継に関するウィーン条約」と1983年採択の「国の財産，公文書及び債務についての国家承継に関するウィーン条約」）。しかし，前者の条約は1996年に発効したものの当事国数がきわめて限られ，また後者の条約は未発効にとどまっている。国際社会における実際の国家承継に関する諸問題は，必ずしもこれらの条約の諸規定に従って処理されているわけではなく，実際には関係国間の承継協定等によって個別に処理されることが多い。

日本にとっても，たとえば大使館等の国有財産の国家承継は身近な問題の1つであり，1991年のソ連崩壊後，東京にあった駐日ソ連大使館はロシア連邦に承継され駐日ロシア大使館となった。また，1993年にチェコスロバキアがチェコ共和国とスロバキア共和国に分裂した後，東京にある駐日旧チェコスロバキア大使館は駐

3-7 国家承継に関係した国の駐日大使館

駐日ロシア大使館

駐日チェコ大使館

駐日スロバキア大使館

（写真：筆者撮影）

3-8 世界の国の面積（2020年）

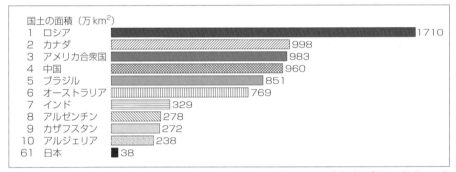

国土の面積（万km²）

1	ロシア	1710
2	カナダ	998
3	アメリカ合衆国	983
4	中国	960
5	ブラジル	851
6	オーストラリア	769
7	インド	329
8	アルゼンチン	278
9	カザフスタン	272
10	アルジェリア	238
61	日本	38

（出典：総務省統計局「世界の統計2022」）

日チェコ大使館となり，スロバキアは新たに駐日スロバキア大使館を東京に開設した **3-7**。

3 世界にはさまざまな「国」がある
──国家の多様性と共通性

(1) 多様な存在である「国」

1で述べたとおり，それぞれの「国」は，政府，領土，人民を持つ。しかし，それぞれの国が実際に有する「領土」の広さや「人民」の数（人口）などには，極端な差がある。たとえば，世界で最大の領土を有するロシアの国土は，約1700万km²を超える **3-8**。一方で，世界には太平洋にあるいくつかの島国やモナコ，サンマリノ，リヒテンシュタインなど，きわめて狭い国土しか持たない国（いわゆる極小国家・ミニ国家）も存在する。また，それぞれの国の人口も，千差万別である。世界最大の人口を持つ中国は，人口が13億人を超えるが，世界には人口が数万人以下しかいない国（ツバル，ナウルな

ど）も存在する。各国の経済力や物質的な豊かさの程度や軍事力なども，さまざまに異なる。このように，現実に存在する「国」の実情は，きわめて多様である。

(2) 「国」が共通して有する権利義務
──「主権」の内容

このように現実には多様な存在である「国」も，国際法上は平等に「国」として扱われる。国連憲章2条1項は，国連が加盟国の「主権平等の原則」に基礎を置くことを定めている。それでは，ここでいう「主権」とは，何を意味するのだろうか。

一般に，すべての国は，**主権**を有するといわれる。国が有するこの**国家主権**は，対外的に独立という意味での対外主権と，対内的に最高という意味での対内主権に分けて理解できる。後者の対内主権とは，国がその領域内に対して排他的な統治権限を有することを意味し，これは

左より順に，一般旅券（2018年発行），公用旅券（2002年発行），外交旅券（1992年発行）。

日本の一般旅券における日本国外務大臣名の記載。　（写真：筆者撮影）

領土，領水（領海および内水）（⇨**Chapter 6**），領空からなる国家領域に対する**領域主権**と表現することもできる。また，国は，自国の**国籍**を有する者に対して**対人主権**を行使する（⇨**Chapter 8**）。国は，自国の国籍を有する個人に対して**旅券**（パスポート）を発給する。たとえば日本の旅券には，「日本国民である本旅券の所持人を通路故障なく旅行させ，かつ，同人に必要な保護扶助を与えられるよう，関係の諸官に要請する」と外務大臣名で日本語と英語の双方で記載されている**3-9**。

国の対人主権の行使は，通常は自国の国籍を有する個人に対する管轄権の行使が問題とされるが，このほかにも会社等の法人の国籍や船の国籍（船籍）を基礎とした一定の管轄権の行使が認められる（人の国籍に関しては，⇨**Chapter 8**。船籍に関しては，⇨**Chapter 6**）。

このような「国家主権」の内容を，およそ「国」であればその大小を問わず国際法上平等に有する具体的な権利として整理すれば，これらは**国の基本権**とも呼ばれるものである。具体的には，**外交権，使節権，条約締結権**など，いくつかのものを挙げることができ，自衛権をこれに含める場合もある（外交・領事関係法および条約締結に関しては，⇨**Chapter 4**）。このようなさまざまな行為を通じて，それぞれの国は国際社会の一員として平等な立場で活動しているのである。

また，国は相互に平等であり，対外的に独立であることの帰結として，国はその国内問題とされる事項（国内管轄事項とも呼ばれる）について他国からの干渉を受けることなく自らの意思で決定を行うことができるものとされる。これが国内問題不干渉の原則であり，国際法上の基本原則の1つとして認められている。ただし，国内問題とされる分野でも，特に人権保障の分野などでは，最近では条約等の国際法の規律が及ぶことも珍しくない。

(3) 国家管轄権とその適用

それぞれの国は，その領域（領土・領水〔領海および内水〕・領空）に対して領域主権を有するが，これは国家管轄権の観点からは**属地的管轄権**と呼ばれることがある。同時に，国は自国の国籍（あるいは船籍）を有する人（自然人）や会社，船舶などに対して管轄権を行使するが，このうち国がその国籍を有する個人に対して行使する権能を**属人的管轄権**（対人管轄権），自国の船籍を有する船舶に対して行使する権能を**旗国管轄権**と呼ぶ。

国が管轄権を行使するための国際法の原則としては，いくつかのものがあるが，このうち，国が当該国の領域に対してその領域主権に基づいて行使する属地主義が最も基本的な原則であ

る。対人管轄権を根拠として行使される属人主義の考え方は、行為者の国籍を根拠とする積極的属人主義と行為の被害者の国籍を根拠とする消極的属人主義の2つに分けられるが、これらは国際法上の基本原則である属地主義を補完する原則である。

またかねてより、属地主義を原則としながら、外国で行われた行為の影響や効果が自国領域内に及ぶ場合には、そのような外国での行為に対しても自国の国内法の適用を認めるべきだとする効果理論の主張や、国の安全保障や重大な国家利益を侵害する行為等に関しては行為地や国籍を問わずに国家管轄権の行使を認める保護主義の主張などもなされてきた。さらに、国際社会の重大な共通利益を侵害する犯罪などに関しては、犯罪行為地や行為者の国籍を問わずすべての国に管轄権行使を認める普遍的管轄権の考え方も、一定の範囲で支持されるようになっている（国際刑事法における普遍的管轄権に関しては、⇨**Chapter 9**）。

(4) 国家免除（主権免除）

主権を有する国は、国際法上平等であると考えられ、そのことは法的には主権平等の原則という形で認められる。国連憲章も、「人民の同権及び自決の原則」（1条2項）を基礎として、国連が立脚する最も重要な原則として主権平等の原則を明記している（2条1項）。

国は国際法上法的に平等であるというこのような原則から、国は互いに他国の国内裁判所の管轄権に服さないという原則が導かれることになる。これを国家免除ないしは主権免除と呼ぶ。

国家免除は、他国の国内裁判所の裁判管轄権からの免除（裁判権免除）と強制措置からの免除（執行免除）に分けられるが、国のどのような行為に対してどの範囲で免除が認められるかについては、古くから議論が行われてきた。18世紀から19世紀にかけて主権国家の絶対性が強調されていた時代には、国が行うすべての行為に対して免除が認められるべきであるという絶対免除主義が主張され、日本でも大審院（現在の最高裁判所の前身）の決定（中華民国約束手形

事件〔1928年〕）でこれが支持され、長くそのような考え方が採用されてきた。

しかし、国の活動が商業活動等を含めて多岐に及ぶようになり、私人や企業と変わらない行為にも従事するようになると、国の行うすべての行為に対して免除を認めるのではなく、国の行う行為を主権的行為と商業的行為の2つに分け、主権免除は前者の主権的行為についてのみ認められるとする制限免除主義の考え方が多くの支持を集めるようになった。国の主権的行為と商業的行為の区別の基準としては、行為の目的を基準とする考え方（行為目的説）や行為の性質を目的とする考え方（行為性質説）などがある。国際的にも、制限免除主義に基づいて国連の国際法委員会（ILC）が作成した国連国家免除条約が2004年に採択され、このような考え方が一般的に認められるようになった。日本でも、2006年に最高裁が制限免除主義を明示的に採用する判決を下し（パキスタン政府準消費貸借事件）、2010年には制限免除主義に基づく国内法（「外国等に対する我が国の民事裁判権に関する法律」）が施行されて、国連国家免除条約の受諾が行われた。

国際司法裁判所（ICJ）は、2012年のドイツ・イタリア間の「国家の裁判権免除事件」判決の中で、第二次大戦中のナチス・ドイツによる国際人道法の違反行為を理由としてイタリアに所在するドイツの国有財産（Villa Vigoni）への執行を認めたイタリアの国内裁判所の判決が、ドイツに認められる国際法上の主権免除を侵害することを認めた。

▌参考文献

● 国際法事例研究会『国家承認』（日本国際問題研究所、1983年）
● 国際法事例研究会『国交再開・政府承認』（慶應通信、1988年）
● 王志安『国際法における承認』（東信堂、1999年）
● 水島朋則『主権免除の国際法』（名古屋大学出版会、2012年）

Chapter 4 国と国がつき合う
——条約法，外交・領事関係法

1 条約の締結

(1) 条約と条約法

条約とは，国際法主体の間で締結される合意であって，国際法によって規律されるものをいう。国家間で締結される条約のほか，国際組織が国家または国際組織と締結する条約もある（たとえば，国際連合〔国連〕と米国の間の国連本部協定，国連と専門機関との連携協定）。条約は一般に文書の形式をとるが，例外的に書面によらない口頭の合意も存在し，これに条約と同様の効力が認められることがある。他方，「国際法に

よって規律される」ものであることを要するので，もっぱら国内法によって規律される契約（大使館による土地・建物の賃貸借契約等）や政治的な合意の表明（1943 年のカイロ宣言や 2002 年の日朝平壌宣言等）は条約といえない。

ある国際文書が条約であるかどうかは，このように実質的な基準によって決まるので，名称だけでこれを判断することはできない 4-1 。たとえば，国家が一方的に行う「宣言」（1945年のトルーマン宣言等）や国連総会決議で採択される「宣言」（1970 年の友好関係原則宣言等）は条約ではない。他方，日ソ共同宣言（1956 年）

4-1 条約の名称とその例

名 称	日本語訳	例
Treaty	条約	対日平和条約，日米安保条約，欧州連合（EU）条約，北大西洋条約，南極条約，宇宙条約
Convention	条約	ウィーン外交関係条約，国連海洋法条約，人種差別撤廃条約，ジュネーヴ捕虜待遇条約
Agreement	協定	世界貿易機関（WTO）協定，国連公海漁業協定，月協定，日米地位協定
Protocol	議定書	南極環境保護議定書，京都議定書，死刑廃止議定書，ジュネーヴ条約第 1 追加議定書
Charter	憲章	国連憲章，東南アジア諸国連合（ASEAN）憲章 ⇔（※国の経済的権利義務憲章×）
Constitution	憲章	国際労働機関憲章，ユネスコ憲章
Covenant	規約	国際連盟規約，国際人権規約〔社会権規約・自由権規約〕
Statute	規程，憲章	国際司法裁判所規程，国際刑事裁判所規程，国際原子力機関憲章
Exchange of Notes	交換公文	日米安保条約第 6 条の実施に関する交換公文（1961年）
Arrangement	取極	メキシコとの円借款取極（1998 年）
Declaration	宣言	サンクト・ペテルブルク宣言 ⇔（※世界人権宣言×，環境と開発に関するリオ宣言×）
Joint Declaration	共同宣言	日ソ共同宣言
Memorandum of Understanding (MOU)	了解覚書	日米航空協定了解覚書（オープンスカイ協定）（2010年）
Joint Communiqué; Joint Statement:	共同コミュニケまたは共同声明	日中共同声明×

×：それ自体は法的拘束力をもたない文書　※：国連総会決議

は，1951年の**対日平和条約**（サンフランシスコ平和条約。翌52年発効）の当事国とはならなかった旧ソ連との間で，両国間の戦争状態を終了させた条約である。この文書は，領土問題で最終的な合意に至らず，「共同宣言」の名称が付けられたが，「批准書の交換の日に効力を生ずる」ものとされ，実際，1956年12月に批准書が交換されて効力を発生させた。したがって，日ソ共同宣言は法的効力をもつ条約である。

条約に関する国際法の規則を総称して条約法という。1969年の「条約法に関するウィーン条約」（**条約法条約**）は，国際慣習法として形成されてきた条約法を成文化するとともに，新た

4-2 対日平和条約（1951年）に調印する吉田茂首相

（写真：国立公文書館ウェブサイト）

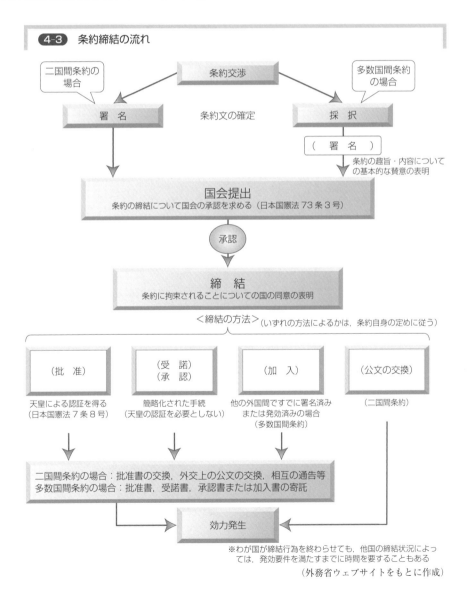

4-3 条約締結の流れ

二国間条約の場合

条約交渉

多数国間条約の場合

署名 — 条約文の確定 — 採択

（署名）
条約の趣旨・内容についての基本的な賛意の表明

国会提出
条約の締結について国会の承認を求める（日本国憲法73条3号）

承認

締結
条約に拘束されることについての国の同意の表明

＜締結の方法＞（いずれの方法によるかは，条約自身の定めに従う）

（批准）
天皇による認証を得る（日本国憲法7条8号）

（受諾）（承認）
簡略化された手続（天皇の認証を必要としない）

（加入）
他の外国間ですでに署名済みまたは発効済みの場合（多数国間条約）

（公文の交換）
（二国間条約）

二国間条約の場合：批准書の交換，外交上の公文の交換，相互の通告等
多数国間条約の場合：批准書，受諾書，承認書または加入書の寄託

効力発生

※わが国が締結行為を終わらせても，他国の締結状況によっては，発効要件を満たすまでに時間を要することもある
（外務省ウェブサイトをもとに作成）

岩倉遣欧使節団
（写真：Bridgeman/PPS 通信社）

国書御委任状（国立公文書館所蔵）
（写真：国立公文書館ウェブサイト）

明治初頭，欧米に派遣された岩倉使節団は，米国で不平等条約の改正交渉に入ろうとしたところ，全権委任状の提示を求められた。そのため随員の大久保利通と伊藤博文がはるばる一時帰国し，全権委任状にあたる「国書御委任状」の下付を受けて再渡米した。

に法の漸進的発達のための諸規則をも取り入れたものである。条約法条約は条約法の大部分を規律する基本的な条約であり，今日ではその多くの規則が国際慣習法となっている。

(2)　条約の締結とその手続

条約の締結にあたって常に従わなければならない統一的な手続が存在するわけではない。厳格な締結手続をふむ条約は，ふつう，条約締結交渉，条約文の作成・採択，署名，批准，批准書の交換または寄託という一連の手続を経て締結される。しかし，手続が簡略化されて批准を要さない条約も多くみられる 4-3。

(a)　**条約締結権者と全権委任状**　　いずれの国家機関が条約締結権を有するかは各国の憲法体制によって異なるが，ふつうは，元首または行政府である。もっとも，現在では立法府（議会，国会）もこれに関与するようになっている。日本国憲法では，条約締結権を内閣に与えつつ，条約承認権を国会に付与している。

条約締結権を現実に行使して実際の条約締結の任にあたる代表者は**全権代表**である。全権代表が国家を正式に代表する資格をもつことを確認するため，交渉に先立ち，国の権限ある当局が発給した**全権委任状**を提示しあうのが原則である 4-4。

(b)　**条約文の採択と確定**　　交渉により条約内容がまとまると，条約文が採択され，条約文の確定が行われる。条約文の確定とは，条約文を「真正かつ最終的なもの」とする行為であり，

（写真：UN Photo/Rosenberg）

これ以後の条約文の修正や変更は認められない。条約文確定のための通例の方法は，全権代表による**署名**（調印。signature）である 4-5。二国間条約の場合には，ふつう，署名によって条約文の採択と確定が同時に行われる。多数国間条約の作成と採択は，しばしば国連などの国際組織を通じて組織的に行われる。国連では国際法委員会（ILC）などの専門的な機関が条約草案を作成したのち，各国代表が集う総会で採択されて各国の署名開放に付されるか，あるいは別途召集される外交会議に付される。今日では，表決に付さずに徹底的な交渉により合意を形成する**コンセンサス方式**で採択される場合も多い。

(c)　**条約に拘束されることについての国の同意の表明**　①批准　　署名は，必ずしも「条約に拘束されることについての同意の表明」を意味しない。正式の条約では，署名ののち，署名とは別個に，**批准**（ratification）の手続がとら

4-6	国会承認条約にあたる国際約束

4-6　国会承認条約にあたる国際約束（1974年政府統一見解〔大平三原則〕）

① 法律事項を含む約束。国会の立法権（憲法41条）の尊重。
② 財政事項を含む約束。国会の国費支出・国の債務負担に関する議決権（同85条）の尊重。
③ 「国家間一般の基本的な関係を法的に規定するという意味において政治的に重要な国際約束であって，それゆえに，発効のために批准が要件とされているもの」。

4-7　条約批准書の交換

1987年12月に署名された米ソ中距離核戦力（INF）廃棄条約の批准書を交換し，握手するレーガン米大統領（左）とゴルバチョフ・ソ連共産党書記長（1988年6月，モスクワ）。この批准書交換の日に同条約が発効した（17条1）。なお同条約は，2019年2月に米国が脱退を通告したことにより，規定に従いその6カ月後に終了した（15条2）。
（写真：AFP＝時事）

れてきた。批准は，国家が最終的に条約を受け入れる旨の同意を表明する方式として最もオーソドックスなものであり，重要な条約には批准の手続を設けることが一般的である。かつては，署名にあたった全権代表が国の意思に従ったかどうかを確認するために批准の手続が必要とされたが，より重要な批准の現代的意義は，**条約締結の民主的統制**の要請に基づき，国民を代表する議会が締結過程に関与して条約を審査・承認する機会を与えることにある。条約文に署名しても，批准を行う法的義務は発生しない。国際的行為としての批准は，実際には，これを証する批准書という形で表される。批准書は，日本では，内閣が作成し，天皇が認証する。

②批准以外の方法　条約に拘束されることについての国の同意は，批准以外の方法によっても表明することができる。今日では，大量の条約を迅速に処理する必要性から，署名のみで（署名発効条約），あるいは条約構成文書の交換（交換公文，交換書簡）だけで締結を完了させる条約が数多く結ばれている。なお，批准と同様の国際的効果をもつ同意表明方法を表す用語として，受諾，承認，加入が使われることがある。

（d）**国会承認条約と行政取極**　今日では各国の国内憲法上，条約締結の民主的統制の要請から，議会に条約承認権が付与されている。しかし，すべての条約を議会の承認に付すことは事実上不可能である。日本でも，国会の承認を経るべき条約（憲法73条3号。**国会承認条約**）と，外交関係の処理（同条2号）の一環として行政府かぎりで締結できる条約（**行政取極**）とが区別される**4-6**。

（3）条約の効力発生と登録

（a）**条約の効力発生**　条約が効力を発生させるための要件は，それぞれの条約自体で定めていることが多い。たとえば国連海洋法条約（1982年）は，「60番目の批准書又は加入書が寄託された日の後12箇月で効力を生ずる」と定めており（308条1項），この規定に従って1994年11月に発効した。別段の定めがない場合，批准書等の**交換**（二国間条約等）または**寄託**（多数国間条約）によって，条約に拘束されることについての国の同意が確定的なものとなり，効力が発生する**4-7**。署名発効条約や交換公文・交換書簡といった簡略形式の条約は，それぞれ署名，文書の交換によって効力を生ずる。日本が締結した条約は天皇が国事行為として公布する（日本国憲法7条1号）**4-8**。

（b）**条約の登録**　条約は，国連事務局に登録される。登録の制度は，秘密条約の防止を目的として，国際連盟で導入された（国際連盟規約18条）。国連憲章は，国連事務局に登録されていない条約は国連のいかなる機関に対しても援用することができないとした（102条2項）。これは，未登録条約でも効力を有し，国連以外

4-8 日本における条約の公布

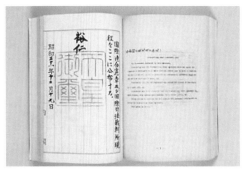

国連憲章および国際司法裁判所規程（1956年）の公布
原本における御名御璽（ぎょめいぎょじ。天皇の署名・
公印）の頁。　　　　（写真：国立公文書館ウェブサイト）

の場では援用されうることを意味する。

2 条約に対する留保

(1) 留保の意義

　留保とは，「国が，条約の特定の規定の自国
への適用上その法的効果を排除し又は変更する
ことを意図して，条約への署名，条約の批准，
受諾若しくは承認又は条約への加入の際に単独
に行う声明（用いられる文言及び名称のいかん
を問わない。）をいう」（条約法条約2条1(d)）。
留保は，多数国間条約に特有の制度である。な
るべく多くの国が参加することが望ましい条約
の場合，条約に概ね賛同するものの特定の一部
の規定には同意できない国が参加を断念するこ
とは，惜しまれる。留保が認められるのであれ
ば，そうした国も条約に参加することができる
ことになる。

(2) 条約目的との両立性の基準

　留保を付すことを明文規定で禁止している条

~~~~~ *Term* ~~~~~

解釈宣言

　特定の条約規定の適用について複数の解釈が可能な
場合，自国が採用する特定の解釈を表明する一方的宣
言。留保と同様に国家が行う一方的声明であるが，留
保とは異なり，自国への適用の法的効果を排除または
変更するものではないので，本来許容されるものであ
る。実際に行われる個々の一方的宣言が留保および解
釈宣言のいずれであるか，宣言の内容に照らして判断
する必要が生じる。

4-9 ICJ ジェノサイド条約留保事件勧告的 意見（1951年）

　ジェノサイド条約（集団殺害罪の防止及び処罰に
関する条約）は1948年に国連総会で採択されたの
ち署名のために開放された。同条約に留保に関する
規定はなかったが，寄託された批准書・加入書の中
に9条（ICJ の強制管轄権を認める規定）等に対す
る留保が付されたものがあり，一部の署名国がこれ
に異議を唱えて紛糾した。そのため国連総会は ICJ
の勧告的意見を求めた。ICJ は，全当事国同意の原
則は争いえない価値をもつが，ジェノサイド条約の
普遍的性格や人道的目的に鑑み，広範な参加を確保
するため，この原則をいっそう柔軟に適用すべき事
情があるとした。

約もある（国連海洋法条約309条，気候変動枠組条
約24条等）が，そうでない場合，国の一方的声
明としての留保がどのような条件の下で国際的
に許容され，いかなる条約関係が成立するか，
問題となる。ジェノサイド条約留保事件 4-9 に
関する勧告的意見（1951年）において国際司法
裁判所（ICJ）は，留保の許容性につき，新た
に「留保と条約目的との両立性」の基準を打ち
出し，これが条約法条約に反映された。また，
留保が認められる場合，他の条約締約国との間
に複雑な条約関係が成立することになる。

　人種差別撤廃条約（1965年）の場合，「条約
の趣旨及び目的と両立しない留保は，認められ
ない」とし，「留保は，締約国の少なくとも3
分の2が異議を申し立てる場合には，両立しな
いもの」とみなされると定めている（20条2）。
日本は加入にあたり，人種的優越性に基づく差
別とその扇動を広く禁止した規定の一部（4条
(a)および(b)）につき，日本国憲法の下における
表現の自由の保障と抵触しない限度において履
行する旨の留保を付した。

　留保や留保に対する異議は，条約に別段の定
めがない限り，いつでも撤回できる。たとえば
日本は，「経済的，社会的及び文化的権利に関
する国際規約」（社会権規約）13条2(b)および
(c)（中高等教育における無償教育の漸進的導入を定
めた規定）に付していた留保を，2012年に撤回
した。

3 条約の解釈

(1) 条約解釈の方法と条約法条約の解釈規則

条約解釈の方法には，大別すると①**客観的解釈**，②**主観的解釈**，③**目的論的解釈**の３つの立場がある。①は条約文の文言を重視し，ことばの意味や文法に則って条約内容を解明しようとする立場，②は条約締結時における当事国の意思を尊重し，条約の「準備作業」や条約締結時の事情を重視する立場，そして③は条約当事国の意思から独立した条約自体の目的を重視し，条約目的に照らした解釈を構成する立場である。

条約法条約は，まず第１に，条約は「用語の通常の意味に従い，誠実に解釈する」として，条約文に即した①を条約解釈の基本的な規則とした。「用語の通常の意味」は，「文脈によりかつその〔条約の〕趣旨及び目的に照らして与えられる」（条約法条約31条1）。「文脈」には，前文や附属書を含む条約文全体のほか，当事国間の関連の合意も含まれる。文脈とともに，解釈に関する当事国の合意をなすものとして「〔条約締結の〕後に生じた慣行」が考慮されることもある（同条3(b)）。また，①を補足する手段として，②を認めており，条約の準備作業や条約締結時の事情に依拠することができる（同32条）。用語の通常の意味に従って得られた解釈を確認ないし補強するために，条約の準備作業などが援用されることは少なくない。条約法条約は解釈の一般的な指針を示しているにとどまり，具体的な条約解釈はさまざまな技法を駆使して行われる。国際組織設立条約（国連憲章等）などの解釈では，③も用いられる。

(2) 複数の言語と条約解釈

条約は，複数の言語によって確定される場合が多い。それらは等しく**正文**とされ，国際的権威を有する（条約法条約33条）。正文ではない言語による条約の訳文は国際的な権威をもたず，訳文に基づく条約解釈は国際的に通用しない。たとえば，国連憲章の日本語の公定訳は正文ではなく，国内的な権威をもつにとどまる。

4-10 正文相互間における意味の差異の可能性

・自衛権を定めた国連憲章51条
日本語公定訳の「武力攻撃」は，"armed attack"（英），"agression armée"（仏），「個別的又は集団的自衛の固有の権利」は，"inherent right of individual or collective defense"（英），"droit naturel de légitime defense, individuelle ou collective"（仏）であり，両正文間で微妙に意味が異なりうる。
・日韓基本関係条約
末文で，「……東京で，ひとしく正文である日本語，韓国語及び英語により本書２通を作成した。解釈に相違がある場合には，英語の本文による」とされている。

複数の言語による正文が存在する場合，「各正文において同一の意味を有すると推定される」（同33条3）。しかし，正文相互間に意味の差異が生じることがある。そのような場合，日韓基本関係条約（1965年）のように，特定の言語によって解釈すべきことを条約自身が定めていることもあるが，定めがない場合，「すべての正文について最大の調和が図られる意味」が採用される（条約法条約33条4）**4-10**。

4 条約の効力

(1) 条約の無効

(a) 条約の無効と条約法条約 条約法条約はその前文において，自由意思による同意の原則，信義誠実の原則と並んで，「**合意は守られなければならない**」(*pacta sunt servanda*)の原則が普遍的な基本原理であることを確認している。発効した条約はその当事国を法的に拘束し，当事国はこれを誠実に履行する義務を負う（同26条）。

条約の効力を基礎づける合意は，自由意思から発した**真正の同意**に基づくものでなければならない。したがって一般に，同意に**瑕疵**（キズ，欠陥）がある場合には，条約を無効とすることが考えられる。また，合意の内容が**強行規範**(*jus cogens*)（⇨**Chapter 2**）に違反することによって条約が無効とされる場合も考えられる。しかし，条約の無効を認めることは条約関係の安

4-11 条約法条約が定める無効原因

① 条約締結権能に関する明白で基本的に重要な国内法違反（46条）：同意無効の根拠として援用できる。
② 代表者の権限踰越（47条）：同意無効の根拠として援用できる（代表者の権限に特別の制限がある場合）。
③ 錯誤，④詐欺，⑤買収（48条～50条）：同意無効の根拠として援用できる。
⑥ 国の代表者に対する強制（51条）：同意は無効。
⑦ 国に対する武力による強制（52条）：条約は無効。
⑧ 一般国際法の強行規範違反（53条）：条約は無効（真正の同意の欠如と異なり，条約内容を理由とする無効）。

定性を著しく害するおそれがあるので，厳格な要件と一定の手続を定める必要がある。条約法条約は，無効原因を8つの場合に限定し，それ以外の無効原因を認めないこととした **4-11**。

　(b) 無効原因　条約が内容的に国内法に違反する場合には，国内法を理由に条約の無効を主張することはできない。他方，条約締結権能に関する**国内法上の手続**に違反して締結された条約の国際的効力については，学説が対立してきた。条約法条約では，例外的な場合を除き，これを原則として有効なものとした。そのほか，条約法条約では，錯誤，詐欺，買収を無効原因として規定したが，これらを理由に条約の無効を認めた先例はない。

　国の**代表者**個人に対する行為または脅迫による**強制**の結果表明された同意は，いかなる法的効果も有しない。他方，国家そのものに対する**強制の結果締結された条約**は，個人に対する強制の場合とは異なり，かつては一般に有効とされてきた。しかし条約法条約は，武力による威嚇または武力の行使の一般的禁止（国連憲章2条4）をふまえて，これに違反する行為の結果締結された条約を無効とした。この規則は，遅くとも国連憲章の成立後に結ばれた条約に適用されるものと解されている。

　伝統的国際法は国家間の合意の内容自体には規制を及ぼしてこなかったが，国際社会の組織

化の進展とともに，**強行規範**の観念が生まれてきた。この観念に基づき，条約法条約は，強行規範に抵触する条約は無効であるとした。強行規範とは，「いかなる逸脱も許されない規範として……国際社会全体が受け入れ，かつ，認める規範」（条約法条約53条）をいう。

(2) 条約の終了

　(a) 合意または条約規定に基づく終了　条約は当事国の合意によって改正または終了することができる。また，条約自体が有効期間や終了条件に関する規定を置き，これに従って終了する場合がある。当事国の一方的な廃棄または脱退の通告による終了を認めている条約も多い（⇒*Column 4-1*）。日本は，国際捕鯨取締条約の規定（11条）に従い，2018年12月に同条約からの脱退を通告し，翌年6月末にその効力が生じた。

　(b) 合意または条約規定によらない条約の終了　条約法条約は，合意や条約規定によらない条約の終了原因を4つに限定し，①条約の重大な違反，②後発的履行不能，③事情の根本的変化，④新たな強行規範の成立，を挙げている。

ICJ のガブチコヴォ゠ナジュマロシュ計画事件判決（1997 年）では，ダニューブ川の共同利用計画に関する二国間条約の一方的終了が主張された。ICJ は，条約法条約のこれら関連規定を国際慣習法の規則と認定したうえで検討した結果，本件における条約の終了を認めなかった（⇨**Chapter 5**）。

当事国による条約の「**重大な違反**」があった場合，他の当事国はこれを条約終了の根拠として援用できる。ICJ はナミビア事件（1971 年勧告的意見）において，南アフリカによる委任状（国際連盟と受任国の間の一種の条約）の重大な違反に基づく委任統治の終了を認定した。

条約締結時に存在していた事情に，当事国が予見しえなかった根本的な変化が生じた場合，これを条約の一方的終了原因として認めることを，**事情変更の原則**という。この原則は，条約義務を免れるために濫用される危険性が高いため，国際法上認められるべきかどうか従来から争いがあったが，条約法条約は，濫用防止のための厳格な制限を設けつつ，この原則を導入することとした。ただし，境界画定条約の場合や事情の変化が自国の義務違反の結果である場合には，この原則を援用できない。

5 外交関係と領事関係

(1) 歴史と法源

国家相互の交流に必要な事項を処理するため，双方の合意に基づき，外交関係や領事関係が設定される。その任務を遂行するために他国（接受国）に常駐する国家機関として，外交使節や領事が派遣されている。領事制度は十字軍の遠征以降近東地域でヨーロッパ商業都市の商人代表が自国商人の保護や領事裁判を担当するよう

Term

領事裁判

接受国に派遣されている領事が接受国で派遣国国民に関する裁判を行うこと。接受国（領域国）の裁判権が制約されるので，ヨーロッパ諸国間では近代以降領域主権の確立とともに消滅したが，19 世紀には非ヨーロッパ諸国との間で再び導入された。今は廃止されている。

Column 4-2

杉原千畝と「命のビザ」

第二次大戦中の 1940 年，リトアニアの日本領事であった杉原千畝は，ナチス・ドイツの迫害を逃れて来た多くのユダヤ人に対し，本国政府の訓令に反して通過査証（ビザ）を発給し，多くの命を救った。そのため，千畝の発行したビザは「命のビザ」と呼ばれている（⇨巻頭カラー **C-21**）。

杉原千畝
（写真：近現代 PL／アフロ）

Term

アグレマン（agrément）

派遣国は，使節団の長として派遣する人物について，あらかじめ接受国の同意を得なければならない。この同意をアグレマンという。接受国は，理由を付すことなくこれを拒否できる。

になったこと，常駐外交使節の制度は 13 世紀にイタリア都市国家相互間で派遣されはじめたことを契機として，その後ヨーロッパ諸国に広まった。いずれも中世後期に起源をもち，国際法の中でも長い歴史をもつ。そのため，この分野では国際慣習法の規則が発達してきた。国際法委員会の法典化作業の結果，一般条約として**ウィーン外交関係条約**（1961 年），**ウィーン領事関係条約**（1963 年）が採択された。もっとも，領事関係については，伝統的に二国間の領事条約や通商条約で規律されてきたため，統一的な国際慣習法成立の度合いは外交関係よりも小さい。

(2) 外交使節団・領事の任務と構成

　外交使節団は，派遣国を代表して行う接受国政府との交渉，派遣国とその国民の利益保護，接受国に関する情報の派遣国への報告，両国間の友好関係の促進と発展を主な任務とし，領事任務の遂行も妨げられない。任務の遂行は適法な手段によらねばならず，情報収集にあたっても違法なスパイ活動は許されない。

　領事は，派遣国国民の保護，両国間の関係の促進と発展，旅券（パスポート）・査証（ビザ）の発給その他の行政的事務などを任務とする。外交使節と異なり，派遣国を代表して接受国政府と交渉する資格は与えられておらず，接受国内の指定された管轄区域で行政的任務を遂行する。

　外交使節団は，使節団の長と職員で構成される。使節団の長に付される名称（階級）として，**大使**，公使，代理公使があるが，使節団の長である以上，任務や特権免除は異ならない。現在では，ふつうは大使が派遣されている。職員は，外交職員，事務技術職員，役務職員に分けられ，いずれの職員であるかによって特権免除が異なる。使節団の長と外交職員は外交官の身分をも

つ。受付係や運転手は多くの場合，現地採用の役務職員である。

　領事機関の長に付される名称（階級）はさまざまであるが，**総領事**が一般的である。領事機関は，領事任務を遂行する領事官のほか，事務技術職員，役務職員で構成される。

6　外交特権免除と領事特権免除

(1) 外交特権免除の根拠と目的

　外交使節団や外交官にはさまざまな特権と免除が与えられている（⇨*Column 4-3*）。外交関係条約は，特権免除の目的は「個人に利益を与えることにあるのではなく，国を代表する外交使節団の任務の能率的な遂行を確保することにある」（前文）としており，基本的には**任務の効率的な遂行のために必要である**ことを根拠としつつ，派遣国の名誉と威厳を代表する存在であることをも考慮している。実際に認められている具体的な特権免除の中には，裁判権からの免除など，職務遂行に必要な程度を超えたものもみられる。

　外交特権免除は，外交使節団に認められる特権免除（外交関係条約 20 条〜28 条）と外交官個

4-12 在テヘラン米国大使館員人質事件 （1979年11月）

イラン革命で，米国大使館の壁をよじ登るイランの学生ら。学生らは，大使館職員を拘束，うち52人を444日間にわたって人質にとった。米国は，イランを相手取り人質の解放，損害賠償，実行者の処罰を求めてICJに提訴した。 （写真：AFP＝時事）

Column 4-4

在ペルー日本大使公邸占拠事件

公館の不可侵権は使節団の長の公邸にも及ぶ。1996年12月，レセプション開催中の在ペルー大使公邸を反政府組織が襲撃し，出席者約600人を人質にとって立てこもった。翌年4月，ペルー特殊部隊の突入により大多数の人質が解放された。写真は，ゲリラが人質をとって立てこもる日本大使公邸（ペルー・リマ）。

（写真：時事）

人の特権免除（同29条～36条）に分類される。外交官個人に認められる特権免除も，外交官個人の利益のためにではなく，派遣国のために派遣国に対して認められる。したがって，これを放棄できるのは派遣国であり，外交官個人ではない。

(2) 外交使節団に認められる特権免除

外交使節団の公館とその敷地（使節団の長の

4-13 外交封印袋

エア・インディア機墜落事故（1966年）現場近くのアルプス山中で2012年に発見されたインド政府の外交封印袋。 （写真：AFP＝時事）

公邸を含む）は不可侵とされ，長の同意なしには接受国の官吏は立ち入ることができない。火災等の緊急事態の際に一時的な立入りが認められるかどうか解釈上争われており，否定的な見解も有力である。この**公館の不可侵権**により，事実上，公館に逃げ込んだ者を庇護する（かくまう）ことがあるが，そのような権利（**外交的庇護権**）は，一般国際法上認められていない（ICJ庇護事件判決〔1950年〕）。公館の不可侵権はときに濫用され，大使館内に武器が搬入・貯蔵されたり，人が拘禁・処刑された事例もある。

接受国は，公館の保護および侵害防止のための措置をとる特別の責務を負う。イラン革命（1979年）の際，在テヘラン米国大使館が武装集団によって占拠されたが，ICJは，イラン政府が公館の保護や人質解放のための適切な措置をとらなかったことにつきイランの明白で重大な義務違反を認定した（在テヘラン米国大使館員人質事件判決〔1980年〕）4-12。

外交使節団には，文書の不可侵や構成員の移動・旅行の自由，通信の自由も保障される。接受国が移動・旅行の自由を制限する場合には，派遣国も**相互主義**に基づき相手国の使節団に対して同様の制限を適用することができる。通信の自由にかかわる特権として，**外交封印袋**（外交上の通信に使われる文書や公用の物品を入れる袋）4-13の開封・留置の禁止，外交伝書使（外交封印袋を運ぶ使者）の身体の不可侵がある。外交

封印袋についても，誘拐された人物が封入されていたり武器や麻薬の密輸に使用されるなど，濫用された事例がみられる。

(3)　外交官個人に認められる特権免除

　外交官の**身体**は不可侵であり，いかなる方法によっても抑留または拘禁されない。この不可侵権は最も基本的な外交特権として古くから認められており，各国はこれを保障するため，外交官に対する殺傷等の犯罪に重罰規定を設けてきた。

　外交官は，任務遂行中の行為であるかどうかを問わず，接受国の刑事裁判権から**免除**される。民事裁判権・行政裁判権からも，個人的な事項に関する一定の訴訟を除き，免除される。それゆえ，たとえ私的な運転中に交通事故を起こして人を死亡させたとしても，刑事裁判はもとよ

り民事裁判にもかけられず，被害者救済の観点からは好ましくない（⇨*Column 4-6*）。そこで外交関係条約を採択した会議では，条約とは別に，任務遂行に支障がないかぎり民事裁判権の免除を放棄すべきことを勧告する決議が採択された。

　外交官の特権免除の享有期間は，接受国の領域に入ったときから，赴任後に任務を終えて接受国を去るときまで認められる。外交官の家族は外交官と同様の特権免除，事務技術職員はほぼ外交官に近い特権免除を享有する。役務職員や個人的使用人にも一定の特権免除が認められるが，接受国国民または接受国に通常居住する者の場合は，接受国が認める限度でのみ認められる。

(4)　領事特権免除

　領事は国家を代表する資格をもたないので，領事特権免除が認められる理由は，もっぱら任務の効率的な遂行のために必要であることに求められる。そのため，認められる特権免除も外交特権免除に比べて制限的である。統一的な慣習法が不明瞭である中，領事関係条約は，法の漸進的発達の立場から特権免除をある程度広く認めた。

　公館の不可侵権は，基本的には外交使節団公館と同様であるが，火災その他の緊急事態の場合には，長の同意があったものとみなして接受国の官吏が立ち入ることができる旨の例外規定が明記されている点で異なる。2002年，中国・瀋陽の日本総領事館に北朝鮮からの亡命を図る者が駆け込んだところ，中国の官憲が敷地内に踏み込んで取り押さえる事件が発生し，日本政府は，公館の不可侵をおかす行為として中国政府に対し公式に厳重な抗議を行った**4-14**。

　領事関係条約は，領事任務の遂行を容易にするため，領事官が派遣国国民と自由に通信し面接する自由を保障し，派遣国国民が逮捕・拘禁された場合に接受国が遅滞なく領事機関に通報すべき旨を定めている（36条）。米国は，類似する3つの事件において，外国人死刑囚につきこの義務を怠ったことを理由に外国人の本国か

4-14 在瀋陽日本総領事館駆け込み亡命者連行事件（2002年）

在瀋陽日本総領事館。

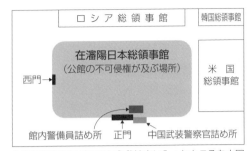

幼児連れの夫婦が正門から敷地内に入ったところを中国の武装警察官が取り押さえた。

（出典：在瀋陽日本国総領事館ウェブサイト）

ら ICJ に提訴され，2001 年のラグラン事件判決（ドイツ対米国）および 2004 年のアヴェナほかメキシコ国民事件判決（メキシコ対米国）では米国の義務違反が認定された（もう１件は訴えが取り下げられた）。

本務領事官個人には身体の不可侵や裁判権免除が認められるが，一定の場合には抑留・拘禁，刑事裁判権に服し，また裁判権免除は任務遂行行為に限定されるので，外交官に比べて制限的である。名誉領事官の特権免除は，さらに制限されたものである。

(5) ペルソナ・ノン・グラータ（*persona non grata*）

接受国は好ましくない外交官をペルソナ・ノン・グラータ（「好ましからざる人物」）として，いつでも，理由を示すことなく，派遣国に通告することができる。通告を受けた派遣国は，その者を召還またはその任務を終了させる義務を負い，これを履行しない場合，接受国はその者の使節団構成員としての資格を否認できる（外交関係条約９条）。国際慣習法上は外交官を対象とした制度であったが，領事関係条約は，この制度を領事官にも導入した（23条）。外交官や領事官でない使節団および領事機関の職員については，同様の効果をもつ制度として「受入れ難い者」の通告がなされる。

ペルソナ・ノン・グラータの通告事例は少なくない。たとえば，2012 年にシリア政府は，十数カ国の大使や外交官（日本の大使を含む）を

4-15 金大中事件（1973 年）

1973 年８月，のちに韓国の大統領となる金大中が，日本のホテルに滞在中，韓国官憲によって拉致され，５日後にソウル市内の自宅前で発見された。ソウルの自宅に戻った金大中氏（左）と金大中が拉致された東京のホテルグランドパレス（右）。

（写真：時事通信フォト〔左〕，時事〔右〕）

ペルソナ・ノン・グラータに指定してその受入れを拒否した。また，2016 年末には，ロシアによるサイバー攻撃を理由に，米国がロシア人外交官 35 人に対して通告した。日本が発動した例としては，金大中事件（1973 年）**4-15** に関与したとされる在日韓国大使館一等書記官に対するものや，賭博事件への関与を理由にコートジボワール大使館の外交官に対して 2006 年に行ったものがある。

この制度は，政治的に使われる場合もあるが，外交特権の濫用に対する接受国の措置として機能するものといえる。この制度のほかに接受国がとりうる措置としては，最後の手段としての**外交関係の断絶**がある。たとえ外交官が違法な

スパイ活動を継続しているとしても，大使館を占拠したり外交官を人質にとることは許されない（ICJ 在テヘラン米国大使館員人質事件判決〔1980 年〕）。

7 その他の国家機関の特権免除

(1) 国家元首・行政府の長・外務大臣

国家元首や，行政府の長，外務大臣などの高官は，外国に常駐するわけではないが，臨時外交使節（特別使節）として外国に赴き国家の任務を遂行することがある。これら国家機関は，その地位と職責から，国際慣習法上，外交官と同等以上の特権免除を広く享有する。しかし，これらの者が重大な国際犯罪をおかしたような場合に特権免除が認められるかどうか，困難な問題が生じる（⇨*Chapter 9*）。

(2) 駐留外国軍隊

駐留外国軍隊の法的地位および特権免除については，軍隊の派遣国と駐留国の間の条約で定めている。わが国には，**日米安全保障条約**（1960 年）6 条に基づいて米軍が駐留しており，**在日米軍の地位に関する日米協定（日米地位協定）**が結ばれている。この協定は，旧日米安全保障条約（1951 年）に基づく行政協定に代わるものとして締結された。米軍がおかす犯罪に対しては，ふつう，日米いずれの刑事裁判権も認められるが（裁判権の競合），「**公務執行中の作為又は不作為から生ずる罪**」については米国が第 1 次の，日本が第 2 次の裁判権をもち，それ以外の犯罪については日本が第 1 次の裁判権をもつ（日米地位協定 17 条 3）。手続上，米国が容疑者の身柄を拘束中は，日本に第 1 次裁判権がある場合でも公訴の提起まで米国が身柄を確保できる（同条 5(c)）。これは日本の捜査にとって重大な障害となっており，1995 年に発生した沖縄少女暴行事件でも米国が引渡しを拒否し，問題となった。この事件を契機にその運用が見直され，引渡し要請に対して米国は「好意的な考慮を払う」こととされた。

なお，国連平和維持活動等協力法（PKO 法）によって日本の自衛隊が海外に派遣される場合，

協定の多くが，刑事裁判権について日本の専属管轄権を認めている。

参考文献

- 国際法事例研究会『条約法』（慶應義塾大学出版会，2001 年）
- 国際法事例研究会『外交・領事関係』（慶應義塾大学出版会，1996 年）
- 横田喜三郎『外交関係の国際法』（有斐閣，1963 年）
- 横田喜三郎『領事関係の国際法』（有斐閣，1974 年）
- 坂元茂樹『条約法の理論と実際』（東信堂，2004 年）

Chapter 5 領土のない国はない
——陸・空，そして宇宙

❶ 国の領域と領域主権

(1) 領域の構成と領域主権

国際法上の国（国家）であるためには，一定の領域を有することが必要であり（⇨*Chapter 3*），陸地の**領土**が存在しなければならない。国の領域は，領土を基本とし，領土に付随する水域（領水）および領土・領水の上空をなす一定の空域（領空）によって構成される。

国際法上，国はその領域に対して**領域主権**を有する。領域主権は，領域に対する所有権としての側面と領域において統治・支配する権能としての側面の双方をそなえた性質をもつ。つまり，国は，国際法上の特別の制限がある場合を除き，自国の領域を自由に使用・収益・処分す

る権限をもち，また，自国領域内のあらゆる人やモノに対して立法・司法・行政すべてにわたる権能を行使することができる。したがって，国は，自国領域の資源を開発する権利をもつし，逆に，他国領域内で勝手に警察活動を行うことなどは禁止される。

領域主権に対する国際法上の制限として，外交使節団や領事などに対する特権免除の付与，領海内の外国船舶に対する無害通航権の保障，国際河川や国際運河における航行の自由の保障などがある。また，**トレイル熔鉱所事件**仲裁判決（1941年）が認めたように，自国領域を，他国の重大な権利を侵害するような方法で使用しまたは使用させてはならない。これを**領域使用の管理責任**の原則という（⇨*Chapter 11*）。

5-1 大韓航空機撃墜事件（1983年）

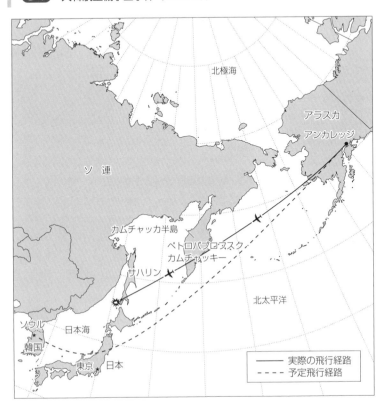

大韓航空機の飛行ルート：ニューヨーク発アンカレッジ経由ソウル行きの大韓航空機が予定のルートを逸脱してソ連領空内を飛行し，ソ連空軍機によって撃墜された。日本人28人を含む乗員乗客269人全員が死亡した。

（出典：CIA ウェブサイト）

凡例：
—— 実際の飛行経路
------ 予定飛行経路

ソ連から引き渡された大韓航空機の機体の一部を調べる国際民間航空機関（ICAO）の係官ら。

（写真：時事）

(2) 内水と領海

　領水は，内水と領海に分けられる。**領海基線**
（基線）を境として，その内側の水域が内水，基
線から外側の一定幅の帯状の水域が領海となる。
領海の幅は長く統一されなかったが，国連海洋
法条約（1982 年）により基線から **12 カイリ**ま
でとされた（1 カイリは 1852 m）。また，領海
に対する沿岸国の権限の性質についても争われ
てきたが，20 世紀になってから，国の主権が
及ぶ国家領域の一部であることが確立した。な
お，大洋中の多数の島からなる群島国（フィリ
ピンやインドネシアなど）の場合，外側の島を結
んだ直線基線（群島基線）の内側の水域を群島
水域といい，群島国の主権が及ぶ。群島水域は，
内水と領海双方の性質を有する固有の水域と考
えられる（⇨**Chapter 6**）。

(3) 領空と国際航空

　20 世紀に航空機が発明されてから空域の法
的地位が現実の問題となり，第一次大戦中の諸
国の慣行を通じて**領空主権**の原則が確立した。

　領域主権は垂直方向に上空一定範囲まで及び，
領空は国家領域を構成する。領空主権が及ばな
い宇宙空間と領空との境界は，いまだに確定し
ていない。

　領空主権は「完全かつ排他的」である（国際
民間航空条約 1 条）。同じ国家領域でも，領海で
は外国船舶の無害通航を保障する義務があるが，
領空では外国航空機の無害な飛行を認める義務
はない。したがって，他国の航空機が無断で領
空に侵入すれば**領空侵犯**として国際違法行為と
なる。外国の民間航空機が領空を侵犯した場合，
これを阻止するために最終的な手段として武器
を使用することが許されるかどうか，特に**大韓**
航空機撃墜事件（1983 年）**5-1** を契機に議論さ
れたが，現在では，許されないと解される（同
3 条の 2）。

　領空主権の原則により，航空機が他国に乗り
入れて旅客や貨物を輸送する自由は一般には保
障されていない。国際航空業務に必要なそうし
た「空の自由」は，二国間または地域間の**航空**
協定を結ぶことによって認め合っている。第二
次大戦後，米英間の航空協定（バミューダ協定
〔1946 年〕）をモデルとして，日米航空協定
（1952 年）など，世界で幾千にも及ぶ航空協定
が締結されてきた。従来は路線，発着便数，運
航航空企業などを航空協定で規制してきたが，
1990 年代以降，米国が推進する航空自由化政
策（オープンスカイ政策）の流れにより航空協定
における規制の緩和・撤廃が進められている
5-2。

２ 領域権原と領土紛争

(1) 領域取得の根拠

　一定の地域や島に対する国の領有権を主張す
る際にその国際法上の根拠となる事実を**領域権**
原といい，伝統的には，先占，時効，添付，割
譲，征服などが挙げられてきた。

　先占は，国が無主地を平穏かつ実効的に占有
することによって成立する。**無主地**とは，無人
の地ではなく，どの国の領土でもない地をいう。
また，無主地を発見しただけでは足りず，**実効**
的な支配（占有）を行うことが必要である。南

Column 5-2

領空侵犯と緊急発進（スクランブル）

　日本の航空自衛隊は，領空侵犯のおそれがある航空機を発見した場合，戦闘機などを緊急発進（スクランブル）させ，その航空機に接近して状況を確認する。実際に領空侵犯が発生した場合には，退去の警告などを行う。　（出典：『防衛白書令和4年版』）

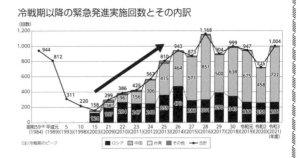

冷戦期以降の緊急発進実施回数とその内訳

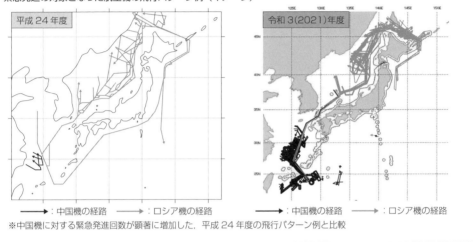

緊急発進の対象となった航空機の飛行パターン例（イメージ）

平成24年度

令和3(2021)年度

───▶：中国機の経路　　───▶：ロシア機の経路

───▶：中国機の経路　　───▶：ロシア機の経路

※中国機に対する緊急発進回数が顕著に増加した，平成24年度の飛行パターン例と比較

5-2　航空協定と「空の自由」

「空の5つの自由」＋4

第1の自由：領空通過（無着陸上空通過）の自由

第2の自由：技術着陸（給油，人員交代など）の自由

第3の自由：自国から他国への旅客・貨物の運輸の自由

第4の自由：他国から自国への旅客・貨物の運輸の自由

第5の自由：他国と第三国の間の旅客・貨物の運輸の自由

　とくに自国発で他国から第三国への運輸の自由（以遠権）

第6の自由：自国を経由する他国と第三国の間の運航

第7の自由：他国を経由しない第三国への運航

第8の自由：自国からの運航と接続した他国国内間の運航※

第9の自由：他国国内間の運航※

　※国内間の運航・営業のことをカボタージュという。

　国際民間航空条約の世界的な体制の下では，定期国際航空業務に必要な自由を認めていない（同条約6条）。関係国が個別に結ぶ航空協定によって与えられる「空の自由」の内容は，従来一般に5つに分類され，規制されてきた。オープンスカイ協定の締結による規制の撤廃が進んでいるが，現在でも多くの場合，第9の自由は認められていない。

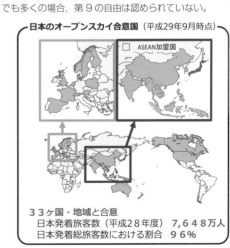

日本のオープンスカイ合意国（平成29年9月時点）

□ ASEAN加盟国

33ヶ国・地域と合意
日本発着旅客数（平成28年度）　**7,648万人**
日本発着総旅客数における割合　**96%**

（出典：国土交通省ウェブサイト）

Chapter

5

領土のない国はない

5-3　西之島

2013年11月20日，西之島の南東沖で噴火活動による新たな陸地が誕生し，12月26日には西之島と結合し一体化した。写真は2015年10月18日に撮影されたもの。

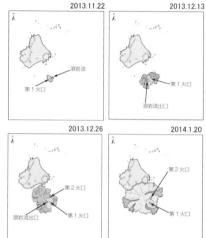

（出典：海上保安庁海洋情報部ウェブサイト）

鳥島，沖ノ鳥島などの南方諸島や尖閣諸島の日本領有は，先占によるものである。**時効**（取得時効）については，これが独自の領域権原として認められるかどうか争いがあるが，認める立場によれば，時効は，本来は自国の領土でない土地を，長期間平穏かつ実効的に支配することによって成立する。

　添付は，自国領域内における新たな土地の形成によって領域が増大することをいう。領水内での新島の出現，河口での土砂の堆積などの自然現象による場合のほか，海岸の埋立てなどの人工的な添付も認められる。最近の添付の例として，小笠原諸島の**西之島 5-3**の近くで2013年から生じた噴火活動により，新たな島が形成されて西之島と合体しつつ領土が拡大した。他方で，島が独自に領土として認められるためには高潮時に海面上に出ていなければならず，水没するとその分領土が減少する。**沖ノ鳥島 5-4**は海水による浸食が激しく，水没のおそれがあるため，1987年から護岸保全工事が行われた。

　割譲は，領域の一部を関係国間の合意によって移転することをいう。かつては平和条約による戦後処理で割譲が一般に行われた。日本は，日清講和条約（下関条約，1895年）で台湾・澎

5-4　沖ノ鳥島

1931年に東京府小笠原支庁に領土編入した日本最南端の島。周囲約11 kmの環礁から成り，現在，高潮時には北小島と東小島のみが海面上に残る。この島を起点とする排他的経済水域（⇨**Chapter 6**）の面積は40万km²以上であり，日本の国土面積（約38万km²）よりも広い。

（写真：国土交通省ウェブサイト）

湖諸島の，日露講和条約（ポーツマス条約，1905年）で南樺太の割譲を受けた。割譲は，売買や交換の形をとることがある（1867年ロシア領だったアラスカの米国への売却，1875年樺太千島交換条約など）。また，領有国が譲渡先を定めずに領土を放棄する場合もある。日本は，対日平和条約（サンフランシスコ平和条約，1951年）で朝鮮，台湾，千島列島などを放棄した（2条）。

　戦争が一般に禁止されていなかった時代には，

Column 5-3

飛び地の領土交換

　2015年5月，インドとバングラデシュの国境地帯（クーチビハール地方）に残っていた飛び地162カ所を整理する両国間の領土交換条約が結ばれ，同年8月に発効した。住民には国籍の選択権が認められた。

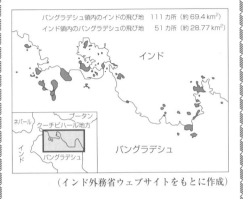

バングラデシュ領内のインドの飛び地　111カ所（約69.4 km²）
インド領内のバングラデシュの飛び地　51カ所（約28.77 km²）

インド　ネパール　ブータン　クーチビハール地方　バングラデシュ

（インド外務省ウェブサイトをもとに作成）

戦争（武力行使）による他国領土の実効的支配（征服）が領域権原の1つとされていた。しかし，**武力不行使原則**の確立に伴い，現在では征服は認められない。割譲や**併合**も，強制的に行われる場合には，同様に認められない。イラクによるクウェート併合（1990年）やロシアによるクリミア併合（2014年）およびウクライナ東部南部4州の併合（2022年）はその例である。なお，**軍事占領**は，戦争遂行過程で事実上行われる暫定的な統治権の行使にとどまり，それ自体は領域権原ではない。太平洋戦争中，旧日本軍は広大な地域を一時的に占領したが，占領地域が日本の領土となったわけではない。

（2）　領域紛争の法的解決

（a）　国境と国境紛争　　国境画定条約が定める国境線には，河川や山脈などの自然の地形に沿って引かれる場合（自然的国境）と，緯度・経度などを基準として人為的に設定される場合（人為的国境）がある。航行可能な河川では，一般に，中間線ではなく，航路として安全な川底の最深部を結ぶ線が国境とされる（タールベークの原則 **5-5**）。山岳部では，分水嶺（山の尾根）に沿うことが多い。

　19世紀に中南米諸国が独立したとき，スペイン統治時代の行政区画が国境線として用いられ，20世紀のアフリカ諸国独立の際にも植民地時代の行政区画や国境が維持された。新独立国は従来の境界線をそのまま国境線として維持するという原則（ウティ・ポシデティスの原則）は，新たな国境紛争の発生を防ぐ意味をもつ。

　ある国際紛争が国境線をめぐる紛争（国境紛争）と領土の帰属をめぐる紛争（領土紛争）のいずれであるか争われることがあるが，国際司法裁判所（ICJ）は，いずれであっても紛争の本質は異ならないとして，両者を区別する必要性を認めていない。

（b）　国際法の変遷と領域紛争　　領域に関する国際法は時間とともに変化してきた。先占の法理は，グロティウス（Grotius, 1583～1645）が提唱し18世紀以降ヨーロッパ諸国の植民地獲得の根拠とされたが，それ以前は，発見優先の原則が妥当した（⇨**Chapter 1**）。また，かつて認められた征服や強制的併合は，いまや認められない。しかし，征服が認められていた時代に征服によって取得した領土権が現在否認されるわけではない。つまり，現在の国際法が過去の行為や事実に遡って適用されるわけではない。領有権の根拠となる行為の有効性は，原則として，その行為がなされた時点で妥当していた国際法に照らして判断される。

（c）　主権的活動の実効性とその法的意義　理論上は，係争地についてある国がいずれかの領域権原の条件を満たしていれば，その国の領土と認められる。しかし現実の領域紛争では，当事国が互いにさまざまな根拠に基づいて領有権を主張するため，領域権原の法理を単純にあ

5-5　タールベークの原則

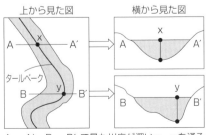

上から見た図　　　横から見た図

A──A′，B──B′で最も川底が深いx，yを通る線が国境とされる。

Column 5-4

プレア・ビヘア寺院事件（ICJ1962年判決）

　世界遺産にも登録されているプレア・ビヘア寺院は
タイとカンボジアの国境付近にある。タイは，国境は
分水嶺に沿うとした両国間の1904年条約によれば
同寺院はタイ領内にあると主張した。ICJは，タイは
長年にわたりこの問題を提起できたにもかかわらず提
起せず，それによってカンボジアの領域主権を黙認し
たものとし，タイの主張を斥けた。

Column 5-5

カシキリ／セドゥドゥ島事件（ICJ1999年判決）

　ナミビアとボツワナの国境をなすチョベ川には大き
な中島（カシキリ／セドゥドゥ島）があり，その領有
権が争われた。ICJは，両国間の国境条約にいう「本
流のタールベーク」は北流の最深線であるとして，ボ
ツワナの領有を認めた。

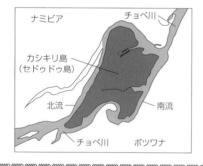

Column 5-6

パルマス島事件（常設仲裁裁判所1928年判決）

　パルマス島（ミアンガス島）はミンダナオ島（フィ
リピン）の南東に位置し，スペインからフィリピン諸
島全体の割譲（1898年）を受けた米国と，東イン
ド諸島（インドネシア）を領有していたオランダとの
間でその領有権が争われた。仲裁裁判所は，16世紀
の発見によるスペインの権利（すなわち米国の権利）
と，17世紀以来「継続的かつ平穏な主権の行使」を
行ってきたオランダの権利とを比較検討し，オランダ
領と判示した。

（判決文と米国国務省資料
Limits in the Seas をもとに作成）

Column 5-7

リギタン島・シパダン島事件（ICJ2002年判決）

　ボルネオ島（カリマンタン島）東方のセレベス海に
ある2島（リギタン島・シパダン島）の領有権がマ
レーシアとインドネシアの間で争われた。ICJは，両
国ともに条約上の権原はないとし，両国が権利を主張
しはじめた1969年を決定的期日に指定したうえで
主権的活動の実効性を検討した結果，マレーシア領と
認定した。

てはめるだけでは解決しがたい場合が多い。

　国際裁判では，国境画定条約や領土割譲条約
が存在し，その適用について争いがないような
場合には，その解釈・適用による処理が図られ
る（⇨Column 5-4, 5-5）。それによって解決でき
ない場合や適用される条約が存在しない場合に
は，次に，「継続的かつ平穏な主権の行使」（主権
的活動の実効性）が検討される（⇨Column 5-6, 5-
7）。つまり，条約の解釈・適用によって処理で
きない場合，いずれの国が実効的な統治（支

配）を行ってきたかを，相対的に比較して判断
することになる。

　主権的活動の実効性を判断する際に，いつの

5-6 北方領土問題の経緯

①1855年日露通好条約による国境線（樺
　太には境界線を設けず）
②1875年樺太千島交換条約による国境線
③1905年日露講和条約による国境線
④1951年対日平和条約で日本が放棄した
　「千島列島」（日本政府の解釈）

（出典：外務省ウェブサイト）

5-7 日本の領土と北方領土・竹島・魚釣島（尖閣諸島）の位置

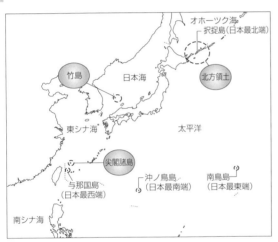

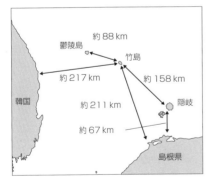

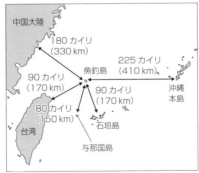

（出典：外務省ウェブサイト）

時点での主権的活動を考慮すべきであるかが問題となる。紛争当事国が領土紛争発生後に自国に有利な既成事実を作り上げるために行った主権的活動は考慮されるべきでない。それゆえ，原則として，紛争発生の時点までの主権的活動のみが考慮の対象とされる。法的判断の基準となるこのような時点を**決定的期日**という。

(1) 開国と周辺領域の確定
　　①北方の境界画定
　　・1855 年　日露通好条約（日露和親条約）：択捉島とウルップ島の間を境界線とする。樺太は日露の共有地
　　・1875 年　樺太千島交換条約：樺太はロシア領。ロシア領の「クリル」（千島）群島 18 島は日本領
　　②南西・南方諸島
　　・小笠原諸島・南方諸島の領土編入：小笠原諸島 1876 年，硫黄列島 1891 年，南鳥島 1898 年，沖ノ鳥島 1931 年
　　・沖縄の「琉球処分」：明治政府，1872 年廃藩置県で鹿児島県の管轄下に置く。1879 年沖縄県を設置
　　③尖閣諸島・竹島
　　・尖閣諸島：日本政府，1885 年から慎重に現地調査し，無主地であることを確認。1895 年 1 月正式に領土編入
　　・竹島：1905 年 1 月　島根県の所轄と決定し，各国に公示（外国からの抗議なし）
(2) 領土の拡張
　　・1895 年 4 月　日清講和条約（下関条約）：遼東半島，台湾・澎湖諸島の日本への割譲（三国干渉で遼東半島返還）
　　・1905 年 9 月　日露講和条約（ポーツマス条約）：北緯 50 度以南の樺太（南樺太）の日本への割譲
　　・1910 年 8 月　韓国併合条約：韓国を大日本帝国に併合（植民地化）。朝鮮総督府を設置
(3) 敗戦後の領土問題処理
　　①第二次大戦中の連合国側の動き
　　・1941 年　大西洋憲章（英米共同宣言）：領土不拡大方針
　　・1943 年　カイロ宣言（英米中）：領土不拡大，南洋諸島の剝奪，満州・台湾の返還，朝鮮の独立等を決意表明
　　・1945 年 2 月　ヤルタ協定（秘密協定）（英米ソ）：南樺太の返還，千島列島の引渡しを密約
　　・1945 年 7 月 26 日　ポツダム宣言（米英中共同宣言）→　8 月 14 日日本受諾：日本の領土の局限（8 項）
　　　　　　　　　8 月 8 日　ソ連，日ソ中立条約（1941 年）を一方的に破棄，同宣言に加わり対日参戦
　　②対日平和条約と日ソ共同宣言
　　・1951 年　対日平和条約（サンフランシスコ平和条約）→　翌年 4 月発効
　　　　2 条：朝鮮，台湾，千島列島，委任統治地域，南極，新南・西沙 →　領土権放棄
　　　　3 条：南西諸島（琉球諸島など）・南方諸島（小笠原諸島など），沖ノ鳥島，南鳥島→暫定的に米国の施政権
　　・1952 年　日華平和条約（同年発効，1972 年失効）：台湾放棄を承認，対日平和条約を準用
　　・1956 年　日ソ共同宣言（同年発効）：歯舞・色丹の引渡しに同意。ただし現実の引渡しは平和条約締結後とする
　　③奄美・小笠原・沖縄の施政権返還
　　・1953 年　奄美群島返還協定　→　同年返還
　　・1968 年　南方諸島（小笠原諸島）返還協定　→　同年返還
　　・1971 年 6 月　沖縄返還協定　→　1972 年 5 月琉球諸島・大東諸島の返還実現

(3)　日本の領土問題

　日本は，ロシアとの間で北方領土問題，韓国との間で竹島問題を抱え，尖閣諸島については中国・台湾が領有権を主張している。北方領土（歯舞群島，色丹島，国後島，択捉島）5-6 については，関連の条約が存在するので，法的には条約の解釈が争点となる。竹島と尖閣諸島 5-7 に関しては，領有権に直接かかわる条約が存在しないので，決定的期日として指定される時点における主権的活動の実効性が領有権の決め手となる 5-8。

　(a)　北方領土問題　　1945 年，ソ連は日ソ中立条約を一方的に破棄して対日参戦し，日本のポツダム宣言受諾後の 8 月下旬から 9 月にかけて千島列島から色丹島，歯舞群島まで占領し

て今日に至っている。対日平和条約（1951 年）で日本は「千島列島」を放棄した。ソ連は同条約への参加を拒否したが，日ソ共同宣言（1956 年）では，歯舞・色丹の日本への引渡しが合意された。歯舞・色丹は，地理的にも行政区画上も「千島列島」というより北海道の一部，他方で国後・択捉は南千島として千島列島の一部，ともみられる。日本政府は，歯舞・色丹はもとより，国後・択捉も，歴史上日本以外の国の領土となったことがない日本固有の領土であるので，大戦中に連合国が繰り返し表明した領土不拡大原則に照らしても，放棄した「千島列島」には含まれない，としてこれら 4 島の返還を求めている。

　(b)　竹島問題　　1952 年，韓国は一方的に

李承晩ラインを設定して竹島（韓国名・独島）を韓国管轄水域内に取り込み，さらに1954年からは実力で同島を実効的に支配するにいたったことで，同島の帰属をめぐる紛争が表面化した。日本は，すでに17世紀には同島を実効的に支配しており，1905年には島根県の一部として正式に領土編入を行ったが，韓国はなんら抗議をしてこなかった。韓国による一方的な実効的支配に対して，日本は紛争のICJへの付託を提案したが，韓国はこれに応じていない。

（c）**尖閣諸島**　日本は，1885年からの調査で同島が無主地であることを慎重に確認したうえで1895年に沖縄県の一部として領土に編入し，平穏に実効的支配を続けてきた。1968年には周辺海域で豊富な石油資源の存在が判明し，70年代からは中国，台湾が領有権を主張しはじめた。同島は，沖縄返還協定（1971年）で施政権が返還された琉球諸島に含まれており，現在も日本が実効的に支配している。日本政府は「領土問題は存在しない」という立場である。

3　特殊地域

(1)　国際法の規律空間と特殊地域

国際法が規律する空間は，基本的には，国の領域主権が及ぶ国家領域と，いかなる国の領域主権も及ばない**国際公域**に大別される。伝統的な国際公域は公海であるが，現在ではこれに加えて，公海とは区別される深海底，宇宙空間・天体がある。南極は，領有権の主張が凍結され，領有権問題が棚上げされている地域なので，純粋な国際公域とはいえない。国際河川と国際運河は，国家領域の一部でありながら領域主権の行使が特別に制限されている地域である。

かつての**委任統治地域**は，第一次大戦で敗戦したドイツとトルコの植民地・従属地域を対象とし，国際連盟の監督の下で連盟の委任を受けた受任国が統治する特殊な地域であった（国際連盟規約22条）。委任統治制度は国際連合（国連）の**信託統治制度**（国連憲章12章）に引き継がれたが，パラオの独立（1994年）によって信託統治地域もすべて消滅した。他方，**非自治地域**（人民がまだ完全には自治を行っていない地域）は，グアム（米国領）やジブラルタル（英国領）など十数の地域が残されており，施政国は住民の福祉を増進する義務を負っている（同73条）。

(2)　国際河川と国際運河

（a）**国際河川**　領域主権の原則から，船舶が他国領域内の河川を自由に航行することはできない。しかし，ダニューブ川，ライン川など，複数の国を流れる航行可能な河川では，河川ごとに，各河川の沿岸諸国等が，すべての国の船舶（ふつう，軍艦は除かれる）の自由な航行を保障する条約を結ぶことがある。この場合，河川に対する沿岸国の領域主権の行使がその限りで制限される。

〰〰〰 *Column 5-8* 〰〰〰

ガブチコヴォ・ナジュマロシュ計画事件
（ICJ1997年判決）

　ハンガリーはダニューブ川の共同水利用計画に関する二国間条約の一方的終了を宣言した（⇒*Chapter 4*）。これに対してスロバキア側は，対抗措置として自国領域内での水利用を開始した。そのため，ハンガリーに流れる水量は減少し，湿地が干上がる被害も発生した。ICJは，条約の終了を認めなかったが，他方，この対抗措置は河川の「衡平かつ合理的な利用」の原則に反するとしてスロバキア側の主張も認めなかった。

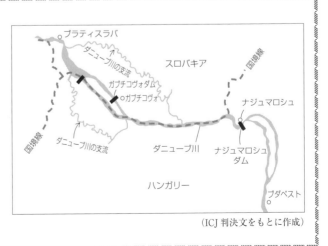

（ICJ判決文をもとに作成）

5-9 スエズ運河

2015年8月，スエズ運河（全長193km）の一部（72km）を拡張または深く掘り下げる工事が完了し，その記念式典が開催された。

新運河部分を通航する船舶。 （写真：EPA＝時事）

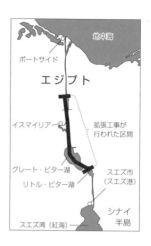

5-10 パナマ運河

2016年，船舶の大型化と通航量の増加に対応するために進められていた新閘門の建設と運河の拡張が完了した。

パナマ運河を通航する船舶。閘門式運河であることがわかる。 （写真：EPA＝時事）

船舶の航行以外の河川利用についても，河川（水路）ごとに沿岸国が結ぶ個別の条約（国際水路条約）によって規律され，領域主権の行使が制約される。一般に，各沿岸国（水路国）は，「衡平かつ合理的な利用」（⇨*Column 5-8*）を行い，他の水路国に重大な害を生じさせない義務を負う（国際水路非航行的利用法条約5条，7条）。

(b) 国際運河 2つの海洋部分を結ぶ人工水路のうち，条約によって航行の自由が保障されているものを国際運河という。現在，スエズ運河（エジプト）とパナマ運河（パナマ）がこれに該当する。本来は一国の内水であるが，軍艦を含むすべての国の船舶の自由航行を保障する

ために国際化され，領域主権の行使が制限されている。

スエズ運河 **5-9** は1869年に海面式運河として開通し，1888年の多数国間条約（コンスタンティノープル条約）で国際化された。パナマ運河 **5-10** は英米間およびパナマ・米国間の二国間条約で通航の自由が保障された後，1914年に閘門式運河として開通した。1999年末まで，運河の管理運営と運河地帯に対する米国の特別の権限が認められていたが，2000年以降，パナマの完全な主権下にある。

━━━ *Term* ━━━
セクター理論

　南極点を頂点とする一定の扇形区域（セクター）を設定し，先占の条件（実効的支配）を満たさないにもかかわらず，セクター全体の領有権を主張する立場。

5-11 北極海航路

　北極海の通航路には，北西航路（カナダ沖）と北極海航路（ロシア沖）がある。北極海航路を利用すると，日本－欧州間の距離はスエズ運河経由の航路よりも約4割短いため，航行日数を大幅に短縮できる。

　なお，極地海域を航行する船舶には，国際海事機関（IMO）が採択した安全確保と環境保護のための国際規則（「極海コード」，2017年発効）が適用される。

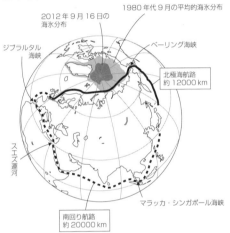

（宇宙航空研究開発機構〔JAXA〕ウェブサイトの海氷分布図などを参考に作成）

(3) 南極と北極

(a) 南　極　南極には広大な大陸が存在し，沿岸では厚い氷が広く洋上にはみ出している場所（氷だな）もある。20世紀になると，英国をはじめとする7カ国がセクター理論（*Term*）に基づく領有権主張を行うようになり，領有権主張国相互間および領有権否認国（日本など5カ国）との間で対立が生じた（⇒巻頭カラー**C-14**）。1959年，これら諸国は南極条約（1961年発効）を採択し，南極における領土権の凍結（4条）を定めた。これは，各国の立場を肯定も否定もせずに現状のまま凍結し，領土問題を棚上げする（同条1項）とともに，この条約の有効期間中に行われる活動は領有権の根拠とできない（同条2項）とするものである。南極地域では平和目

的の利用のみが許され，軍事利用や核爆発・放射性廃棄物の処分は一切禁止されており（同1条，5条），徹底的な非軍事化が実現されている。

　その後，南極の海洋生態系全体を対象とした生物資源の保護・保全のための南極海洋生物資源保存条約（1980年），鉱物資源開発活動を少なくとも50年間禁止する南極条約環境保護議定書（1991年）などがつくられ，南極条約を基本とする法制度（南極条約体制）が形成されている。南極を「世界の公園」にしようという主張もあるが，南極条約における領土権の凍結は今も維持されている。

(b) 北　極　北極には大陸は存在せず，広く氷結した海洋をなすので，基本的に海のルール（⇒*Chapter 6*）が適用される。そのため，北極海でも領海，排他的経済水域，大陸棚など，沿岸5カ国の海洋管轄権の設定が認められる。近時，海氷面積の減少に伴い，北極海航路**5-11**の活用や豊富な天然資源の開発が注目されるとともに，資源や環境を保護する必要性が高まっている。北極圏諸国が1996年に設置した北極評議会は，北極における国際協力を進める中心的な場となっている。

■4 宇宙空間と天体

(1) 宇宙条約と宇宙関連4条約

　1950年代後半に米国とソ連が国家事業として宇宙開発に乗り出してから，急速に宇宙法が形成された。1966年には宇宙の基本法となる宇宙条約が採択され（1967年発効），さらにこれを補完ないし具体化する4つの条約（宇宙関連4条約）**5-12**が70年代までに採択された。

　月その他の天体を含む宇宙空間では，すべての国に探査・利用の自由が認められ（宇宙条約1条），国の領有権の設定が禁止される（同2条）。月その他の天体に関しては，月協定が，「人類の共同財産」と位置づけるとともに，国の領有権のみならず，国や国以外の団体・個人による所有権の設定も否認している（11条。科学調査目的で月の石を持ち去るなどの権利は認められる。6条）。ただし月協定の当事国は少なく，先進国の大半は未加入である。

| 5-12 | 宇宙条約と宇宙関連4条約 |

1966年　宇宙条約（1967年発効）
1968年　宇宙救助返還協定（同年発効）
1972年　宇宙損害責任条約（同年発効）
1974年　宇宙物体登録条約（1976年発効）
1979年　月協定（1984年発効）

5-13 世界初の人工衛星スプートニク1号
（ソ連，1957年）

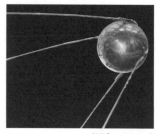

（写真：NASA）

軍事利用に関する規則は，天体と宇宙空間で異なる。天体については南極並みの徹底した非軍事化が実現したが，宇宙空間では，大量破壊兵器を地球を回る軌道に乗せないことおよび宇宙空間に配置しないこととしたにとどまる（宇宙条約4条）。したがって宇宙空間では，通常兵器の利用や，地球を回る軌道に乗せない方法での大量破壊兵器の発射などは，必ずしも禁止されていない。

宇宙物体を打ち上げた国はこれを登録し，国連に通知する（宇宙物体登録条約2条）。宇宙物体が宇宙空間にある間，登録国は宇宙物体および乗員に対して管轄権と管理権を保持する（宇宙条約8条）。また，宇宙活動は高度な危険を伴うため，国が責任をもって許可と継続的監督を行うものとし（同6条），第三者に損害を発生させた場合，私企業のような民間組織が行う活動から生じたものであっても，もっぱら国が国際的責任を負う（**国家への責任集中**。同7条）。一般的には，国は原則として私人や私企業の行為について国際責任を負わないのであるが，宇宙活動に関してはこの原則が修正されている。宇宙損害責任条約（1972年）は，人工衛星 5-13 やロケットなどの宇宙物体が地表または飛行中の航空機に与えた損害の賠償につき，打上げ国が無過失責任を負うとした（2条）。

5-14 地球を回る軌道と人工衛星

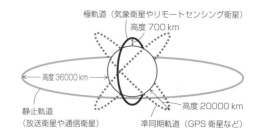

極軌道（気象衛星やリモートセンシング衛星）
高度700km
高度36000km
高度20000km
静止軌道
（放送衛星や通信衛星）
準同期軌道（GPS衛星など）

(2) 宇宙活動の進展と新たな諸問題

宇宙活動は多様化と民営化・商業化が進み，特に宇宙空間上の人工衛星を媒介とする情報の発信・取得・流通が活発に行われている。**静止軌道**（赤道上空約3万6千kmの軌道）上の衛星（静止衛星）は地球の自転とともに周回し常に地球の一定地域に電波を送信できるため，静止軌道は通信衛星や放送衛星に利用される 5-14。静止軌道と周波数帯（電気通信の媒体）は，今日では「有限な天然資源」とされ，国ごとに事前に割り当てられている。直接放送衛星からの番組放送や，低軌道上の地球遠隔探査衛星による地上情報の取得については，活動を規律する国連の決議は存在するが，法的拘束力を有する条約は成立していない。

日本を含む15カ国が参加して建設した**国際宇宙基地**（国際宇宙ステーション，ISS）5-15は，高度約400kmの低軌道を周回する国際的な複合体であり，複数国の飛行要素（実験棟や居住棟）をそなえ，人員が常駐して実験や観測に従事する。参加国が結んだ1998年の宇宙基地協

Column 5-9

コスモス954号事件

1978年，ソ連の原子炉衛星コスモス954号の残骸がカナダ北西部に落下し，カナダは放射能汚染の防除に要した費用をソ連に請求した。約2年の交渉の結果，ソ連は請求額の約半額を支払うことで合意した。

5-15 国際宇宙基地（国際宇宙ステーション，ISS）

（写真：NASA）

定（2001 年発効）は，宇宙物体としての登録の仕方，管理・管轄権や刑事裁判権の所在，知的所有権の保護など，宇宙基地に固有の新たな法的問題に対処する規定を設けている。

ISS はいずれ運用を終える予定であるが，現在，月周回軌道上の有人基地「ゲートウェイ」を拠点として月面基地を建設するとともに，月における人類の持続的活動，さらに火星有人探査を目指す計画（アルテミス計画）が進められている（⇨巻頭カラー**C-15**）。2020 年には，この計画を念頭に，日米など 8 カ国間で宇宙の探査と利用に関する基本原則を定めた国際合意（アルテミス合意）が成立し，日米二国間では，ゲートウェイ建設の協力に関する了解覚書が締結された。

日本では，宇宙基本法（2008 年）により，宇宙活動の基本理念として，新たに産業の振興をも謳うようになり，2016 年には宇宙関連 2 法（宇宙活動法と衛星リモートセンシング法），2021 年には宇宙資源法が制定された。

宇宙活動の進展に伴い，宇宙空間の軌道上には宇宙物体の残骸・破片・塗料などが**宇宙ゴミ**（宇宙残骸物，スペース・デブリ）**5-16** として無数に飛び回っており，人工衛星に衝突すると大きな被害を与えるため，その対策が現実的課題となっている。存在する宇宙ゴミを除去するとともにその発生自体を防止する努力が必要である。

参考文献
- 国際法学会編『日本と国際法の 100 年　第 2 巻　陸・空・宇宙』（三省堂，2001 年）
- 国際法事例研究会『領土』（慶應通信，1990 年）
- 柳原正治＝兼原敦子編『国際法からみた領土と日本』（東京大学出版会，2022 年）
- 許淑娟『領域権原論』（東京大学出版会，2012 年）
- 池島大策『南極条約体制と国際法』（慶應義塾大学出版会，2000 年）
- 稲垣治＝柴田明穂編著『北極国際法秩序の展望』（東信堂，2018 年）
- 小塚荘一郎＝佐藤雅彦編著『宇宙ビジネスのための宇宙法入門（第 2 版）』（有斐閣，2018 年）

5-16　宇宙ゴミ（スペース・デブリ，Space Debris）

　宇宙ゴミとは，耐用年数を過ぎて機能を失ったり事故・故障により制御不能となった衛星，衛星打上げ用のロケット本体や部品，多段ロケット切り離しや爆発で生じた破片など，宇宙空間を秒速数 km もの高速で漂う物体である。スプートニク 1 号の打上げ（1957 年）以来，世界各国でのロケットや人工衛星の打上げは 5000 回近くに及び，宇宙ゴミも爆発的に増加していった。微小なものも含めると宇宙ゴミは 3500 万個にのぼるといわれ，衛星軌道上に存在する 10 cm 以上のものでも約 21000 個あると推測されている。

　宇宙基地や衛星との衝突の危険を避けるためには，宇宙ゴミを衛星軌道上から取り除く必要がある。気象衛星や放送衛星などが置かれている静止軌道上の宇宙ゴミは，静止軌道よりも高い軌道（墓場軌道）に移動させ，他方で，多くの観測衛星が存在する低軌道上の宇宙ゴミは，大気圏に突入させて処理する。

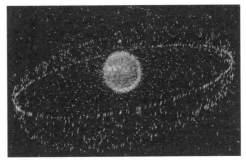

地球上空の宇宙ゴミ：欧州宇宙機関（ESA）が公表した宇宙ゴミのコンピュータ画像。地球を回る軌道上に約 12000 の物体が描かれている。　　（写真：ESA）

Chapter 6 海の恵みを分かち合う
——海洋法

1 海洋法の歴史と海洋の区分

(1) 海洋法の史的展開 6-1

(a) 海洋論争と海洋の二元構造 海洋法には長い歴史がある。大航海時代には世界の海がスペイン・ポルトガルによって分割されていたが（⇨**Chapter 1**），17世紀前半，オランダのグロティウス（Grotius, 1583〜1645）は『自由海論』（1609年）で「海の自由」を説き，両国に対抗した。『自由海論』に対しては，英国のセルデン（Selden, 1584〜1654）の『閉鎖海論』（1635年）に代表されるような，海も支配と領有が可能であるとする反論が多数寄せられ，海の法的地位をめぐる有名な論争が展開された。この海洋論争を経て，18世紀には，沿岸国が支配できる周辺海域（領海）と，いずれの国にも属さず航行や漁業の自由が認められる広大な海域（公海）が，区別されるようになった。この「海洋の二元構造」は，20世紀半ばまで基本的に維持された。

もっとも，海岸に沿って帯状に設定される領海の幅について，諸国の立場は長らく対立を続けた。19世紀には3カイリが主流となったが（1カイリは1852m），より広い幅を主張する国もあり，統一されないままであった。また，領海の法的地位についても対立し，沿岸国の主権が及ぶ国家領域の一部であることで一致したのは，第一次大戦後のことである。

(b) 海洋法秩序の変容 1945年，米国のトルーマン大統領は，公海下の米国陸地領土から延びる**大陸棚**での天然資源の開発および米国沖合公海上での漁業資源保存のための措置を，米国が一方的に行使する旨の宣言を発した（トルーマン宣言）。これを機に公海下の海底または公海上に国の権限を設定する沿岸国が続出し，海の秩序が動揺した。そのため，1958年に第1

6-1 海洋法略年表

15〜17世紀	大航海時代。スペインとポルトガルによる海洋分割
17世紀前半	英国・オランダの海洋大国としての台頭。海洋論争の展開
18〜19世紀	海洋の二元構造（「狭い領海」と「広い公海」）の形成，確立
1930年	ハーグ国際法法典編纂会議。領海の幅につき対立し，領海条約の採択に失敗
1945年	米国トルーマン宣言（大陸棚宣言，漁業保存水域宣言）。以後，海洋秩序が動揺
1958年	第1次国連海洋法会議。ジュネーヴ海洋法4条約を採択（領海の幅は合意不成立）
1960年	第2次国連海洋法会議。領海の幅の合意を目指すが，再び失敗
1973〜82年	第3次国連海洋法会議。10年に及ぶ会議の末，1982年に国連海洋法条約を採択
1977年	海洋法会議の動向をふまえ，日本は「領海法」と「漁業水域に関する暫定措置法」を制定（領海の幅を12カイリとし，200カイリの漁業水域を設定）
1982年	国連海洋法条約を採択
1994年	国連海洋法条約が発効。国連海洋法条約第11部実施協定を採択（1996年発効）
1995年	国連公海漁業協定を採択（2001年発効）
1996年	日本，国連海洋法条約および国連海洋法条約第11部実施協定を批准。領海法や海上保安庁法を一部改正，排他的経済水域（EEZ）及び大陸棚法やEEZ漁業等主権的権利行使法などを制定
2007年	日本，「海洋基本法」を制定，内閣官房に総合海洋政策本部を設置
2008年	日本，「海洋基本計画」を策定

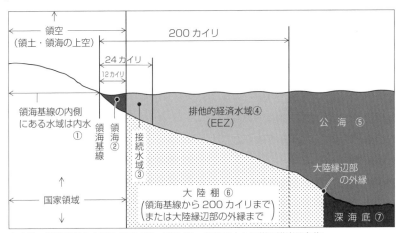

6-2 国連海洋法条約における海域の区分と海洋管轄権

内水①：領海基線の内側の水域（港、湾など）。陸地領土と同様の沿岸国主権
領海②：領海基線から12カイリ（約22km）まで。沿岸国主権，外国船舶の無害通航権
接続水域③：領海基線から24カイリまで。沿岸国法令違反の取締権
国際海峡：公海（またはEEZ）と公海（またはEEZ）の間にあり国際航行に使用される海峡。
　　　　　領海において基本的に外国船舶の通過通航権
群島水域：群島国と認められる国の群島基線の内側の水域。群島国の主権
排他的経済水域（EEZ）④：領海基線から200カイリまで。沿岸国の主権的権利
公海⑤：いずれの国の内水・領海，群島水域，排他的経済水域にも含まれない海洋部分。海底
　　　　は含まない。公海自由の原則。旗国主義の原則
大陸棚⑥：大陸縁辺部の外縁または領海基線から200カイリまでの海底。沿岸国の主権的権利
深海底⑦：国の管轄権が及ぶ区域（大陸棚）の外側の海底。人類の共同財産

次国連海洋法会議が開催され，**ジュネーヴ海洋法４条約**（領海条約，公海条約，大陸棚条約，公海生物資源保存条約）が成立した。これにより，海洋の二元構造を基本としつつ，新たに，領海の外側に設定できる**接続水域**や大陸棚の制度が正式に承認された。

しかしその後，領海の幅の統一を目指して開かれた第２次国連海洋法会議（1960年）は失敗した。さらに，植民地から独立した新興諸国は海洋資源に対する権利を主張して既存の海の秩序に挑戦し，また，海洋開発技術の進展により海洋資源の開発や管理のための新たなルールが求められるようになった。そこで，海の秩序を全面的に見直す第３次国連海洋法会議（1973〜82年）が開かれ，10年に及ぶ審議の結果，1982年に海の憲法ともいわれる**国連海洋法条約**（海洋法条約）が採択された。本文だけでも全17部320カ条からなる海洋法条約は，領海の幅を12カイリまでで統一するとともに，**国際海峡，群島水域，排他的経済水域**（Exclusive Economic Zone: EEZ），**深海底**，海洋環境の保全，科学調査，紛争解決手続など，新たな制度や規則を盛り込んだ。そのうち，深海底（海洋法条約第11部）の開発のためのルールについて先進諸国の不満が残されたが，その内容を修正する条約（海洋法条約第11部実施協定）の成立により，日本を含む世界の大多数の諸国がこの2つの条約に参加するようになった。

(2) 海域の区分

(a) 天然資源と沿岸国の海洋管轄権　現在，海は**6-2**に示すとおり複雑に細分化されており，各海域に対する沿岸国の権限は異なる。「内水」，「領海」，「群島水域」は，海底部分も含めて沿岸国の領域の一部をなし，その領域主権が及ぶ。その他の海域は国の領域ではなく，領域主権は及ばない。「接続水域」では，沿岸国の一定の法令違反を取り締まる限定的な権限が認められる。「排他的経済水域」（EEZ）や「大陸棚」に対しては，天然資源の開発等に関

する沿岸国の**主権的権利**（これは「主権」ではない。⇨**5**）が認められる（主権的権利の内容と性格は EEZ と大陸棚で異なる）。沿岸国の海洋管轄権が及ぶこれらの水域と区別されるのが，公海と深海底である。大陸棚の外側の海底は「深海底」とされ，いずれの国の主権または主権的権利も認められない。深海底とその資源は，「**人類の共同財産**」（Common Heritage of Mankind）として，公海とも区別される独自の地位を与えられている。

（b）**船舶の通航制度と海域の区分**　船舶の通航に関する制度も海域によって異なる。船舶には 1 つの国籍が与えられ，国籍を付与した国は，**旗国**として船舶に対する管轄権（旗国管轄権）を保持する（⇨**Chapter 3**）。公海では航行の自由が保障され，船舶は原則として旗国の排他的管轄権に服する。排他的経済水域（EEZ）や大陸棚上部水域，接続水域でも基本的には外国船舶の航行の自由が認められる。領海や群島水域では，沿岸国の領域主権が及ぶものの，船舶航行の利益が尊重され，外国船舶は**無害通航権**を有する。さらに国連海洋法条約では，沿岸国の領域主権が及ぶ海域（領海，群島水域）のうち，一定の海上航路をなす水域について，無害通航権よりも船舶の航行に有利な通航制度（国際海峡における通過通航権と，群島水域内に設定される群島航路帯での群島航路帯通航権）を新たに導入した。

２ 内水・領海と接続水域

(1) 内水と外国船舶

港，湾，内海など，領海基線（⇨**Chapter 5**）の陸地側の水域を**内水**といい，陸地領土と同様の領域主権が及ぶ。恒久的な港湾工作物である**港**（沖合の施設や人工島を除く）は，海岸の一部とみなされ，内水とされる（海洋法条約 11 条）。外国船舶の入港を認めるべき一般国際法上の義務はないので，特別の条約上の義務がない限り，特定国の船舶に対して入港を禁止したとしても国際法違反とはならない。実際には，国際交易のために港を外国船舶に開放している場合も多い。

入港中の外国船舶は沿岸国の領域主権に服す

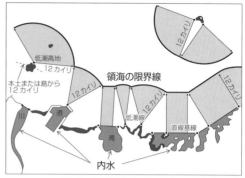

6-3　内水と領海の限界線

（出典：海上保安庁海洋情報部ウェブサイト）

るが，船舶の内部で起きた犯罪行為で沿岸国に影響が及ばないものに対しては，旗国の刑事裁判権に委ねることが多い。特に**軍艦**および非商業用政府船舶は，沿岸国の民事・刑事の裁判権から完全に免除される。

湾については，海岸が単一国に属し，湾口が 24 カイリ以内で，湾内の奥行きが十分に深い（湾口を直径とする半円よりも広い）場合，湾の内側を内水とできる（海洋法条約 10 条）。湾口が 2 つ以上存在する内海では，各湾口についてこの規則を適用できる。ただし，この条件に該当しなくとも，沿岸国が長期の慣行で内水として扱い他国もこれを争ってこなかった場合には，沿岸国の「歴史的湾」と認められる。瀬戸内海は，この種の歴史的水域として日本の内水をなす。

(2) 領海と無害通航権

（a）**領海基線と領海の幅**　領海基線（基線）から外側の一定幅の帯状の水域が領海となる。領海の幅は長く統一されなかったが，国連海洋法条約により基線から **12 カイリ**までとされた。基線は，原則として海岸の低潮線に沿って引かれる（通常基線）。通常基線で設定される領海内に低潮高地（低潮時には海面上に出るが高潮時には水没する陸地）が存在する場合には，その低潮高地を基線とすることもできる（海洋法条約 13 条）**6-3**。しかし，海岸線が著しく曲折していたり海岸に沿って一連の島がある場所では，適当な点を直線で結ぶ方法をとることが

6-4 ノルウェー漁業事件（ICJ 1951 年判決）

（米国 CIA 文書をもとに作成）

ノルウェーは，複雑な地形をなす北部海岸について1935 年勅令で直線基線に基づく領海を設定した。この水域で自国漁船が操業していた英国はこれを争ったが，ICJ は，ノルウェーの措置は国際法に違反しないと判示した。

6-5 非核三原則

「核兵器を作らない，もたない，持ち込ませない」とする日本の基本政策。

核兵器の領海内通航は「持ち込み」にあたると解されている。

できる（同 7 条）。この**直線基線**の方法は ICJ ノルウェー漁業事件判決（1951 年）で採用され，その後一般的に認められるようになった **6-4**。

日本は，明治初期以来長く領海 3 カイリの立場を堅持してきたが，1977 年，世界の趨勢に合わせて 12 カイリに拡大し，さらに 1996 年，海洋法条約の批准にあたり法律を改正して新たに直線基線方式を採用した。もっとも，非核三

原則 **6-5** の立場からであろうか，特定海域（宗谷，津軽，対馬東水道，同西水道，大隅の 5 海峡）は従来どおり 3 カイリに凍結したままである。したがって，青函トンネルの中央部分は日本の領海の外の海底を通っていることになる **6-6**。

（**b**）**外国船舶の無害通航権** いかなる国の船舶も，他国の領海において**無害通航権**を有する（海洋法条約 17 条）。この権利は，すでに 19世紀，領海主権が確立する以前から認められてきた国際慣習法上の権利である。無害「通航」は，継続的かつ迅速でなければならず，停船や投錨（とうびょう）は基本的には認められない（同 18条）。潜水船は海面上を航行しなければならない（同 20条）。「無害」通航とは，「沿岸国の平和，秩序又は安全を害しない」通航をいう（同 19 条 1）。漁業活動や調査活動など，通航に直接の関係を

6-6 日本の直線基線図と特定海域に指定されている 5 海峡

日本の直線基線
■ 内水　■ 領海

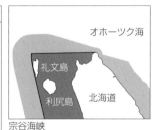

宗谷海峡

対馬西水道・東水道

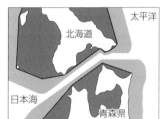

津軽海峡

大隅海峡

（出典：海上保安庁海洋情報部ウェブサイト）

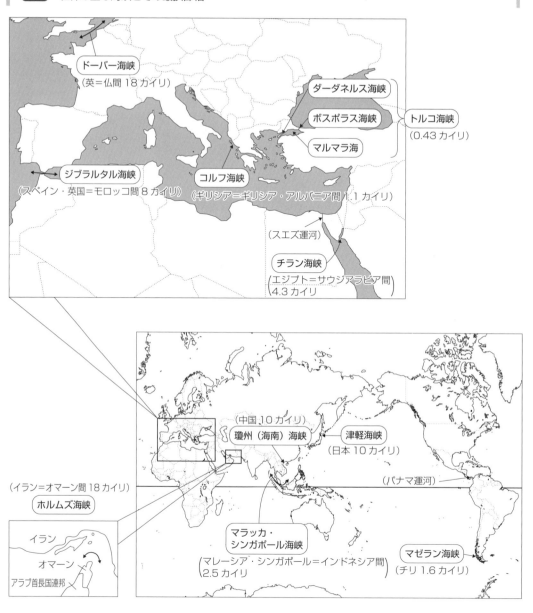

6-7 世界の主な海峡とその最狭部幅

ドーバー海峡
(英=仏間 18 カイリ)

ダーダネルス海峡

ボスポラス海峡

トルコ海峡
(0.43 カイリ)

マルマラ海

ジブラルタル海峡
(スペイン・英国=モロッコ間 8 カイリ)

コルフ海峡
(ギリシア=ギリシア・アルバニア間 1.1 カイリ)

(スエズ運河)

チラン海峡
(エジプト=サウジアラビア間)
4.3 カイリ

(中国 10 カイリ)
瓊州(海南)海峡

津軽海峡
(日本 10 カイリ)

(パナマ運河)

(イラン=オマーン間 18 カイリ)
ホルムズ海峡

イラン
オマーン
アラブ首長国連邦

マラッカ・
シンガポール海峡
(マレーシア・シンガポール=インドネシア間)
2.5 カイリ

マゼラン海峡
(チリ 1.6 カイリ)

もたない活動を行うことは有害とされる（同条2）。つまり，無害通航かどうかは，主に，通航の仕方や通航中に行う行為によって判断される。

しかしさらに，船舶の種類や積荷を理由として無害性を否定できるかどうか，問題となる。軍艦が無害通航権を有するかどうか，諸国の立場は対立している。日本は，軍艦についてはこれを肯定する一方，非核三原則の立場から，核兵器搭載艦の領海内通航を認めていない。核物質等の危険有害物質を運搬する船舶が無害通航

権を行使する場合には，一定の文書を携行し特別の予防措置をとることを義務づけられているが（同23条），実際には核物質運搬船の領海内通航自体を拒否する国もある。

沿岸国は，外国船舶の無害通航を妨害してはならず（同24条），刑事・民事の裁判権行使もその限りで制約を受ける（同27条，28条）が，必要な法令を制定する権限を有し，航行の安全のために航路帯を指定することもできる（同21条，22条）。また，自国の安全のために不可欠

である場合には，領海内の特定の水域で無害通航を一時的に停止することができる（同25条）。日本は，無害「通航」に該当しない航行を規制するため，2008年に領海外国船舶航行法を制定した。

（3） 接続水域での沿岸国権限

海洋の二元構造が確立していた時代，欧米諸国は領海に接続する公海上の一定水域で密輸の取締りなどを行うようになり，これをもとに**接続水域**の制度が形成された。沿岸国は接続水域において「領土又は領海内における通関上，財政上，出入国管理上又は衛生上の法令の違反」を防止・処罰するために必要な規制を行うことができる（海洋法条約33条）。沿岸国の規制権限は，この4分野の法令違反に限定され，漁業法令や安全保障法令は含まれない。現在，基線から24カイリの範囲で設定でき，日本は領海接続水域法（1996年に領海法を改正し，法律名も変更）によってはじめてこれを設定した。

3 国際海峡と群島水域

（1） 国際海峡の通航制度

公海と公海をつなぎ国際航行に利用される海峡は，古くから海上交通路として重要視され，マゼラン海峡やトルコ海峡（ダーダネルス・ボスポラス海峡，マルマラ海），北海とバルト海をつなぐデンマーク海峡（大ベルト・小ベルト・サウンド海峡）では，船舶の自由通航を保障する特別の条約制度が設定されてきた。特別の条約がない**国際海峡**では，海峡の幅が広いため海峡内に公海部分が存在する場合には航行の自由が認められるのに対し，沿岸国の領海をなす場合には無害通航権が認められるにとどまった **6-7**。

領海が12カイリに拡大されると，海峡内に公海部分が存在する重要な国際海峡の多くが領海内に取り込まれることになるため，第3次国連海洋法会議では国際海峡の自由通航を求める主張が出され，妥協の結果，新たな通航制度として**通過通航権**が導入された。通過通航とは「航行及び上空飛行の自由が継続的かつ迅速な通過のためのみに行使されること」をいう（海

洋法条約38条2）。無害かどうかは問題とされず，上空飛行の自由をも含むので，無害通航権よりも自由な通航権である。海峡沿岸国は，航行の安全や汚染防止のための法令制定権をもつ。

通過通航制度は，公海（または排他的経済水域〔EEZ〕）と公海（またはEEZ）を結び，かつ，国際航行に使用される海峡に適用される（但し，無害通航制度が適用される場合がある。同45条）。また，航行に便利な公海（またはEEZ）の航路が海峡内に存在する場合には，国際海峡の制度自体が適用されない。日本の特定5海峡は，現在領海3カイリに凍結されているため，このようなEEZの航路が存在するが，もしも凍結が解除されて領海12カイリとされたならば，通過通航制度が適用されることになるだろう。

（2） 群島国と群島水域

大洋中の群島からなるインドネシアやフィリピンが求めていた**群島水域**の主張は，領海設定における直線基線方式が認められたことを契機に強まり，海洋法条約で正式に制度として承認された **6-8**。群島国（大洋中の多数の島々からなり，島と水域がきわめて密接に関連しているため固有の一体性を有する国）の外側の島を結んだ線を群島基線といい，その内側の水域を群島水域という。群島基線の外側に領海その他の海洋管轄権が設定される。群島基線の引き方には詳細な条件が定められている（海洋法条約47条）。この条件を満たす国は25〜35カ国とされ，日本や英国は満たさないといわれる。

群島水域には群島国の領域主権が及ぶ。領海基線の内側の水域であるが，外国船舶の無害通航権が認められる。さらに，水域内で群島国が指定する群島航路帯では，通過通航権とほぼ同じ内容の**群島航路帯通航権**が認められる。群島国が航路帯を指定しない場合には，「通常国際航行に使用されている航路」において群島航路帯通航権を行使することができる（同53条12）。

4 公海の秩序と公海漁業

（1） 公海自由の原則と船舶の旗国主義

公海自由の原則は，2つの内容をもつ。公海

6-8　インドネシアおよびフィリピンの群島水域

群島基線の内側が群島水域をなす。群島基線の外側に領海や排他的経済水域（EEZ）が設定される。インドネシアは３本の群島航路帯を指定している（フィリピンは未指定）。

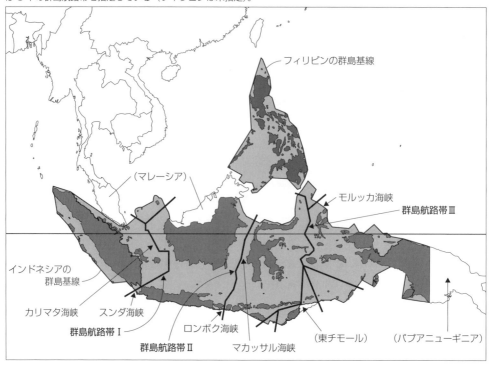

をいかなる国も領有できないこと（領有権の設定禁止）と，すべての国が自由に使用できること（使用の自由）である。使用の自由としては，航行・上空飛行，海底電線・海底パイプラインの敷設，漁業，科学調査などが含まれるが，その行使にあたっては他国の利益に妥当な考慮を払わなければならない（海洋法条約87条）。軍事演習や兵器実験を行う場合，事前の通告や危険水域の設定を要する。**第五福竜丸事件**（1954年）**6-9**の際，公海上の核実験が違法かどうか議論されたが，日米間では，法的責任を問わず米国が慰謝料を支払うことで事件を決着させた。

公海上の船舶は旗国の排他的な管轄権に服し，旗国による法の適用と執行を受ける。これを**旗国主義**という。旗国以外の国は，特定の海上犯罪（海賊等）の場合（⇨**Chapter 9**）や追跡権の行使の場合などを除き，原則として国家管轄権（⇨**Chapter 3**）を行使できない。公海上での船舶衝突の場合も，加害者を刑事裁判にかけるこ

とができるのは，加害船の旗国（または加害者の本国）に限られる（同97条）。

船舶に対する国籍付与の条件は各国がそれぞれ定めるが，船舶と旗国の間には「**真正な関係**」が存在しなければならない（同91条1）。旗国は，自国で船舶の登録がなされた以上，その船舶に対して効果的に管理と規制を及ぼすことが求められる。実際には，船舶所有者は安上がりで規制も緩やかな国で船舶を登録することが多く，国籍が便宜的で旗国と船舶の関係が希薄な**便宜置籍船**（FOC）が広く存在する。

（2）沿岸国の追跡権

追跡権とは，沿岸国が自国の法令に違反した外国船舶を公海上まで追跡して拿捕できる権利をいう。旗国主義の例外をなす沿岸国の権限であり，その行使にあたっては，いくつかの厳格な条件に従わなければならない（追跡開始前に停止信号を発する，追跡は中断してはならない，他

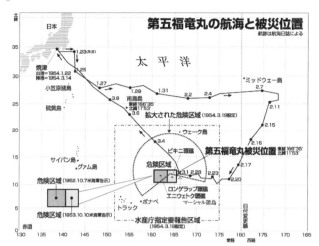

1954年3月1日，まぐろ漁船第五福竜丸は，マーシャル諸島ビキニ環礁付近の公海上（設定されていた危険水域の外側）で，米国の水爆実験により被爆した。

（出典：広島市平和記念資料館ウェブサイト，協力：公益財団法人第五福竜丸平和協会）

立入禁止措置となった第五福竜丸。
（写真：焼津市歴史民俗資料館提供）

Column 6-1

九州南西海域不審船事件

2001年12月21日，日本EEZ内で不審船が発見され，翌22日に海上保安庁が追跡を開始した。不審船は停船命令を無視し，日本海上警備艇の威嚇射撃と乗船の試みに対し抵抗・攻撃したため，正当防衛射撃も実施された。なおも西方に逃走を続けたのち，同船は自爆自沈した。自沈の位置は中国EEZ内であり，引き揚げられた不審船は北朝鮮の工作船であった。

（写真：『平成14年版防衛白書』）

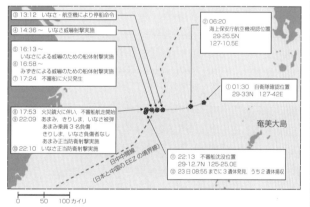

（出典：『海上保安レポート2003』）

国領海内に逃げ込めば追跡権は消滅するなど。海洋法条約111条）。停船確保のための最小限の実力行使は許容されるが，過剰な対応をとれば違法となる。1929年に接続水域からラム酒密輸船を米国警備艇が追跡し故意に撃沈したアイム・アローン号事件決定（1935年英米合同委員会最終報告），排他的経済水域（EEZ）で給油活動に従事していた外国船舶をギニア警備艇がいきなり追跡したうえ無警告で実弾射撃したサイガ号

（No. 2）事件判決（ITLOS 1999年）などでは，旗国の権利を侵害する違法な追跡権行使と認定された。

(3) 公海漁業とその規制

公海使用の自由の1つとして公海漁業の自由が認められてきたが，第二次大戦後，漁業資源の保存と水産業の維持・発展のため，**国際捕鯨取締条約**（1946年），日米加北太平洋公海漁業条

6-10 地域漁業管理機関

凡例:

```
    通称
    正式名称
  発効年（我が国が加盟した年）    まぐろ類
    事務局所在地
  主な保存管理対象魚種          その他魚類
```

国連海洋法条約（UNCLOS） 第63・64条, 第87条, 第116条等

↓

国連公海漁業協定（UNFSA） 第8〜10条等

↓

地域漁業管理機関（RFMO）

CCBSP
中央ベーリング海すけとうだら保存条約
1995 年発効（同年加盟）
事務局なし
スケトウダラ

NPAFC
北太平洋溯河性魚類委員会
1993 年発効（同年加盟）
バンクーバー（カナダ）
サケ, マス

NAFO
北西大西洋漁業機関
1979 年発効（1980 年加盟）
ダートマス（カナダ）
カラスガレイ, アカウオ

NPFC
北太平洋漁業委員会
2015 年発効（2013 年加盟）
東京
サンマ, イカ, サバ, キンメダイ

ICCAT
大西洋まぐろ類保存国際委員会
1969 年発効（同年加盟）
マドリード（スペイン）
クロマグロ, メバチ

SEAFO
南東大西洋漁業機関
2003 年発効（2010 年加盟）
スワコップムント（ナミビア）
メロ, マルズワイガニ

IOTC
インド洋まぐろ類委員会
1996 年発効（同年加盟）
ビクトリア（セーシェル）
メバチ, キハダ

WCPFC
中西部太平洋まぐろ類委員会
2004 年発効（2005 年加盟）
ポンペイ（ミクロネシア）
クロマグロ, メバチ

IATTC
全米熱帯まぐろ類委員会
1950 年発効（1970 年加盟）
ラホヤ（米国）
メバチ, キハダ

CCSBT
みなみまぐろ保存委員会
1994 年発効（同年加盟）
キャンベラ（豪州）
ミナミマグロ

SIOFA
南インド洋漁業協定
2012 年発効（2014 年加盟）
レユニオン（仏領）
キンメダイ, メロ

CCAMLR
南極の海洋生物資源の保存に関する委員会
1982 年発効（同年加盟）
ホバート（豪州）
メロ, オキアミ

（出典：外務省ウェブサイト）

6-11 かつお・まぐろ類を管理する地域漁業管理機関と対象水域

注：（　）は条約発効年　　　　　　　　　　　　　　　　　　（出典：『平成 30 年度水産白書』）

約（1952年）など，多数の地域別・魚種別の漁業条約が結ばれた。海洋法条約は，排他的経済水域（EEZ）での生物資源の保存および最適利用促進義務を設定するとともに，公海における生物資源の一般的な保存・管理義務を定めており，具体的な公海漁業条約が締結される際の枠組みをなす。**国連公海漁業協定**（1995年）は，ストラドリング魚種（タラやヒラメなど，複数国のEEZまたはEEZと公海に跨って存在する魚種）と高度回遊性魚種（マグロやカツオなど広範囲にわたって回遊する魚種）を対象として，海洋法条約の効果的な実施のために各国がとるべき措置を具体的に定めた条約である。

地域的漁業条約は，対象魚種について条約上の**地域漁業管理機関**（Regional Fisheries Management Organization: RFMO）を通じた規制を行う **6-10**。かつお・まぐろ類については，5つのRFMOが世界の海を管理している **6-11**。RFMOは，漁期・漁網・漁獲方法などの間接的な規制に加え，資源状況に応じて漁獲総量そのものを規制するようになっている。オーストラリアとニュージーランドが日本を訴えた**みなみまぐろ事件**（2000年仲裁裁判）のきっかけとなったのは，みなみまぐろ保存委員会（CCSBT）での資源量の評価をめぐる対立であった。ICJ**南極海捕鯨事件**（2014年）では，日本が行った第2期調査捕鯨は国際捕鯨取締条約が認める調査捕鯨に従ったものではないとして，日本敗訴の判決が下された（⇨**Chapter 12**）。

違法な漁業，報告されない漁業，RFMO非加盟国に船籍を移すことで規制を免れる漁業などを，**IUU漁業**（Illegal・Unreported・Unregulated〔違法・無報告・無規制〕漁業）という。これを防止・規制するための条約として，旗国の責任を明確化した1993年の公海漁業保存措置遵守協定や，寄港国による取締りを義務づけた2009年のIUU漁業防止寄港国措置協定がある。

5 排他的経済水域と大陸棚

（1）排他的経済水域

「天然資源に対する永久主権」の観念に基づく途上国の主張を背景として，海洋法条約は**200カイリ排他的経済水域**（EEZ）の制度を新たに設けた。第3次国連海洋法会議の早い段階（1974年）でほぼ合意に達した制度であり，200カイリ領海の主張を否認しつつ，資源を中心と

6-12 世界の排他的経済水域と公海の水域図

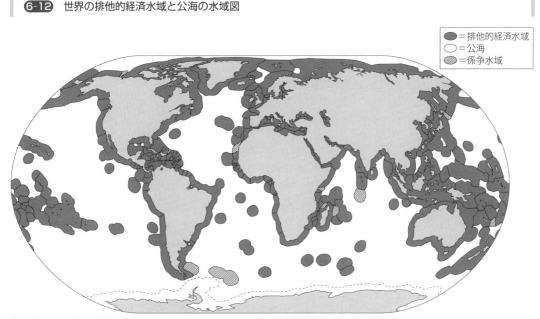

凡例：
● ＝排他的経済水域
○ ＝公海
▨ ＝係争水域

排他的経済水域の境界線については関係国で係争中または未確定な水域も少なくない。

（出典：Flanders Marine Institute〔VLIZ〕ウェブサイト〔https://www.marineregions.org〕をもとに作成）

6-13	領海および EEZ の面積と体積のランキング（海外領土を含まない場合）		

面積（上位7カ国）

1.	米 国	約870
2.	ロシア	約790
3.	オーストラリア	約750
4.	インドネシア	590
5.	カナダ	560
6.	日 本	447
7.	ニュージーランド	約410

面積単位：万 km²　　体積単位：百万 km³

体積（上位10カ国）

1.	米 国	33.8
2.	オーストラリア	18.2
3.	キリバス	16.4
4.	日 本	15.8
5.	インドネシア	12.7
6.	チ リ	12.5
7.	ミクロネシア	11.7
8.	ニュージーランド	11.4
9.	フィリピン	10.7
10.	ブラジル	10.5

（出典：内閣府ウェブサイト）

する権利に限定された沿岸国の管轄水域として認めたものである。沿岸国は，基線から 200 カイリの範囲で EEZ を設定できる。沿岸国は EEZ において，天然資源の探査・開発・保存・管理に関する主権的権利を有する。また，人工島・構築物の設置・利用，海洋の科学調査，海洋環境の保護・保全に関する管轄権を有する。この主権的権利は，包括的・排他的な権限である「主権」とは異なり，特定の事柄に限定された権利である。

　生物資源に関して，沿岸国はその保存と最適利用促進の義務を負う。最大持続生産を維持するため，自国の漁獲能力を決定し，総漁獲可能量と比べて余剰分が生じる場合には他国による漁獲を認める義務を負う（海洋法条約 61 条，62 条）。さらに，特定の魚種について特別の規定を置いている（同 63 条〜68 条）。高度回遊性魚種およびストラドリング魚種について国際協力義務を課し，海産哺乳動物（クジラ等）や降河性魚種（ウナギ等）の特則を設けている。溯河性資源（サケ・マス等）については母川国が母川国の EEZ 内でのみ漁獲でき（母川国主義），公海上では自由に漁獲できない。定着性種族（貝など。エビ・カニ等の甲殻類がこれに含まれるかどうか争いがある）は大陸棚の資源とされ，EEZ の制度は適用されない。

　日本は 1977 年に 200 カイリ漁業水域を設けたのち，1996 年に EEZ を全面的に設定した 6-12 。日本の EEZ 面積は陸地領土（約 38 万 km²）の約 12 倍もあり，世界 6 位の広さをもつ（体積では世界 4 位という）6-13 。ロシア

との間では，1977 年に 200 カイリ制度に対応した条約が結ばれて以来，互いに相手国 EEZ 内での操業が行われている。日中間，日韓間では，20 世紀末に新漁業条約が結ばれたが，旗国主義が適用される広大な暫定水域が設定されている 6-14 。また日台間では，尖閣諸島周辺水域（領海を除く）を対象とした民間漁業取決め（2013 年）が結ばれた 6-15 。

(2) 大 陸 棚

　沿岸国は，大陸棚を探査しその天然資源を開発する主権的権利を有する。天然資源には，非生物資源（鉱物資源）と定着性種族の生物資源が含まれる。この主権的権利は，大陸棚は「陸地領土の自然の延長をなすという事実のゆえに

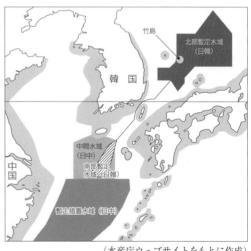

6-14	日中・日韓漁業協定水域図

（水産庁ウェブサイトをもとに作成）

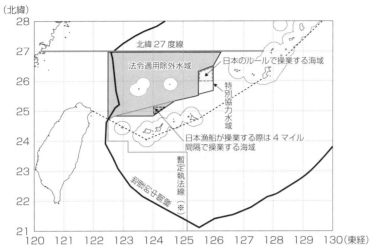

6-15 日台民間漁業取決め関係水域図

（北緯）

北緯27度線

法令適用除外水域

日本のルールで操業する海域

特別協力水域

日本漁船が操業する際は4マイル
間隔で操業する海域

暫定執法線
※

釣魚台列嶼

120 121 122 123 124 125 126 127 128 129 130（東経）

・「法令適用除外水域」とは，日台双方が自らの漁業に関する関連法令を相手側に適用しない水域。

・「特別協力水域」とは，法令適用除外は行わないとしたものの，日台双方の操業を尊重しつつ，操業秩序の確立のため最大限の努力が払われる水域。

※「暫定執法線」は，台湾が自ら専管の水域であるとして一方的に引いたライン。

（外務省ウェブサイトをもとに作成）

6-16 大陸棚の外側の限界概念図

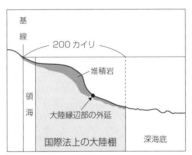

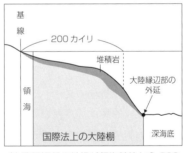

〈大陸縁辺部の外縁が領海基線から200カイリまでのところにある場合〉
領海基線から200カイリまでの海底が沿岸国の大陸棚として認められる。

〈大陸縁辺部の外縁が領海基線から200カイリを超えて延びている場合〉
大陸縁辺部の外縁までの海底が沿岸国の大陸棚として認められる（ただし，最大でも，領海基線から350カイリまたは水深2500m等深線から100カイリを超えてはならない）。

当然に沿岸国に認められる固有の権利」（北海大陸棚事件〔ICJ1969年判決〕）であり，沿岸国が大陸棚を探査・開発していなくても認められる。主権とは異なるが，沿岸国が設定してはじめて認められるEEZの主権的権利とも異なる。

　大陸棚の範囲は，大陸棚条約では，水深200mまでを基本としつつ（水深基準），より深い海底であっても天然資源の開発が可能であればそ

こも含めるものとした（開発可能性の基準）。開発可能性の基準は，開発技術の進展に応じて大陸棚の範囲が拡大することを意味し，先進国によって海底が独占されるおそれも指摘されるようになった。そこで海洋法条約は，まったく新たな基準で大陸棚を詳細に定義づけ，基線から**200カイリまで**（距離基準）かあるいは領土の自然延長をたどって**大陸縁辺部の外縁まで**（自

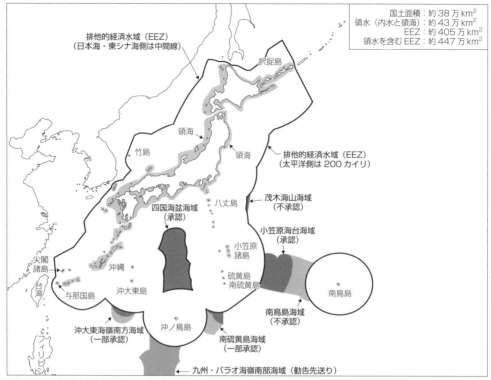

⑥-17　日本の排他的経済水域（EEZ）と大陸棚の概念図

国土面積：約38万km²
領水（内水と領海）：約43万km²
EEZ：約405万km²
領水を含むEEZ：約447万km²

排他的経済水域（EEZ）
（日本海・東シナ海側は中間線）

択捉島

領海

竹島

領海

排他的経済水域（EEZ）
（太平洋側は200カイリ）

八丈島

茂木海山海域
（不承認）

四国海盆海域
（承認）

小笠原海台海域
（承認）

尖閣
諸島

沖縄

小笠原
諸島

硫黄島
南硫黄島

南鳥島

台湾

与那国島

沖大東島

沖大東海嶺南方海域
（一部承認）

沖ノ鳥島

南硫黄島海域
（一部承認）

南鳥島海域
（不承認）

フィリピン

九州・パラオ海嶺南部海域（勧告先送り）

200カイリ以遠の大陸棚として日本が大陸棚限界委員会に情報を提出した7海域と委員会の2012年勧告。
■ 200カイリ以遠の大陸棚として承認された海域（約31万km²）。2014年の政令で，関係国との調整が必要な海域を除く2海域（約18万km²）を日本の大陸棚として指定。
（海上保安庁海洋情報部ウェブサイト，海上保安レポート2015，国連文書 Summary of Recommendations of the CLCS in Regard to the Submission Made by Japan on 12 Nov. 2008，水産庁ウェブサイトの図をもとに作成）

然延長基準）とした。「大陸縁辺部の外縁」は，領土の自然延長であることを示す「堆積岩の厚さ」などを基準に決められる複雑な概念であり，その確定は技術的にも容易でないが，大部分の海底では基線から200カイリ未満に存在するといわれている⑥-16。200カイリを超える場合（延伸大陸棚）には，大陸棚限界委員会（CLCS）にその詳細な情報を提出し，同委員会の勧告に基づいて沿岸国が設定した大陸棚限界は最終的かつ拘束的なものとされる（海洋法条約76条）。委員会は，日本が2008年に情報を提出した太平洋7海域につき，4つを承認する勧告を下すとともに1つの勧告を先送りした（2012年）⑥-17。なお2012年には，中国，韓国がそれぞれ東シナ海海域について延伸大陸棚の申請を行った（⇨⑥-21）。

6　海域の境界画定

(1)　ジュネーヴ海洋法条約と北海大陸棚事件
──等距離・中間線方式と衡平原則

隣接する国の間または十分に広くない海域で向かい合う国の間では，領海や排他的経済水域（EEZ），大陸棚の境界線が問題となる。領海条約では，領海の境界画定について，関係国間の別段の合意がない限り，等距離線（基線上の最も近い点から等しい距離にある中間線。隣接国間の場合）・中間線（向かい合う国の場合）によるものとした（12条。接続水域について24条3）。大陸棚条約もこれにならい，大陸棚の境界画定について等距離・中間線方式を採用したが（6条），領海よりも広大な海域に関してこの方式が妥当か，大きな争点となった。

北海大陸棚事件（ICJ 1969年判決）⑥-18で，

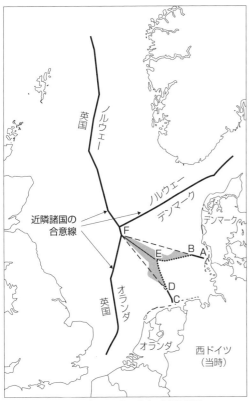

6-18 北海大陸棚事件

A—B：西ドイツとデンマークの合意（等距離線）
C—D：西ドイツとオランダの合意（等距離線）
B—E
D—E｝等距離線（デンマーク・オランダの主張）
B—F
D—F｝領土の自然延長論に基づく線（西ドイツの主張）
▨▨▨ 判決をふまえて，当事国が合意した西ドイツの大陸棚
（ICJ 判決と米国国務省資料をもとに作成）

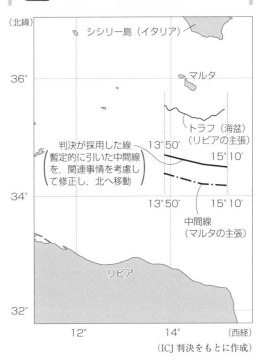

6-19 リビア＝マルタ大陸棚事件

（ICJ 判決をもとに作成）

Term

衡平（equity）

　国際法の規則をそのまま機械的に適用すると不合理な結果をもたらすような場合に，妥当な結果を導くべくこれを是正するための基準をいう。

大陸棚条約の非当事国（西ドイツ）に対する等距離方式の適用が争われた。問題となった西ドイツの海岸線は凹状のため，等距離方式を適用するとその大陸棚はかなり狭くなる。ICJ は，この方式は国際慣習法の規則ではないとしてその適用を否定するとともに，**衡平原則**に従うべきであると判示した。この判決を契機として，衡平原則を重視する立場が強まり，等距離・中間線方式を原則とする立場と激しく対立するようになった。

(2) 海洋法条約と判例法理
——「衡平な解決」と３段階方式

海洋法条約は，領海については領海条約の規定を踏襲した（15 条。接続水域の境界画定に関する規定は削除された）。他方で，排他的経済水域（EEZ）と大陸棚の境界画定については「**衡平な解決**を達成するために……国際法に基づいて合意により行う」と規定した（同74条，83条）。そこで衡平な解決を達成するための具体的な方法が問題となるが，その後の判例は，段階的手法をとることでほぼ一致するようになった。ICJ リビア＝マルタ大陸棚事件判決（1985年）**6-19**は，第１段階として暫定的に**等距離中間線**を引き，次に第２段階として**関連事情**を検討し，関連事情が存在する場合にはこれを考慮して等距離中間線に修正を加える，という２段階方式を採用した。関連事情として考慮されるのは，海底の構造や資源状況ではなく，海岸線の長さ・形状や島の存在などの地理的要因である。

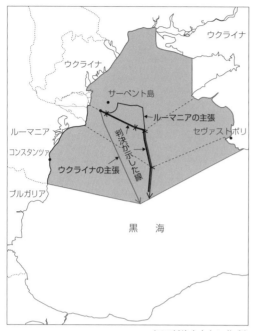

6-20 黒海海洋境界画定事件

ウクライナ
ウクライナ
サーペント島
ルーマニアの主張
判決が示した線
セヴァストポリ
ルーマニア
コンスタンツァ
ウクライナの主張
ブルガリア
黒　海

（ICJ判決をもとに作成）

6-21 日韓大陸棚協定の北部境界線と南部共同開発区域および韓国，中国の延伸大陸棚申請

竹島
対馬
済州島
北緯32°57′
東経127°41.1′
鳥島
男女群島
韓国が申請中の
大陸棚限界線
中国が申請中の
大陸棚限界線
奄美大島

━━━ 大陸棚境界線
━━━ 共同開発区域
─ ─ ─ 小　　区
─･─･─ 韓国 1970 年区域
‥‥‥‥ 200 m 等深線

（小田滋「日韓大陸棚協定の締結」ジュリスト 559 号
〔1974 年〕101 頁および国連文書をもとに作成）

さらに今日では，ICJ **黒海海洋境界画定事件**判決（2009 年）**6-20**以降，2 段階方式を発展させた **3 段階方式**が定着するようになっている。これは，2 段階に加え，関連事情で修正された線が不衡平な結果を招かないかどうか，海岸線の長さと海域面積との比に照らして検証する第 3 段階を設ける方式である。

日韓間では，1974 年に大陸棚北部協定・南部協定が結ばれた。北部協定は中間線を採用し，南部協定は境界画定を棚上げしつつ中間線の日本側海域に共同開発区域を設けた**6-21**。日中間では，東シナ海の大陸棚境界について，日本は中間線を，中国は「領土の自然延長」論に基づき沖縄トラフ（海盆）最深部を主張して対立している。南シナ海では，中国が，周辺諸国の島や EEZ に大きく食い込む形で独自に「九段線」を設定し，紛争を招いている。フィリピンが中国を提訴した**南シナ海事件**判決（2016 年）で仲裁裁判所は，「九段線」に基づく権利主張に国際法上の根拠はないと判示した**6-22**。

7 深海底とその資源

（1）深海底の法的地位──「人類の共同財産」

深海底には，マンガン団塊（多金属性団塊），コバルト・リッチ・クラスト，海底熱水鉱床など，希少金属を豊富に含む鉱物資源が膨大に存在する。近時はレアアース資源泥や生物資源（遺伝資源）の存在も注目されている**6-23**。1967 年の国連総会でマルタの国連大使パルドは，大陸棚以遠の海底とその資源を「**人類の共同財産**」（人類の共同遺産）として国際管理下に置くよう提唱した（パルド提案）。この画期的提案は基本原則として広く受け入れられ，1970 年の深海底原則宣言（国連総会決議 2749（XXV））を経て海洋法条約第 11 部に反映された（この「人類の共同財産」の概念は月協定で月その他の天体にも導入された。⇨**Chapter 5**）。

6-22 南シナ海における中国の九段線と沿岸国の 200 カイリ線

（中国政府が 2009 年に国連事務総長に宛てた口上書の添付地図をもとに作成）

「人類の共同財産」としての深海底とその資源に対する主権的主張や私的所有は禁止される。

資源に関するすべての権利は人類全体に帰属し，これを管理する**国際海底機構**（ISA）が，途上国の利益に特別の考慮を払いつつ人類全体の利益のために行動する。深海底は平和目的のためのみに利用され，軍事的利用は禁止される（海洋法条約136条，137条，140条，141条）。

(2) 深海底資源の開発制度

開発の具体的な制度については，第３次国連海洋法会議で，国際海底機構による一元的管理および直接開発を主張する途上国と，機構の役割を開発許可の発給にとどめようとする先進国との間に深い対立が生じた。妥協により，海洋法条約では，国際海底機構の下に設置される事業体による直接開発と，国や私企業が機構の許可を得て行う開発とを，並行して進める方式（パラレル方式）が採用された。両者の鉱区の商業的価値がほぼ同じになるようにするため，鉱区の申請・許可の手続も工夫された **6-24**。

しかし海洋法条約採択後も，先進国は，国の費用負担，機構の意思決定方法，開発従事者の義務などについて不満をもち，条約参加を見送った。この不満を解消するために関係諸国の協議が行われ，海洋法条約を実質的に修正する条約（**海洋法条約第11部実施協定**）が成立した。これにより日本を含む先進国の多くが海洋法条

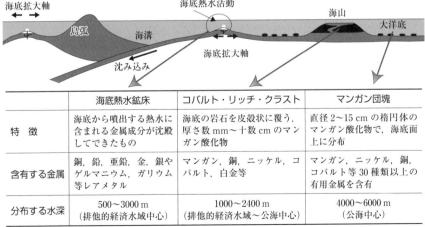

6-23 海洋における主な鉱物資源

	海底熱水鉱床	コバルト・リッチ・クラスト	マンガン団塊
特　徴	海底から噴出する熱水に含まれる金属成分が沈殿してできたもの	海底の岩石を皮殻状に覆う，厚さ数 mm〜十数 cm のマンガン酸化物	直径 2〜15 cm の楕円体のマンガン酸化物で，海底面上に分布
含有する金属	銅，鉛，亜鉛，金，銀やゲルマニウム，ガリウム等レアメタル	マンガン，銅，ニッケル，コバルト，白金等	マンガン，ニッケル，銅，コバルト等 30 種類以上の有用金属を含有
分布する水深	500〜3000 m（排他的経済水域中心）	1000〜2400 m（排他的経済水域〜公海中心）	4000〜6000 m（公海中心）

（資源エネルギー庁ウェブサイトの図をもとに作成）

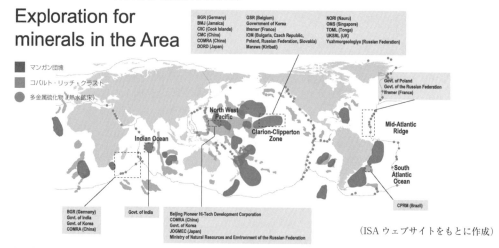

6-24 深海底鉱区と探査契約

国または国が保証する企業は，同一の商業的価値をもつ 2 つの探査鉱区を国際海底機構（ISA）に申請する。探査契約が成立すると，ISA はその 1 つを申請者に認可し，ほかの 1 つを事業体（エンタープライズ）が開発する留保鉱区に指定する。探査契約者は，認可鉱区につき 15 年間の排他的権利が付与される。

Exploration for minerals in the Area

マンガン団塊
コバルト・リッチ・クラスト
多金属硫化物（熱水鉱床）

BGR (Germany)
BMJ (Jamaica)
CIIC (Cook Islands)
CMC (China)
COMRA (China)
DORD (Japan)

GSR (Belgium)
Government of Korea
Ifremer (France)
IOM (Bulgaria, Czech Republic, Poland, Russian Federation, Slovakia)
Marawa (Kiribati)

NORI (Nauru)
OMS (Singapore)
TOML (Tonga)
UKSRL (UK)
Yuzhmorgeologiya (Russian Federation)

Govt. of Poland
Govt. of the Russian Federation
Ifremer (France)

North West Pacific
Clarion-Clipperton Zone
Indian Ocean
Mid-Atlantic Ridge
South Atlantic Ocean

BGR (Germany)
Govt. of India
Govt. of Korea
COMRA (China)

Govt. of India

Beijing Pioneer Hi-Tech Development Corporation
COMRA (China)
Govt. of Korea
JOGMEC (Japan)
Ministry of Natural Resources and Environment of the Russian Federation

CPRM (Brazil)

（ISA ウェブサイトをもとに作成）

ハワイ南東沖のクラリオン・クリッパートン断裂帯区域はマンガン団塊の高密度分布域であり，「マンガン銀座」ともいわれる。ISA は，この区域に 9 つの特別環境保護区を設定している。

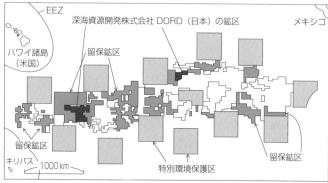

EEZ
メキシコ
深海資源開発株式会社 DORD（日本）の鉱区
ハワイ諸島（米国）
留保鉱区
留保鉱区
キリバス
1000 km
特別環境保護区
留保鉱区

（ISA ウェブサイトをもとに作成）

約の体制に参加し，その普遍性が格段に増した。

最近，鉱物資源の探査・開発に向けた動きが進展する一方で，生物資源・遺伝資源も注目され，その開発規制や生物多様性・生態系の保護・保全が新たな課題となっている。2015 年には国連総会が「**国家管轄権外区域の海洋生物**多様性」（BBNJ）の保全と持続可能な利用のための条約作りを決定し，海洋遺伝資源の利用や海洋保護区の設定などに関する交渉が進められている。

▍参考文献

- 山本草二『海洋法』（三省堂，1992 年）
- 国際法学会編『日本と国際法の 100 年 第 3 巻 海』（三省堂，2001 年）
- 栗林忠男＝杉原高嶺編『現代海洋法の潮流 第 1 巻～第 3 巻』（有信堂高文社，2004～10 年）
- 林司宣ほか『国際海洋法〔第 2 版〕』（有信堂高文社，2016 年）
- 坂元茂樹『日本の海洋政策と海洋法』（信山社，2018 年）
- 坂元茂樹ほか編『国家管轄権外区域に関する海洋法の新展開』（有信堂高文社，2021 年）

Column6-2

南鳥島沖のコバルト・リッチ・クラスト探査契約

2014 年，日本の独立行政法人 JOGMEC と国際海底機構は，南鳥島の南東沖約 600 km の公海においてコバルト・リッチ・クラストの探査活動を行うための探査契約に調印した。150 のブロックからなる広さ 3000 km² の探査鉱区について 15 年間にわたる排他的権利が確保され，開発に向けた探査活動が可能となった。

Chapter **7** 国が集まってグループをつくる ──国際組織

1 国際組織は，何のために作られる？

(1) 国際社会における国以外の主体

現代の国際社会は，「国」を中心として構成されている（⇨*Chapter 3*）。しかし，今日では国以外にも数多くのアクター（行為主体）が国際社会には存在し，さまざまな活動を行っている。たとえば，① 国境を越えて世界中に支店や子会社等を張りめぐらし，世界的規模で経営とビジネスを行う企業（**多国籍企業**と呼ばれる），② 人道支援や環境問題などグローバルな諸課題に取り組む**非政府団体**（NGO），③ **国際連合**（国連）**7-1** や世界貿易機関（WTO），国際通貨基金（IMF），北大西洋条約機構（NATO）といった各種の**国際組織**，などが挙げられる。

本章では，国際社会で活動を行うこれらの主体のうち，現代の国際社会において「国」と並ぶ重要な役割を担うものである上記 ③ の国際組織を取り上げたい。そもそも，なぜ国際組織には国に次ぐ重要な国際法の主体としての地位が認められるのだろうか。また，国際社会の国々や人々は，どのような目的のために数多くの国際組織を創設し，多くの国際組織が実際にさまざまな活動を行っているのだろうか。これらの問いに答えるためには，まず国際組織の歴史をたどり，それらが登場した原因と発展した理由を考える必要がある。

(2) 国際組織の源流 ── 国際組織はなぜ誕生し，発展してきたのか？

今日の国際組織の源流をたどると，その歴史的起源は 19 世紀の欧州における地域的組織に求めることができる。たとえば，ライン川やダニューブ川（ドナウ川）といった国際河川を航行する船舶は，かつてはきわめて重要な輸送手段としての役割を担っていた。ライン川を航行する船舶から徴税するために，古くから多くの城がライン川沿いに築かれてきたが（⇨巻頭カラー **C-4**），これはその事実を反映したものである。

19 世紀に入ると，国際河川における河川交通の安全の確保等を目的としてライン川やダニューブ川といった欧州の国際河川に**国際河川委員会**が創設されていった。これが今日における国際組織の最も初期の形態といえるものである。

これと並んで，19 世紀の欧州では，万国郵便連合（UPU）や国際電気通信連合（ITU）といった**国際行政連合**が誕生した。郵便や電気通信といった技術的・専門的分野での国際協力を進めるためのこれらの機関は，第二次大戦後は国連の専門機関へと発展していった。

このように国際社会に国際組織が誕生し発展してきたのは，諸国に共通して存在する国際社会の共通利益の実現を図るためであると考えられる。とりわけ，交通通信などの専門的・技術的分野では，19 世紀から 20 世紀にかけて国際交流が飛躍的に拡大するとともに，国際社会で共通のルールを作成することがすべての国にとって利益となる時代を迎えた。このようにして，国際社会では，国際組織の役割が次第に拡大していくことになる。

7-1 国際連合本部（米国・ニューヨーク）

（写真：UN Photo/Milton Grant）

旧・国際連盟（現・国連欧州本部）（スイス・ジュネーブ）

（写真：Alamy/アフロ）

(3) 国際連盟の創設とその限界

19世紀後半から20世紀初頭にかけて，専門的・技術的分野では各種の国際組織の活動が次第に活発となった。しかし，安全保障や軍事分野といった各国の政治的利害が複雑に錯綜する分野を扱う国際組織の誕生は，第一次大戦後に設立された国際連盟の登場を待たねばならなかった。

1914年に始まった第一次大戦は，世界的規模でこれまでにない甚大な人的・物的損害を人類にもたらし，国際社会に対して大きな衝撃と影響を与えた。国際社会の平和と安全を維持し，軍縮や紛争の平和的解決を任務とする人類史上初の世界的規模での一般的な国際組織である**国際連盟** 7-2 は，このような衝撃を背景として第一次大戦後の1919年に**ヴェルサイユ条約**の一部として署名された国際連盟規約に基づいて設立された。

国際連盟は，国際協調主義が支配的であった1920年代には国際社会の平和の維持などに大きな役割を果たした。しかし，1930年代に入ると世界恐慌の影響や主要国の脱退等によって国際社会の秩序維持と紛争解決の機能を有効に果たすことができなくなり，結果的に1939年の第二次大戦の発生を防ぐことができなかった。このように国際連盟が再度の世界大戦の発生を防ぐことに失敗した理由としては，連盟の意思決定が原則として全会一致を必要としていたこと，また連盟規約に違反して戦争に訴えた国に対してすべての連盟国が一致して制裁を科すと

活動を停止した国連の信託統治理事会

（写真：UN Photo）

いう連盟規約が定めた**集団安全保障**が不十分にしか機能しなかったこと，などが挙げられる。

2 国連と国連ファミリー

(1) 国際連合の創設とその役割

第二次大戦の発生を防ぐことができなかった国際連盟の「失敗」の反省を踏まえて，1945年に創設された国際社会の一般的・普遍的国際組織が**国際連合（国連）**である。

国連は，国際の平和および安全の維持，経済的・社会的問題の解決，人権の確保と促進といった幅広い分野をカバーする国際組織であり，2015年現在193の加盟国がある。日本は，1956年に国連への加盟を果たした。国連は，総会，**安全保障理事会（安保理）**，経済社会理事会，信託統治理事会，国際司法裁判所，事務局という6つの主要機関を有することが国連憲章に記されている（7条）。しかし，このうちの信託統治理事会は最後の信託統治地域であったパラオが独立を果たした1994年に任務を終了してその活動を停止した 7-3 。

国連の主要な目的は，国連憲章1条に規定されているが，その第一は「国際の平和及び安全の維持」である（1条1項）。国連憲章は，**武力不行使義務**（2条4項）を加盟国に課すと同時に，**紛争の平和的解決義務**（2条3項）を課し，その違反に対しては憲章第7章の強制措置を発動する（41条，42条など）といういわゆる**集団安全保障体制**を設けている（⇨***Chapter 13***）。

第二次大戦の終結から70周年を迎えた2015年，国連は創設70年の記念の年を迎えた。国連70年の歴史の中で，国際社会の構造変化を反映してさまざまな「国連改革」の試みがなされてきたが，その中で重要な意味を持つものが「国際の平和及び安全の維持に関する主要な責任」を負う機関である安保理の改革問題である。この安保理改革問題の焦点は，安保理でいわゆる拒否権という特権を認められた常任理事国5大国（米英仏中ロ）と選挙で選ばれる非常任理事国からなるという，安保理の構成についてで

ある。1965年の国連憲章改正により安保理の非常任理事国の数が6カ国から10カ国に増やされたものの，常任理事国の増員等の本質的な改革はいまだ実現をみていない。

　他方で，経済社会理事会を中心として，国連による経済社会問題への取組みは強化されてきており，また人権問題に関しては2006年に人権理事会 7-4 が創設されるなど，新たな活動の展開がみられる。

(2)　国連における日本の貢献のあり方

　それでは，このような国連に対して，日本はこれまでどのような協力を行ってきたのであろうか。国連によるさまざまな活動を支える資金は，国連加盟国が支払う分担金によって支えられている。国連加盟国が国連に対して支払う国連分担金の分担率は，定期的に各加盟国の経済指標等を基準として国連が決定する。日本の国連分担金の分担率は，1985年には米国に次ぎ第2位となり，1990年代末から2000年過ぎごろには約20%を占めて，米国以外の常任理事国4カ国合計の分担率よりも高い時期があった。その後，日本の分担率は，依然として米国に次ぎ第2位ながらピーク時（2000年前後）の約20

7-5　国連の通常予算分担金の国別分担率（%）の推移

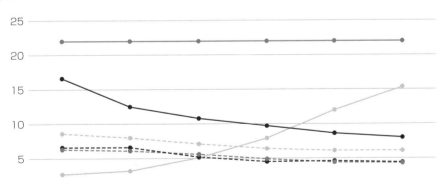

	2007-2009	2010-2012	2013-2015	2016-2018	2019-2021	2022-2024
日本	16.6	12.5	10.8	9.7	8.6	8.0
アメリカ	22.0	22.0	22.0	22.0	22.0	22.0
ドイツ	8.6	8.0	7.1	6.4	6.1	6.1
中国	2.7	3.2	5.1	7.9	12.0	15.3
イギリス	6.6	6.6	5.2	4.5	4.6	4.4
フランス	6.3	6.1	5.6	4.9	4.4	4.3

（筆者作成）

％から約10％に低下した。これに対して，経済発展が目覚ましい中国の分担率の伸びは大きく，2019年には日本を抜いて第2位となった **7-5** 。

また，国連分担金の分担率低下とともに，日本の国連に対する貢献に関する問題点として，日本人の国連職員数が少ない点が挙げられる。国連では，国連分担金の分担率等を基準として各加盟国の「望ましい職員数」が示されているが，国連における日本人の職員数はこの数値を大幅に下回っている。日本の国際貢献の目指すべき方向について，考えてみる必要があるといえよう。

3 専門的分野の国際組織

国連憲章は，専門的な各分野の機関で幅広い国際的責任を負う国際組織のうち国連の経済社会理事会と連携協定を結んだものを「専門機関」と名づけている（57条）。専門機関は，国連とは独立した別個の国際法主体であるが，国連と連携しながら，それぞれの分野での国際協力を行っており，現在国際社会には全部で17の専門機関が存在する。

これらの専門機関は，国際通貨基金（IMF）であれば金融，国際労働機関（ILO）であれば労働，国際民間航空機関（ICAO）であれば民間航空，国連教育科学文化機関（UNESCO，ユネスコ）であれば教育や科学，文化といったそれぞれの専門分野での国際協力を推進するための諸活動を行っている。

このうち，例えばIMFでは，出資比率に応じた加重投票制が採用されており，2019年の出資比率見直しではアメリカの反対により中国の出資比率増大が先送りされ，日本がアメリカに次いで出資比率第2位を維持した **7-6** 。

専門機関は，本来は所掌する各専門分野における専門的，技術的な国際協力を推進することをその任務としている。しかし，専門機関が，国際社会の政治的要素や国家間の対立や紛争に巻き込まれることも稀ではない。専門機関が，

7-6 IMFの増資先送りを伝える新聞記事

IMFに対する主な国の出資比率

	国名	比率（％）
1位	米国	17.46
2位	日本	6.48
3位	中国	6.41
4位	ドイツ	5.60
5位	フランス	4.24
5位	英国	4.24

※IMFのホームページから。10月8日時点

増資先送りで三面へ維持へ

IMF、増資先送りへ
出資比率 中国、日本上回れず

国際通貨基金（IMF）が加盟各国の出資比率見直しを伴う増資を先送りすることが8日，分かった。今月18～20日に米首都ワシントンで開く年次総会での合意を目指していた。実現すれば，経済規模が拡大している中国の出資比率が2位を抜いて米国に次ぐ2位に浮上する公算が大きかった。だが，日本に加え中国の影響力増大を警戒するトランプ米政権も難色を示すなど，各国の理解を得られなかった。今回，米国が首位で事実上の拒否権を持ち，日本2位，中国3位の体制を当面維持する。

出資比率は原則，加盟国の経済規模に応じて決まる。比率が高いほどIMFの重要事項を決める際の投票権が増えて発言力が高まるため，米国に次ぐ世界2位の経済規模である中国は増資に前向きだった一方，日米欧の先進国は出資比率の低下につながりかねないと慎重で，中でも日本は，これまでの資金面での貢献を出資比率に反映するようIMFに求めていた。中国による逆転阻止に躍起になっているとみられる。

IMFは増資を先送りするが，各国に一時的な資金拠出を要請しており，日本など多くの国が応じる方向。IMFの運営方針を決める19日の国際通貨金融委員会（IMFC）で協議する。米中貿易摩擦などで世界経済の先行きが厳しいため，資金拠出に充てる加盟国の支援に陥った加盟国の支援に充てる資金を十分に確保する必要があると判断した。

IMFは少なくとも5年に1度，出資比率を見直すとしている。日本が議長を務め，6月に福岡市で開いた20カ国・地域（G20）財務相・中央銀行総裁会議は共同声明に「各国の出資比率見直しを遅くとも2019年の年次総会までに完了する」と明記していた。前回の増資は10年に決まり，米議会の承認を待って16年に実施した。米国は17％台の出資比率を維持したが，中国は4％の6位から6％台前半の3位に浮上し，3位だったドイツや，同率4位だったフランスを上回った。英国は順位を落とした。

（河北新報 2019年10月9日朝刊〔共同通信配信〕）

本来の組織目的である専門分野での任務を逸脱して，過度に政治的な要素や対立に関与する場合，これは「専門機関の政治化」として批判される場合がある。2015年に，中国がいわゆる南京大虐殺に関する資料等をユネスコの世界文化記憶遺産に登録申請しユネスコがこれを認めた際には，日本国内の一部からユネスコに対して批判が提起された。

また，同じくユネスコが認定する世界文化遺産に関して，日本が登録を申請し2015年に認定された「明治日本の産業革命遺産」をめぐって，その一部を構成する長崎市の端島炭鉱（通称・軍艦島）における「強制労働」を理由に韓国がこれに反対し，日韓両国間での政治的対立の一因となった。その後2022年には，「佐渡島の金山」を世界文化遺産として推薦することを日本政府が決定したが，この問題に関して今後ユネスコやその関係機関でどのような議論が展開されるかが注目される 7-7 。

4 地域的国際組織

3 で紹介した専門機関は，加盟国の範囲が全世界に及ぶ普遍的規模の国際組織であるが，現代の国際社会には，特定の地域の国のみを加盟国とする地域的な国際組織も数多く存在する。このような国際組織は地域的国際組織と呼ばれ，それぞれの地域において重要な役割を果たしている。

たとえば，米州諸国には米州機構（OAS），アフリカにはアフリカ連合（AU）があり，それぞれ米州やアフリカの諸国を加盟国として活

7-7 「佐渡島の金山」を世界文化遺産として推薦することを日本政府が決定した旨を伝える新聞記事

（日本経済新聞 2022年2月2日朝刊）

ラテンアメリカ・カリブ諸国共同体（CELAC）
- 中南米全 33 カ国が加盟する対話フォーラム。2011 年
  11 月設立。
  経済的，社会的および文化的協力と統合が目的
- 2013 年 9 月，ニューヨークにて CELAC トロイカ＋1
  と外相会合実施

カリブ共同体
（CARICOM）
- 中米 8 カ国，カリブ諸国 14 カ国が各々加盟
- 1993 年，1995 年より各々政策対話を実施
  －日中米首脳会合（1996 年，2005 年）
  －日・カリコム外相会合
  （2000 年，2010 年，2013 年，2014 年）
  －日・カリコム首脳会合（2014 年）

中米統合機構
（SICA）

■ 太平洋同盟（Pacific Alliance）
- GDP 合計は約 2.2 兆米ドル
  －中南米全体の約 38%（アフリカと同程度）
- 貿易額 1.4 兆米ドル（中南米全体の 46%）
- 経済統合，アジア太平洋との関係強化が目標。
  自由貿易を標榜

南米諸国連合（UNASUR）
- 南米全 12 カ国が加盟
- 文化，社会，経済および政治的統合が目的

■ 南米南部共同市場（MERCOSUR）
- GDP 合計は約 3.4 兆米ドル
  －中南米全体の約 59%
- 2011 年に日・メルコスール経済関係緊密
  化のための対話を実施

（出典：『外交青書 2015』をもとに作成）

発な活動を行っている。さらに，この中で，ラテンアメリカ諸国やカリブ海諸国にはいくつかの地域的な国際組織があり 7-8，アフリカに関しても同様で，重層的に地域的国際組織が設けられている。

他の地域でも，アジアには，東南アジア諸国連合（ASEAN）7-9 やアラブ連盟といった重要な地域的国際組織があり，それぞれの地域で幅広い活動を行っている。また，正確には国際組織としての独自の法主体としての地位を有するには至っていないもののアジア太平洋経済協力会議（APEC）7-10 といった地域的会議体も存在しており，柔軟で重層的な地域的協力の枠組みが設けられている 7-11。

その一方で，北大西洋条約機構（NATO）のような軍事的分野の国際協力を目的とした地域

的国際組織が存在している。2022 年 2 月に始まったロシアによるウクライナ侵攻は，ヨーロッパの安全保障体制に大きな影響を与え，長年にわたり軍事的に「中立」の立場を維持してきたフィンランドとスウェーデンが NATO への加盟を申請した。

これに対して，欧州地域でも，**欧州安全保障協力機構**（OSCE）や**欧州評議会**（Council of Europe: CoE）といった地域的国際組織が重層的に活動を行っている 7-12。しかし，欧州地域で特に注目されるのは，**欧州連合**（EU）による地域統合の進展である（⇨巻頭カラー C-17）。この「欧州統合」の歴史は，17 世紀の「ウェストファリア体制」と 19 世紀の「ウィーン体制」によって主権国家並存という近代国際法秩序を確立した欧州諸国が，主権国家並存下での国家間

7-9 ASEAN の 本 部 事務局（インドネシア・ジャカルタ）

（写真：時事通信フォト）

7-10 APEC の参加国

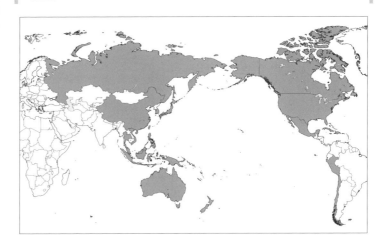

7-11 アジア太平洋地域における主な国際的枠組み

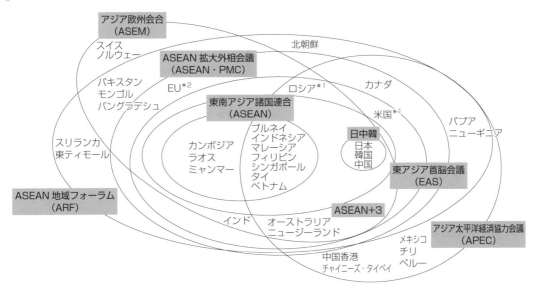

＊1 2011 年からは EAS に正式参加
＊2 ASEM には，欧州連合（EU）と EU 加盟 28 カ国がそれぞれ参加

（出典：『外交青書 2015』をもとに作成）

対立が破滅的な戦争（第一次大戦と第二次大戦）をもたらしたことへの反省から，国のみが有していた主権の EU への移譲を，世界の他地域に先駆けて進めたものである。

他方で，欧州における「統合」の深化につれ，統合への反発の動きや欧州域内での地域的な分離独立の要求（スコットランドやスペインのカタルニア等）も強まりつつある。そこで EU では，可能な限り「なるべく人々に近いレベルで決定

する」という考え方を「補完性原則」として規定するなど，さまざまな工夫が試みられている。

しかし，2016 年には，英国での国民投票で EU からの離脱支持が多数を占める結果となり，2020 年 1 月末に英国は正式に EU を脱退した。EU の将来の道のりは必ずしも平坦なものではないと思われる。

Chapter

7

国が集まってグループをつくる

85

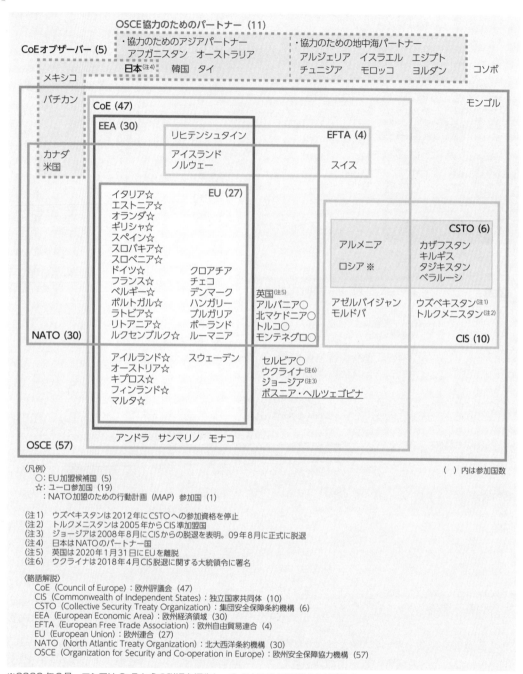

〈凡例〉
　○：EU加盟候補国（5）
　☆：ユーロ参加国（19）
　：NATO加盟のための行動計画（MAP）参加国（1）

（　）内は参加国数

（注1）　ウズベキスタンは2012年にCSTOへの参加資格を停止
（注2）　トルクメニスタンは2005年からCIS準加盟国
（注3）　ジョージアは2008年8月にCISからの脱退を表明。09年8月に正式に脱退
（注4）　日本はNATOのパートナー国
（注5）　英国は2020年1月31日にEUを離脱
（注6）　ウクライナは2018年4月CIS脱退に関する大統領令に署名

〈略語解説〉
　CoE（Council of Europe）：欧州評議会（47）
　CIS（Commonwealth of Independent States）：独立国家共同体（10）
　CSTO（Collective Security Treaty Organization）：集団安全保障条約機構（6）
　EEA（European Economic Area）：欧州経済領域（30）
　EFTA（European Free Trade Association）：欧州自由貿易連合（4）
　EU（European Union）：欧州連合（27）
　NATO（North Atlantic Treaty Organization）：北大西洋条約機構（30）
　OSCE（Organization for Security and Co-operation in Europe）：欧州安全保障協力機構（57）

※2022年3月，ロシアはCoEからの脱退を通告し，CoEはロシアの除名を決定した。

（出典：『外交青書2022』をもとに作成）

参考文献
- 藤田久一『国連法』（東京大学出版会，1998年）
- 横田洋三編『国際組織法』（有斐閣，1999年）
- 佐藤哲夫『国際組織法』（有斐閣，2005年）
- 庄司克宏『はじめてのEU法』（有斐閣，2015年）
- 最上敏樹『国際機構論講義』（岩波書店，2016年）

Chapter 8 人権を国際的に保護する
──国籍・人権

■1 国際社会でなぜ人権を保護するのか

　国際社会が人々の人権を保護するよう数多くの条約を採択しはじめたのは，第二次大戦後である。それまでは，主として各国の憲法によって人権保護がなされていた。人権問題は，各国の国内管轄事項であると考えられていたことによる。国と国の関係を規律する国際法は，個人について沈黙すると考えられていた。いかなる過程を経て，国際法は「人」を扱うようになったのか。本章では「人」に関する国際法を学ぶ。

　国際法で「人」を扱うことは第二次大戦前にもあった。それは，外国人にいかなる権利を与えるかという問題を中心として展開してきた。そこでは外国人と国民を区別する「国籍」が問題となる（⇨**2**）。また，国境を越えて庇護を求める人，難民も外国人であり，彼らの保護が国際的な問題となった（⇨**3**）。人権についていえば，1930 年代から 40 年代にかけてのナチス・ドイツによるユダヤ人の迫害や第二次大戦中のホロコースト（ナチス・ドイツによるユダヤ人大虐殺）の反省に基づき，人権の保護が国際平和の維持に重要であると考え，国連設立時，人権に関する規定を国連憲章に入れた。この規定により国連の場で人権問題は国内問題とはみなされず，「国際関心事項」となった。国際社会は各国の人権問題に関心を持つことを示し，国連においても人権の保護が議題として扱われるようになった（⇨**4**）。

　ただし，国連憲章 1 条は，「人種，性，言語又は宗教による差別なくすべての者のために人権及び基本的自由を尊重するように……国際協力を達成する」と規定するも，その人権の内容は具体的とはいえなかった。そこで国連総会は，当時の人権委員会（経済社会理事会の下部機関）に世界人権宣言や国際人権条約の作成を指示した。1948 年，国連総会は世界人権宣言を採択

した。その後，人権委員会の作成した草案は種々の国際人権条約に結実した（⇨**5**）。2006 年，人権委員会は廃止され，現在，人権問題を主として受け持つ国連機関は人権理事会である。国際社会で合意した人権条約は，国内社会にいかなる影響を与えるだろうか（⇨**6**）。

■2 国　籍

　伝統的国際法は，国の権利義務を規定することを主眼としており，主たる法主体は国であった。個人は国の構成要素に過ぎず，伝統的国際法が個人について扱っていた事項は，自国に在留する外国人の待遇に関連するものであった。国民と外国人の違いは，国籍によって決定される。個人は，国籍によって国と結びつけられており，国籍に基づいて国内法から生じる義務を負い，かつ，国籍国からの保護を得ることとなる。外国人の権利を滞在国が侵害した場合，いかにその保護を被害者個人の国籍国が行うかを伝統的国際法は問題とした。そこで自国民の範囲，すなわち，国籍を与える範囲をどのように定めるかが重要となった。

（1）　国籍の取得と喪失

　出生時の国籍の決定基準には血統主義と生地主義がある **8-1**。父や母の国籍を受け継ぐ**血統主義**，そして，親の国籍にかかわりなく，子の出生地に基づく**生地主義**である。血統主義を原則とする国は，日本，ドイツ，イタリア，中国，韓国などがあり，生地主義を原則とする国は，アメリカ，カナダ，オーストラリアなどがある。

　国籍を誰に与えるか。それは誰を国民とするかの問題であり，この権限は国に専属する。国は独自の人口政策や伝統や文化などを考慮し，誰に国籍を与えるかを決め，その基準や手続を国内法（日本では国籍法）で定める。しかし，そ

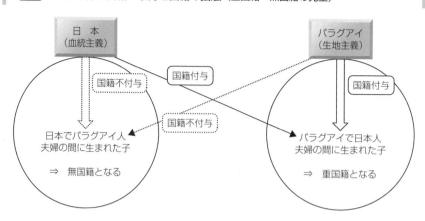

8-1 出生に伴う国籍の取得と国籍の抵触（重国籍・無国籍の発生）

Column 8-1

女子差別撤廃条約の批准と国籍法の改正

　女子差別撤廃条約9条2項は，子の国籍に関する男女平等を規定する。同条約を批准しようとした当時の日本の国籍法は，国際結婚で父親が日本人の場合にその夫婦の間に生まれた子は日本国籍を取得できる「父系血統主義」をとっていた。これを変更しなければ，日本の国籍法は女子差別撤廃条約に反するおそれがあった。そこで1984年，父が外国人，母が日本人の場合にもその夫婦の子が日本国籍を取得できるよう国籍法を「父母両系血統主義」に改正した。

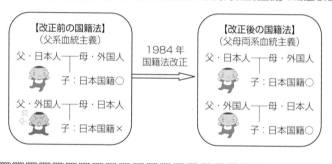

の裁量はもはや無制限であるとはいえず，国際人権条約が国の裁量に制限を設けることがある（⇨*Column 8-1*）。

　また，本人の申請によって国籍を与える帰化の制度もある。この場合，申請者本人の国籍変更の意思が最も尊重されなくてはならない。それに加え，申請する国に一定期間居住する（日本の場合，原則として5年間〔国籍法5条1項1号〕）などの要件を定め，その社会との連関を求める国も多い。

　国籍の喪失には次の2つの場合がある。1つは，自らの意思で国籍を放棄する場合，もう1つは，本人の意思によらない剥奪である。世界人権宣言15条 **8-2** では，国が恣意的に剥奪することを認めないとする。これは，国が本人の

8-2 世界人権宣言 第15条

1　すべて人は，国籍をもつ権利を有する。
2　何人も，ほしいままにその国籍を奪われ，又はその国籍を変更する権利を否認されることはない。

意思によらずに国籍を剥奪した場合，その者が無国籍になる可能性があるためである。

(2) 国籍の抵触

　すべての人は，必ずただ1つの国籍を持つべきであるという**国籍唯一の原則**があり，1930年国籍法抵触条約の前文にもそれが規定された。これは戦時における忠誠義務や兵役義務から，各国にとり重国籍が不都合であると考えられた

帰結である。しかし，各国は異なる国籍付与基準をとり，その国内法に従って国籍が付与されることから，人は複数国籍を保持したり（重国籍），逆に国籍を持てなかったり（無国籍）するという事態が生じうる 8-1 。グローバル化した現代国際社会においては，国籍国以外の国で働く移住労働者（外国人労働者，移民）が増加している。移住労働者にとって出生時の国籍と居住地の国籍の両者を持つことは，どちらの国からも国民としての完全な権利を得ることができ，有利であるといえる。国境を越えての人の移動が容易になった今日，重国籍者（国籍の積極的抵触）は増加傾向にあり，その存在は多くの国で容認されるようになった。

　一方，どこの国からも国民とみなされない無国籍（国籍の消極的抵触）は，その者を保護する国が存在しないことを意味するため，国際社会で問題視される。国際社会は，国籍法抵触条約，無国籍のある場合に関する議定書および同特別議定書を通じて，その発生を防止しようと努力してきた。しかし，国連難民高等弁務官事務所（UNHCR）は，2020年末現在，依然として世界には約1200万人の無国籍者が存在すると推計し，自らの権限で約420万人を保護している。

　たとえ国籍を有していても，国が内戦状態になったり，政府が機能しなくなったりすることで，国が十分な保護を国民に与えないことがある。また，国外に居住する人に対し，国籍国が保護を与えない場合もある。それらの人々を「事実上の無国籍者」と呼ぶ。各国の国内法が無国籍者を削減するような幅広い国籍付与を規定するとともに，帰化を促進したり，自らの管轄の下にいる人々に十分な保護を与えたりすることが望ましいといえよう。

(3) 外国人の地位

　国籍によって国民と外国人とは法的に区別される。国境を越えて移動する移住労働者，他国に避難し認定された難民および定着した移民は，外国人としてその国に住むこととなる。そして，その住む国の国内法によって，帰化の方法や在留許可や在留資格も決められる。国境の壁が低くなった現代，自国以外に居住する人の数が増加しつつあり，その多さゆえ国内的にも国際的にも大きな問題となっている。

　国際法では，古くから外国人の処遇が取り上げられた。国は一般国際法上，自国民の入国を拒否できないが，外国人の入国についてはその可否を裁量で決定できる。外国人が入国する場合，査証（ビザ）の取得を条件とされることがあり，その申請手続などはそれぞれの国で異なる。すなわち，国民は自国に戻る権利や入国する権利があるものの，外国人の入国や滞在の可否は，その者の権利とは考えられていない。

　一方，外国人の出国については扱いが異なる。外国人の出国は，自発的な場合と強制的な場合に分類できる。自発的な出国を在留国は拒否することができない（自由権規約12条2項）。ただし，国の安全，刑事上の問題，衛生上の理由がある場合，国はその外国人の出国を拒否することができる（同条3項）。強制的に外国人を出国させる場合としては，退去強制，追放，犯罪人引渡しがある。長らくこれらの決定は国の裁量

の範囲内にあるとされてきた。しかし，現在では国際人権法の発展に伴い，制限を受けるようになり，恣意的な外国人の追放や国際人権条約上，禁止されるような態様での強制的な出国は認められない（自由権規約13条）。

　外国人は入国を認められると在留国の管轄下に入る。その結果，たとえ外国人であっても在留国の法の適用を受け，その裁判権に服する（属地主義。⇨**Chapter 3 3**）。在留国の国内法上，外国人にも認められる権利が保障され，その国が加入する人権条約の規定する人権が保護される。人権条約は，締約国の国民と外国人の間に，また，外国人の間で差別なく，権利や待遇を認める**無差別原則**を規定する。人権条約の締約国は，国民を前提とする人権条約上の権利や義務以外について，外国人にも認めることとなる。

(4) 外交的保護

　時として外国の行為によって，在外自国民がその生命，身体，財産等に損害を被ることがある。その場合，被害者はその加害国で利用できる裁判などを利用し，救済を求めることとなる。しかし，適当な救済が得られない場合，被害者の国籍国が加害国に対して国際請求を提起できる。これが国の権利である**外交的保護権**である。外交的保護権の行使の際，2つの要件を満たす必要がある。

　第1が，被害者が加害国において国内法上，利用可能な救済手段をすべて尽くすという**国内的救済完了原則**である。これは，個人の被害が国の間の紛争にならないようにするためにある。第2が，被害者の国籍が，損害を受けた時点から外交的保護権が行使されるまで継続しているという**国籍継続原則**である。これは無関係な国が介入しないようにするためである。人権条約が締結されるようになり，それらに基づいて国際裁判で国際的に保障された人権基準の違反があると主張し，被害者の国籍国が外交的保護権を行使した事例も出てきた。

　重国籍者の外交的保護権については，被害者と関連の深い国籍国，たとえば，居住している，経済活動をしているなどの連関が強い**実効的国**籍国が行使することができる。これを**真正連関の理論**という。重国籍者の国籍国の相互の間で外交的保護権が行使できるかについては，行使できないという説と実効的国籍国が連関の弱い国に対して行使できるという説が対立してきた。近年では個人の救済を重視する立場から，重国籍者の国籍国の間でも実効的国籍国による外交的保護権の行使が認められる方向にある（外交的保護条文7条）。

　一方，国籍を持たない無国籍者や難民は，外交的保護のシステムから排除されている。なぜならば，彼らのために外交的保護を実施する国がないか，または，被害者がそれを望まないからである。近年，これらの人々についても合法的に常居する国が外交的保護を行使しうるという考え方が提示されている（外交的保護条文8条）。

3 難民の保護

(1) 難民を保護する国家の権限

　難民とは，自国において，人種，宗教，社会的集団又は政治的意見に基づき迫害を受け，それから逃れるために他国に保護を求めて移動した人々をいう **8-3**。国は自らの領域を排他的に支配する領域主権を持つことから，自国領域内に入った難民を保護することができる。この**領域的庇護**により難民は，迫害する自国から保護される。

　世界人権宣言14条1項は，すべての人が迫害を免れるため，他国に避難することを求め，かつ，それを享受する権利，**庇護権**を持つとした。しかし，その後，同宣言を条約にした自由権規約（⇨**4**）にはこの権利が規定されなかった。また，国連総会決議の領域内庇護宣言（22/2312）では，国が付与する庇護の尊重を認め，迫害される地域への人々の送還の禁止などが明記された。しかし，個人の人権として庇護権が確立しているとまではいえない。

(2) 難民保護の歴史と難民の定義

　1917年のロシア革命の際，多くの人々が国外へと流出し，国際的にも大きな問題となった。

8-3 ボートピープル

船で他国に移動する人々は「ボートピープル」と呼ばれることもある。地中海を越え，ヨーロッパに着いた人々。
（写真：EPA＝時事）

8-4 フリチョフ・ナンセン

ノルウェーの極地探検家であったナンセンは，初代の国際連盟難民高等弁務官に任命された。
（写真：Mary Evans/PPS 通信社）

国際連盟は，1921 年，初代国際連盟難民高等弁務官にフリチョフ・ナンセン（Fridtjof Nansen, 1861～1930）**8-4** を任命した。ナンセンは難民を支援し，彼らにナンセン旅券（パスポート）（⇨巻頭カラー**C2**）を発行することで国境を越えての彼らの移動を容易にした。

第二次大戦後，ヨーロッパにおける混乱に対応するため，国連は，総会の補助機関として**国連難民高等弁務官事務所（UNHCR）**を 1950 年に創設し，難民の保護を担当させた。翌年，難民条約が採択され，その中で難民の定義や難民の権利が規定された。

難民条約およびその議定書に定義される条約難民は，① 人種，宗教，国籍，特定の社会集団，政治的意見を理由として迫害を受ける十分なおそれがあること，② その者が国籍国の保護を受けられないこと，③ その者が国籍国の外にいることの 3 点を要件とする。そのため，難民条約の対象となる難民の範囲は限定的である。一方，地域的な難民条約ではより広く難民を定義している。たとえば，アフリカ難民条約（「アフリカにおける難民問題の特殊な側面を規定するアフリカ統一機構条約」〔1969 年採択〕）では，上記の難民の定義に加え，外国または外部からの侵略，占領，公の秩序を著しく乱す出来事が原因として挙げられている。また，ラテンアメリカ諸国によって採択されたカルタヘナ宣言（1984 年）には，暴力の一般化，内乱，大規模人権侵害も原因として列挙された。

(3) 難民認定および各国による庇護

難民条約は難民の定義を上記のとおり定めるものの，難民認定は各国の手続に委ねられている。国内法で定めた難民認定手続に従い，難民として認定することとなる。日本では難民条約を批准した際，改定された「出入国管理及び難民認定法」が適用される。

難民として認定され，庇護されることになれば，その者は庇護国で難民条約に規定される種々の権利が認められる。差別の禁止，信教の自由，結社の自由などの自由権や，就労の権利，教育を受ける権利が認められ，かつ，労働法上の保護や社会保障を受ける権利などもそれぞれの国内法に基づいて保障される。

難民に与えられる待遇で最も重要なものが，**ノン・ルフールマン原則**（追放・送還の禁止原則，難民条約 33 条）である。この原則は，迫害されるおそれのある国に難民を追放や送還してはならないというものである。これはすでに国際慣習法となっており，難民条約の非締約国も守らなくてはならないとされる。

(4) 難民問題の解決と UNHCR の役割

UNHCR は，人道的見地から紛争や迫害によって国を追われた難民の保護と難民問題の解決

8-5 北イラクにある UNHCR 難民キャンプのシリア難民家族（2013年）

（写真：EPA＝時事）

に向けた国際的な活動の中心的役割を担い，調整する任務を負う（⇨巻頭カラー **C-6**）**8-5**。設立当初は，難民問題が解決できるまでの暫定的な機関とされていた。しかし，2003年，国連総会はUNHCRを半恒久的機関へと変更した。

難民問題の恒久的な解決方法として，UNHCRは難民の本国への自主帰還，難民を最初に保護した国である一次庇護国への定住，そして，難民本国でも一次庇護国でもない第三国に定住する方法（第三国定住）を挙げる。難民の本国への自主帰還はUNHCR規程に由来し，国連総会もそれを確認してきた。この場合，ノン・ルフールマン原則に基づき，難民が帰国しても迫害を受けないことが確保されなくてはならない。UNHCRや庇護国は，難民の本国の状況について難民に情報を提供し，難民本人の自由意思に基づいて本国に帰国することとなる。UNHCRは，帰還できるように支援するのみならず，帰還後，帰還民が地域に再統合できるよう継続的に支援を行っている。

第三国への再定住は，一次庇護国に定住できず，本国にも帰還できない難民が，一次庇護国以外の第三国に定住する方法である。多くの場合，UNHCRが仲介の役割を担い，第三国に紹介する。第三国定住のプログラムは，多くの国が行っているわけではない。日本は2010年からアジアではじめてこの制度を開始し，タイの難民キャンプやマレーシアに一時滞在するミャンマーの難民を家族単位で2022年度で229人受け入れた **8-6**。2019年6月の閣議了解は，

2020年度以降，難民出身国をミャンマーに限定せず，アジア地域に滞在する難民で，これまで第三国定住で受け入れた方の親族も年1,2回，60名以内で受け入れることとした。

(5) 庇護を必要とする人々

難民条約は，保護対象者を国籍国の外にいる者と規定する。しかし，冷戦終結後，世界各地で続発する紛争によって国境を越えずに自国内にとどまる**国内避難民**（Internally Displaced Persons: IDPs）が増加した。国内避難民は国境を越えず，自国内にいることから，難民条約に基づけば「難民」にあたらない。これらの人々を保護する第一義の責任は，彼らがいる領域国にある。しかし，住み慣れた土地を離れざるをえなかった国内避難民の苦境は，国籍国の外にいる難民と同質であることが多い。2005年，国連は国内避難民の問題を打開するためUNHCRの任務を拡大し，これを担当させることとした。UNHCRは，国内避難民の保護やキャンプの調整や運営を行っている **8-7**。2019年末現在，世界全体で約4570万人の国内避難民がいるとされ，UNHCRはその中の約3230万人を支援している。特にIDPsが多い国は，シリア，イラク，コロンビアなどである。

(6) 日本と難民問題

第二次大戦前，日本はロシア革命時に亡命してきた難民を受け入れた。1978年より日本は，ベトナム戦争終結に相前後して発生したインドシナ難民を閣議了解に基づき受け入れた。これは1978年から2005年まで実施され，1万1300人余りが来日し，在留した。これらの人々は，「条約難民」ではない。

インドシナ難民の受入れがきっかけとなり，日本は，1982年に難民条約に加入した。日本における難民申請は，地方入国管理局に申請書を提出した後，難民調査官によるインタビューを経て，法務大臣の委任を受けた地方入国管理局長が難民か否かの認定を行う。申請者が難民と認定されなかった場合，審査を請求できる **8-8**。2005年より審査手続では，**難民審査参**

8-6 千葉県在住第三国定住難民を対象にした地域相談会（2020 年 1 月）

第三国定住の制度で来日した人々に対し実施された相談会の様子
（写真：（公財）アジア福祉教育財団難民事業本部）

8-7 UNHCR の支援物資を受け取るイエメン避難民

（写真：EPA＝時事）

与員という専門性を有する第三者が関与する方法をとることにより，難民認定審査の公正性や中立性を高める改善がなされた。しかし，必ずしも難民認定者数は増加していない **8-9**。難民として認定されると難民条約に定める権利が認められる **8-10**。

2021 年，ミャンマーのクーデターやアフガニスタンの政変に伴い，ミャンマーについては日本にいる同国人に在留特別許可を認め，アフガニスタンについては日本関係機関で働いていた人達を日本に難民として受け入れた。

また，ウクライナから避難民として 2022 年 2000 人程受け入れ支援した。

4 国連における国際的人権保障

第二次大戦は国際的な人権保障にとって転換点となった。全体主義と対峙し，民主主義の擁護を掲げる連合国は，ルーズベルト米大統領が 1941 年に示した 4 つの自由（言論の自由，信教の自由，欠乏からの自由，恐怖からの自由）に基づく世界秩序の構築を行った。それが一般的平和的機構である国際連合（国連）である（⇨*Chapter 7* **2**）。国連は基本的人権の擁護を機構の目的の 1 つとして国連憲章の中に位置づけた。

(1) 普遍的人権条約の作成

もっとも国連憲章の規定が国連加盟国にいかなる法的義務を負わせているのかは不明瞭である。そこで，経済社会理事会は機能委員会として人権委員会を設置し，国際人権文書の草案を起草させた。その嚆矢となったのが世界人権宣言であり，1948 年に総会決議（217(Ⅱ)A）として採択された **0-10**。その中には，①国に対して不当な介入を控えることを求める自由権，すなわち，生命・身体の自由，恣意的拘禁の禁止，信教の自由，拷問禁止，平等権，集会・結社の自由などが，そして，②国家が積極的に関与することを必要とする社会権，すなわち，社会保障の権利，労働の権利などが規定され，加えて③参政権，財産権，文化的権利などが 30 カ条にわたり明記された。この決議に対し，当時の社会主義陣営とイスラム諸国は棄権したものの，採択に反対した国はなかった。

世界人権宣言採択の後，人権委員会は，法的拘束力のある条約を作成するため，審議を重ねた。そして，「経済的，社会的及び文化的権利に関する国際規約」（社会権規約）と「市民的及び政治的権利に関する国際規約」（自由権規約）を人権委員会は起草し，1966 年に総会がそれぞれ条約として採択した。その後も人権委員会は，種々の人権について条約草案を起草し続けた **8-12**。これらの人権条約には，保障されるべき権利と条約機関の設置やその手続が規定されている。条約機関とは，締約国の国民が個人

日本における難民認定手続

```
┌─────────────────────────────┐
│      日本にいる外国人        │
│  ╭─────────────────╮        │      申請
│  │   難民認定申請   │        │
│  ╰─────────────────╯        │
└─────────────────────────────┘
┌─────────────────────────────┐
│      地方入国管理局等        │
│  ╭─────────────────╮        │      送付
│  │    難民調査官    │        │
│  ╰─────────────────╯        │
└─────────────────────────────┘
┌─────────────────────────────┐
│         法務大臣             │
│   （法務省入国管理局）       │
└─────────────────────────────┘
     （認定）          （不認定）
       ↓                 ↓
┌──────────┐      ┌──────────┐
│難民認定証明書│    │ 不認定および │
│  の交付   │      │ その理由を通知│
└──────────┘      └──────────┘
       ↓                 ↓
   ◇不服なし◇      ◇不服あり◇

         法務大臣に対する審査請求
                          意見の提出   ┌────────┐
                     ←──────────      │難民審査参与員│
                                       └────────┘
  （理由あり）                        （理由なし）
       ↓                                  ↓
┌──────────┐                      ┌──────────┐
│難民認定証明書│                    │ 理由がない │
│  の交付   │                      │ 旨を通知  │
└──────────┘                      └──────────┘
```

（出典：出入国在留管理庁ウェブサイト）

日本における難民申請者および認定者数

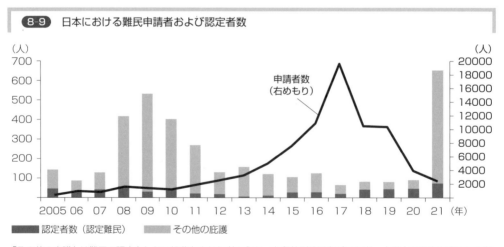

2005 06 07 08 09 10 11 12 13 14 15 16 17 18 19 20 21 (年)

申請者数（右めもり）

■ 認定者数（認定難民）　■ その他の庇護

「その他の庇護」は難民の認定をしない処分をされた者のうち，在留特別許可を受けた者，人道上の配慮を理由に在留が認められ，在留資格変更許可を受けた者である。

（法務省ウェブサイトをもとに作成）

難民は本国から旅券の発行を受けることができないが，出入国の際には証明書が必要となる。そのため日本では法務省が難民に難民旅行証明書を発行している。
（出典：法務省ウェブサイト）

資格に基づいて締約国会議で選出され，構成する機関（委員会）である。これらの機関が，締約国における条約規定の人権の保障の実施を見守る役割を担っている 8-15。国連の事務局（国連人権高等弁務官事務所）が，事務的な援助や条約機関の会合場所の提供を行うものの，国連の加盟国と国際人権条約の締約国は必ずしも一致していないことからもわかるとおり，これら条約機関は国連とは別組織である。

(2)　国連における人権の保護

　国連憲章は人権の保護を担当する国連機関として，国連総会および経済社会理事会を規定していた。その後，国連における活動を通じて新たな機関が人権保護を担うようになった。まず，1993 年，世界人権会議の勧告を受けた総会決議に基づき，国連事務局の一部門として国連人権高等弁務官事務所が，また 2006 年には人権委員会に代わり，**人権理事会**が設置された。それ以降，経済社会理事会は人権に関する実質的な審議をあまり行っていない。以下，国連における人権に関する活動について取り上げる。

　(a)　国連人権理事会　国連は創設当初，国連憲章 68 条に基づき，経済社会理事会の機能委員会として人権委員会を設けた。人権委員会は数多くの国際人権文書の草案を作成した。しかし，同委員会のメンバー国が人権侵害を行っているという批判や審議で取り上げる国が偏っているという批判があったこと，加えて，国連の活動が人権を考慮する「人権の主流化」の主張を受け，2006 年国連総会決議（61/178）に基づき同委員会は廃止され，総会の補助機関として新たに人権理事会 7-4 が設置された。

　人権委員会の時代から実施され，現在人権理事会においても利用されている手続としては，特別手続および通報手続がある。特別手続は，1967 年に採択された経済社会理事会決議 1235 から発展した。これは特別報告者や専門家から構成される委員会が，特定国や地域の人権状況を調査し，国際的な人権基準が履行されているかについて監視し，勧告を含む報告書を採択したり，各国に共通するテーマについて研究し，報告したりするものである。もう 1 つの不服申立手続は経済社会理事会決議 1503 に基づく。大規模かつ信頼できる証拠に基づく一貫した形態の人権侵害を個人や市民組織が通報でき，それらを非公開で検討する手続である。通報された国と人権委員会（現在は人権理事会）が審議を行う点に特徴がある（審議が行われた国名は公表される）。これらの通報は，国連の人権担当部局から，人権理事会諮問委員会，人権理事会の作業部会へと上げられ，最終的に人権理事会で審議される。この手続は被害者個人の救済を目的とするものではなく，国連加盟国の人権状況改善のためにある。

　2006 年に設置された人権理事会は，総会で過半数の票を得た人権尊重に積極的な 47 カ国の理事国から構成される。人権委員会との大きな違いは，人権理事会の理事国の権利を停止することが総会の決定で可能となった点である（総会決議 60/251, para. 8）。重大かつ組織的な人権侵害を行った理事国の権利を総会は 3 分の 2 の多数によって，停止することができる（2011 年にリビア，2022 年にロシアがそれぞれ停止された）。会期は年間を通じて 10 週以上，ジュネーブで開催される。前述の人権委員会から引き継いだ手続に加え，国連加盟国すべての国の人権状況

を審査する**普遍的定期審査制度**（UPR）を人権
理事会は新たに導入した。これはすべての国連
加盟国に課せられる報告制度である。国連加盟
国は，約 4 年ごとにガイドラインに示された事
項について自国の状況について報告書を作成，
提出する（⇨*Column 8-3*）。人権理事会のくじ
引きで決定した他の理事国 3 カ国（「トロイカ」
と呼ばれる）が報告者国となり，作業部会で議
論される。各国からの勧告をトロイカがまとめ
た成果文書とし，人権理事会で採択する。被審
査国は，見解を述べる機会が与えられる。人権
委員会の時代は，審議の対象となる国が恣意的
に選択されたという批判があったが，普遍的定
期審査制度は，すべての国連加盟国に課せられ
ることで，その恣意性が薄まったといえよう。

　（b）　人権理事会諮問委員会　　人権理事会の
下部機関である諮問委員会が，人権小委員会に
代わって設置され，2008 年より活動を始めた。
18 名の個人資格の専門家から構成され，人権
理事会に助言する機能を担っている。

　（c）　国連人権高等弁務官事務所（OHCHR）
（⇨巻頭カラー「主な国際組織」）　　国連事務局の
中で人権を担当する部局を設置すべきだという
考えは，1950 年代から存在した。しかし，冷
戦中は東西陣営のイデオロギー対立があり，設
置はなされなかった。1993 年末，国連総会決
議（48/141）によって，国連人権高等弁務官事
務所が設置された。そのトップが任期 4 年の**国
連人権高等弁務官**8-11である。人権問題があ
る地域を訪問することもある。人権理事会や人
権条約に規定された委員会や機関の会議のため
の事務局となること，発展の権利に基づく開発
の促進を行うこと，先住民族，少数者，障がい

8-11　国連人権高等弁務官

フォルカー・テュルク氏は，オーストリア出身。
UNHCR で要職を歴任し，政策担当国連事務次長を務め
た。2022 年より国連人権高等弁務官に選出された。
（写真：外務省ウェブサイト）

者，ジェンダー問題を扱うこと，各国の人権状
況の事実調査を行う際の支援を行うことなどが，
この事務所の任務である。

5　国際人権条約

（1）　普遍的な人権条約 8-12

　1948 年世界人権宣言の採択に続き，そこで
取り上げられた権利を法的拘束力のある人権条
約とするため，国連人権委員会は条約案の起草
を行った。しかし，その当時は東西冷戦下にあ
ったため人権に対する考え方にも対立があり，
起草は困難を極めた。最終的に 1966 年に社会
権規約と自由権規約を国連総会は採択するに至
った。世界人権宣言とこれら 2 つの人権規約を
あわせて，**国際人権章典**と呼び，国際人権法の
中心となっている。

　また，国連人権委員会は世界規模で適用する
種々の人権条約の作成にも従事してきた。これ
までに採択された条約としては，人種差別撤廃
条約，拷問禁止条約，児童の権利条約，移住労
働者権利条約，強制失踪条約，障害者の権利条
約などがある。女子差別撤廃条約は，女性の地
位委員会が草案を作成した。

（2）　地域的人権条約 8-13 8-14

　国連において採択された普遍的な人権条約の
ほかに，地域を限定した人権保障を目的とする
地域的人権条約が採択されている。それらは地

人権条約名	採択年	発効年	日本の加入年	条約機関名	締約国数	内　容
人種差別撤廃条約	1965 年	1969 年	1996 年	人種差別撤廃委員会	182	人種差別のない社会の実現のため，国や私人による人種差別を禁止する義務，人種差別の扇動の規制などを規定
社会権規約	1966 年	1976 年	1979 年	社会権規約委員会	171	社会保障の権利，労働権などの国の積極的関与が求められる社会権を規定
社会権規約選択議定書	2008 年	2013 年	未加入		26	社会権規約における個人通報制度を確立
自由権規約	1966 年	1976 年	1979 年	自由権規約委員会	173	生命権，拷問の禁止，身体の自由，思想信条の自由など，個人の国からの自由を規定
自由権規約第一選択議定書	1966 年	1976 年	未加入		116	自由権規約について個人通報制度を設置
自由権規約第二選択議定書（死刑廃止議定書）	1989 年	1991 年	未加入		90	死刑の廃止を締約国の義務と規定
女子差別撤廃条約	1979 年	1981 年	1985 年	女子差別撤廃委員会	189	女性の種々の権利について規定
女子差別撤廃条約選択議定書	1999 年	2000 年	未加入		114	女子差別撤廃条約の違反についての個人通報および調査制度を規定
拷問禁止条約	1984 年	1987 年	1999 年	拷問禁止委員会	173	公務員による拷問を禁止し，国内法上の犯罪とすることを国の義務と規定
拷問禁止条約選択議定書	2002 年	2006 年	未加入		92	拷問禁止条約の実施について，防止小委員会を設置し，定期的な訪問制度を確立
児童の権利条約	1989 年	1990 年	1994 年	児童の権利委員会	196	18 歳未満の者の自由権，社会権，文化的権利などを規定
武力紛争における児童の関与に関する選択議定書	2000 年	2002 年	2004 年		172	敵対行為に 18 歳未満の者が参加しないよう防止することを義務づける
児童の売買等に関する選択議定書	2000 年	2002 年	2005 年		177	児童の売買および児童ポルノの禁止を規定
個人通報手続に関する選択議定書	2011 年	2014 年	未加入		48	児童の権利条約における個人通報制度を確立
移住労働者の権利条約	1990 年	2003 年	未加入	移住労働者委員会	57	適法，非適法の状態を問わず，移住労働者とその家族の権利保護を規定
強制失踪からの保護条約	2006 年	2010 年	2010 年	強制失踪委員会	68	強制失踪を犯罪とすることを国の義務として規定
障害者の権利に関する条約	2006 年	2008 年	2014 年	障害者の権利に関する委員会	185	障害者を権利主体として捉え，社会に包摂し，かつ彼らの人権を確保することを規定
障害者権利条約選択議定書	2006 年	2008 年	未加入		100	障害者権利条約における個人通報，重大かつ組織的侵害についての調査制度を確立

※締約国数は 2022 年 3 月現在。

Chapter

8

人権を国際的に保護する

8-13 地域的人権条約

締約国数：2022 年 9 月現在

	欧州人権条約	米州人権条約	アフリカ人権憲章	アラブ人権憲章
採択年・発効年	1950 年・1953 年	1969 年・1978 年	1981 年・1986 年	1994 年・2008 年（2004 年改定）
基礎となる機関	欧州評議会	米州機構	アフリカ連合	アラブ連盟
締約国数	46	24	54	13
条約実施方法	国家・個人申立	国家通報・個人請願・国別調査	国家通報・個人通報・国家報告・裁判付託	国家報告
条約機関	欧州人権裁判所（フランス・ストラスブール）	米州人権委員会，米州人権裁判所（コスタリカ・サンホセ）	アフリカ人権裁判所（タンザニア・アルーシャ）アフリカ人権委員会	アラブ人権委員会

8-14 地域的人権条約締約国

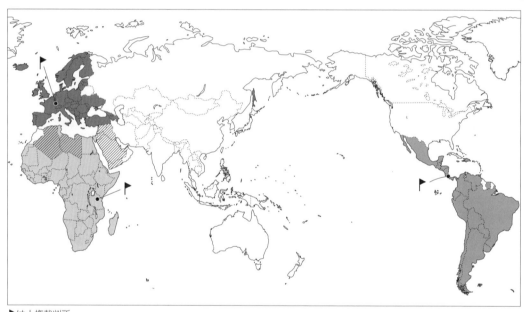

▶ は人権裁判所
■ 欧州人権条約　■ 米州人権条約　▨ アフリカ人権憲章　▨ アラブ人権憲章

域的国際組織（⇨**Chapter 7 4**）を中心として作成された。欧州人権条約（1950 年採択）は欧州評議会（Council of Europe: CoE）が，米州人権条約（1969 年採択）は米州機構（OAS）が，アフリカ人権憲章（1981 年採択）は，アフリカ統一機構（OAU。2002 年にアフリカ連合〔AU〕に改組された）が，そして，アラブ人権憲章（1994 年採択，2004 年改定，2008 年発効）は，アラブ連盟がそれぞれ中心となって作成した。これらは，地域的な特徴を踏まえ，その地域の同質性に基づいた条約規定となっている。

2022 年 3 月，ロシアは欧州評議会に欧州人権条約の廃棄の意思表明を通告し，欧州評議会の諮問機関である議員会議は翌日，全会一致でロシアの除名を決議し，閣僚委員会が除名を決定した。その結果，同年 9 月 16 日，ロシアは欧州人権条約の当事国ではなくなった。当事国であった間に生じた事態については欧州人権裁判所の管轄権は存在する。

（3）　人権条約の実施方法

採択された人権条約をいかに実施するかは重

要な問題である。条約目的を実現するため，それぞれの人権条約は条約独自の条約機関を置くことを規定する。条約機関は，人権条約を当事国の国内でいかに実施したかについての報告を受けたり，その報告書を審議して問題点を指摘したりすることで条約の実施に関与する。また，これらの報告や個人からの侵害についての通報が集積することによって，条約機関は，条約内容について知見を集め，それらに基づいて条約の解釈を示す**一般的意見**を採択することがある。当事国や条約機関の実行を通じて人権条約の内実が豊かになってきている。

人権条約が規定する履行確保のための実施制度として，① **国家報告制度**，② **国家通報制度**，③ **個人通報制度**，④ **調査制度**，⑤ **裁判制度**がある**8-15**。

① 国家報告制度　人権条約を実施するために当事国がとった国内での措置（国内法の改正や制定などの措置）を定期的に条約機関に報告する制度である。たとえば，自由権規約の場合，一般的に4年ごとに当事国から報告書が提出される。条約機関に提出された報告書について条約機関の委員と国の代表との間で建設的な対話がなされる。加えて，条約機関に国内外のNGOから情報が提供され，審議に活用される。審議の後，条約機関は当事国に対する改善点の指摘を含む総括所見を採択する。また，当事国にフォローアップを求めることもある。

② 国家通報制度　他の当事国の人権条約の違反について，当事国が条約機関に通報する制度である。この制度を利用するためには，他国が自国の違反について通報することを認めるという事前の特別な宣言を必要とすることが多い。人種差別撤廃条約では，特にこのような受諾宣言を必要としない（同条約11条）。同条に基づき，2018年，カタールはサウジアラビアとUAEに，パレスチナはイスラエルに対して，国家通報を行った。2021年1月カタールは近隣諸国との間で協定を結び，それに基づき条約事務局にこの手続の中断を申し入れ，サウジアラビアおよびUAEもそれに同意し，条約委員会も中断を受け入れた。パレスチナの通報につ

いては，2019年条約委員会が管轄権を有すると決定し，2022年1月特別調停委員会が設置された。

③ 個人通報制度　人権条約の当事国の領域または管轄下にいる人権侵害の被害者が，条約機関に侵害を通報し，条約機関による審査を求める制度である。この制度を利用するためには，人権条約だけではなく，別個の選択議定書の批准や条約機関の通報を受ける権限を受諾する旨の宣言が必要となる。それらを行った国の管轄下の人のみがこの制度を利用できる。また，この条件のみならず，被害者個人がその国において用意されている国内救済手段を終えること（国内的救済完了原則）が手続上求められる。加えて，通報には明らかな根拠を提示することや匿名ではないことという条件が課される。条約機関は国と被害者双方の意見を聴取し，条約機関自らの「見解」を提示する。しかし，この見解には法的拘束力はなく，勧告に過ぎない。

④ 調査制度　条約機関の委員が当事国を訪問し，そこでの条約規定に関連する人権状況について調査を行う。この実施には調査対象となった国の同意が必要である。条約機関は調査の結果を検討し，意見や勧告をその調査した国に提示する。

⑤ 裁判制度　人権侵害の被害者が国内の裁判所等の国内救済を終えても，なお被害が救済されない場合，国際的な人権裁判所に国を相手取って訴訟をおこす方法である。そこで示される判決は，国を法的に拘束する。現在，人権条約で裁判所を有しているのは，欧州地域，米州地域およびアフリカ地域であり，地域的人権条約のみである。

個人が国家を訴える裁判制度以外に，国家間で他国における人権侵害を国際司法裁判所（ICJ）に訴える事例がある（ジェノサイド条約適用事件，ガンビア対ミャンマー）。ジェノサイド条約9条は，同条約の解釈，適用または履行に関する紛争がある場合，ICJに訴えることを規定しており，この条文に基づき，ミャンマーにおけるベンガル系ムスリム（ロヒンギャ）の被害について，ガンビアは自国民に人権侵害はない

①国家報告制度

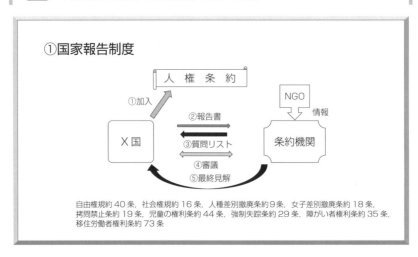

自由権規約40条，社会権規約16条，人種差別撤廃条約9条，女子差別撤廃条約18条，拷問禁止条約19条，児童の権利条約44条，強制失踪条約29条，障がい者権利条約35条，移住労働者権利条約73条

②国家通報制度

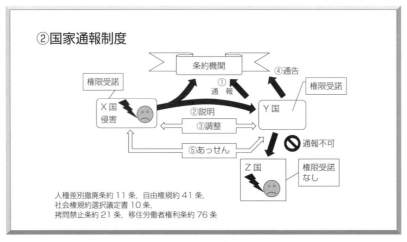

人種差別撤廃条約11条，自由権規約41条，社会権規約選択議定書10条，拷問禁止条約21条，移住労働者権利条約76条

③個人通報制度

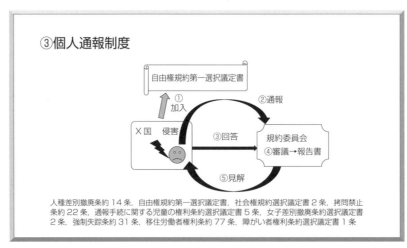

人種差別撤廃条約14条，自由権規約第一選択議定書，社会権規約選択議定書2条，拷問禁止条約22条，通報手続に関する児童の権利条約選択議定書5条，女子差別撤廃条約選択議定書2条，強制失踪条約31条，移住労働者権利条約77条，障がい者権利条約選択議定書1条

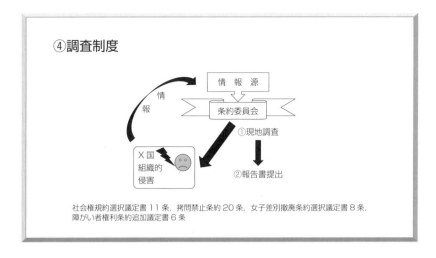

④調査制度

情報源

条約委員会

情報

X国組織的侵害

①現地調査

②報告書提出

社会権規約選択議定書 11 条，拷問禁止条約 20 条，女子差別撤廃条約選択議定書 8 条，
障がい者権利条約追加議定書 6 条

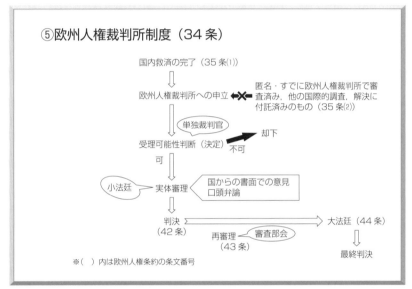

⑤欧州人権裁判所制度（34 条）

国内救済の完了（35 条(1)）

欧州人権裁判所への申立 ◆✕◼ 匿名・すでに欧州人権裁判所で審
査済み，他の国際的調査，解決に
付託済みのもの（35 条(2)）

単独裁判官

却下

受理可能性判断（決定）不可

可

小法廷　実体審理 ◁ 国からの書面での意見
口頭弁論

判決
（42 条）

大法廷（44 条）

再審理　審査部会
（43 条）

最終判決

※（　）内は欧州人権条約の条文番号

が，ICJ に提訴した。ICJ は，同条約の義務が条約締約国間対世的義務の性質を持つことから，ガンビアの原告適格を正当化した。

6　人権条約の国内実施

　人権条約は，人権の保護を目的としていることから，批准されるだけでなく，そこで規定する人権が国内で保障されてはじめて意味があるといえよう。人権条約を国内で適用する方法には，国内法と同様に人権条約の規定を何らかの措置を行わず，直接に国内に適用する**直接適用**と，特定の事件について人権条約の規定や条約機関の実行などを国内法の解釈の指針や補強として，国内裁判所が参照する**間接適用**がある。

　日本の裁判所が自由権規約を直接適用した事例として，1993 年の大麻取締法違反，関税法違反事件がある。第一審の東京地裁は有罪判決を受けた被告人に通訳費用の負担を命じた。これに対し，東京高裁は，自由権規約 14 条 3 項（f）にある無料で通訳の援助を受けることの保障は，無条件かつ絶対的なものであって，刑事訴訟法 181 条 1 項に基づき被告人に費用負担を命じることは許されない，と判示した。

　一方，人権条約を間接適用した事例は日本の裁判で多く見受けられる。日本人ではないことを理由に入浴施設への入場を拒んだことが不法行為にあたるかが争われた小樽入浴拒否事件（2002 年）では，自由権規約や人種差別撤廃条

約などが直接適用されなかったものの，これら
が民法の解釈にあたっての基準となると示した。
また，国籍法違憲訴訟最高裁大法廷判決（2008
年）では，自由権規約や児童の権利条約に，児
童が出生によっていかなる差別も受けないとい
う趣旨の規定があることに言及して判示した。
国際人権条約が国内の裁判において，解釈基準
の1つとなっていることのあらわれである。

　以上見てきたとおり，人権の国際的な保護は，
その対象が拡大し，規律の方法についても深化
してきたといえよう。まず，国内法によって国
民の人権が規定され，国家権力を規制すること
で，国民に人権が保障された。その後，在留す
る外国人の扱いを通じて，外国人の権利へと範
囲が拡大した。二度の世界大戦を経て，国内の
少数者の権利について国際的なコントロールが
及ぶようになり，加えて，国民であるか否かを
問わず，領域内の人に対して国際的な基準が適
用されるようになった。

　また，規律の方法については条約を批准する
だけではなく，当事国のとった対応について，
他国の代表や条約機関の委員が国際的な基準に
照らして審査を行うようになった。それらの多
くは勧告的な性格しか持たないが，人権条約の
当事国に対し，まったく力がないとは考えにく
い。国連の各機関や人権条約の条約機関のたゆ
まぬ努力によって，条約内容が充実したものと
なり，国際社会の人権保護に資するものとなっ
てきているといえよう。

参考文献
• 阿部浩己ほか『テキストブック国際人権法〔第3
　版〕』（日本評論社，2009年）
• 横田洋三編『新国際人権入門』（法律文化社，2021
　年）
• 申惠丰『友だちを助けるための国際人権法入門』
　（影書房，2020年）
• 尾崎久仁子『国際人権・刑事法概論〔第2版〕』
　（信山社，2021年）

Chapter 9 犯罪も国を越える
──国際犯罪

1 国際犯罪の概念

(1) さまざまな国際犯罪

国際犯罪 (international crime) という用語は，いろいろの意味で使用される。まず，日本国民が別の国にある日本国民ではない者に対し詐欺を行うように，国境を越えて行われる犯罪を国際犯罪ということがある。これは一国の刑法が定める犯罪が複数国にまたがりなされる場合である。このような犯罪では，それが行われたと観念される場所（犯罪行為地）の国のほか，加害者や被害者の国籍国がその法秩序ないし法的に保護されるべき利益（法益）を害されたとして処罰のために刑事管轄権を行使することがある。

また，犯罪行為地国，加害者や被害者の国籍国といった個々の国のみの法益を越えて，海賊のように公海上の船舶を無差別に襲撃して諸国に共通の法益を害し，この故に直接の被害国でなくとも取り締まることができる犯罪を国際犯罪と呼ぶこともある。

さらに，諸国に共通の法益の侵害にとどまらず，国際社会という単位を考えてその法益侵害があったときに，国際社会全体を代表する国際的な刑事裁判所またはそれに代わって国が処罰するものも国際犯罪という。これが最も厳密な意味における国際犯罪である。この種の犯罪には集団殺害（ジェノサイド）犯罪 (crime of genocide)，人道に対する犯罪 (crime against humanity)，戦争犯罪 (war crime) および侵略犯罪 (crime of aggression) が含まれる（国家の国際犯罪。⇨*Chapter 2* **4**(2)）。

(2) 国際犯罪の処罰

国際犯罪といってもこのようにさまざまあるが，最も厳密な意味における国際犯罪を含め，いずれの類型の国際犯罪でも国は処罰できるとされる。その際には，国は自国の刑法規定の制定という立法行為によりこれらを処罰の対象と定め，被疑者が入国してくる際にか，または外国から身柄引渡しを得て執行が可能になる機会に裁判を経て処罰する。この点では国際犯罪以外の犯罪の処罰方法と異ならない。

そもそも国際法は，国の刑事裁判権の限界を一般的なかたちでは設定していないので，ある国が他国の国民を裁くことは当該他国の何らかの権利の侵害にも直ちにはならない。したがって，国際犯罪か否かにかかわらず，国は，自国や外国の国民のどのような行為であっても，またその行為地を問わずに処罰する刑法規定を設けることが原則的には可能である。このため同一の行為や犯罪に複数の国が同時に管轄権を持つ場合が発生する。さらに，一つの国で処罰されても，管轄権を持つ他の国は重ねて処罰できることにも注意を要する。一事不再理の原則は，同一の国の内で適用されるにすぎない。

これと反対に国は，どのような犯罪でもそれを処罰する義務を負っているというわけではない。特定の行為を処罰する義務を条約や国際慣習法で課せられない限り，犯罪人を罰しないことは国際法違反にはならず，放置してもよい。

このように国は，任意に処罰のための国内法を設けて犯罪に対処する。国際犯罪もこの枠組みの中で処罰されており，国際犯罪の処罰を担うのは現在でも主に国である。他方で国は，一般的な処罰義務を課されていない。また，自国や友好国の指導者あるいは軍隊の犯罪を隠蔽する傾向があり，内戦等で刑事司法制度が崩壊して裁けなくなることも少なくない。こうした事情から生じる不処罰は，特に国際社会全体の法益侵害を構成する国際犯罪の場合に問題となる。そのため，国際連合（国連）安全保障理事会（安保理）決議や条約で国際的な刑事裁判所を設置し，不処罰を防止する努力もなされる。

2 国による処罰

(1) 個別国家の法益侵害への対応

いかなる行為を処罰するかは各国次第とはいえ，国は自国と何らかの関連のある行為のみを処罰するのが普通である。

犯罪行為地が自国であれば，その法秩序を維持するため刑事管轄権を領域国が行使できる。この考え方を属地主義という。日本国内で日本国民が日本国民を殺害したら，日本が犯人を捕え，裁判にかけることを不思議に感じないが，その根拠は属地主義なのである。加害者や被害者の一方または双方が外国人でも日本国内の犯罪ならば同じように属地主義に基づき日本が裁く（日本刑法1条〔国内犯〕）。なお，かつて不平等条約で認められていた領事裁判権については，外国人の国籍国領事による裁判権を優位させ，領域国の属地主義による管轄権行使が条約で制限されていたという説明ができる。

人に着目し，自国民が行う犯罪ならば自国領域外の行為であっても国籍国が処罰する考え方もある（同3条〔国民の国外犯〕，4条〔公務員の国外犯〕）。また，自国民が自国外で犯罪の被害者となれば加害者がどこの国民であれこれを処罰することもある（同3条の2〔国民以外の者の国外犯〕）。前者を積極的属人主義といい，後者を消極的属人主義と呼ぶ。ただし，属地主義で裁ける犯罪の全部を属人主義でも裁くというよりは，一定以上の重大性を持つ犯罪を属人主義で裁くとする国が多い。たとえば，日本国民が外国で日本以外の国の国民に対し殺人という重大犯罪を犯したら，犯罪行為地国が属地主義で裁くほか，日本と被害者国籍国は，それぞれ積極的と消極的の属人主義から処罰が可能になる。

自国が犯罪行為地ではなくまた自国民が関係しなくとも，国の法益が害されれば罰することができるとする保護主義もある。日本通貨偽造は，外国国民が外国で行っても日本の利益を害するから罰するとされるが，これは保護主義が根拠になる（同2条〔すべての者の国外犯〕）（⇨**Chapter 3**）。

(2) 諸国に共通の法益侵害への対応

自国の法益が直接には害されなくとも，諸国に共通の法益の侵害となる犯罪であれば，どの国でも国内刑法により処罰することができる。この考え方を普遍主義（世界主義）と称する。

海賊は，諸国に共通の法益を侵害することから国際慣習法上も普遍主義による処罰対象と古くからされてきた。**国連海洋法条約**（1982年）は，「私有」の船舶・航空機の乗組員または旅客が「私的目的」で公海またはいずれの国の管轄にも服さない場所にある船舶・航空機，人または財産に対する不法な暴力行為，抑留または略奪行為を海賊行為と定義している（101条）。そのうえで，いずれの国の軍艦および権限ある

Column 9-1

タジマ事件

2002年4月，ペルシャ湾から姫路港に向かっていた日本の船会社運航のパナマ船籍タンカー・タジマ（14万8330総トン，日本国民の船長および船員5名ならびにフィリピン国民の船員18名乗組み）が台湾沖の領水外を航行中に日本国民の航海士がフィリピン国民の船員に殺害された。フィリピン刑法には積極的属人主義による国外犯処罰規定がなく，日本も当時は消極的属人主義で処罰ができなかった。旗国として管轄権を持つパナマのみが処罰可能で，同国からの捜査共助要請で証拠収集を日本が行い，姫路港入港後は船長権限で被疑者を船内に留め置いた。さらにパナマの引渡要請を受けて被疑者をパナマに引き渡した。

タジマ事件の後，船舶関係者から刑法改正の要求が強まり，消極的属人主義を日本刑法に3条の2として再導入する刑法改正が2003年にあった。

タンカー・タジマ。　　　　　（写真：関係船会社提供）

Column 9-2

アキレ・ラウロ事件

1985年10月，イタリアから地中海遊覧に出航した同国船籍客船アキレ・ラウロ（2万1000総トン）は，出港時から船内にあったパレスチナ解放戦線4名に乗っ取られた。乗っ取り犯はイスラエルに収容されている仲間の釈放とシリア入港の要求が拒否されたため，米国籍乗客1名を殺害した。その後，エジプト政府が乗っ取り犯と交渉し，エジプトのポートサイド港での人質解放と引き替えに，乗っ取り犯にエジプト航空旅客機を提供しチュニジアに脱出させることになった。ところが同機はマルタ島付近を飛行中に米軍戦闘機に捕捉され，イタリアのシシリー島シゴネラ航空基地に強制着陸させられた。乗っ取り犯の身柄をいずれが確保するかで米軍とイタリア憲兵の間で対立があったが，結局，イタリアで刑事裁判が行われた。

イタリア客船アキレ・ラウロ　　　　（写真：AFP＝時事）

　この事件は同一船内にあった者による乗っ取りで私的目的によるものでもないから，海賊行為に該当せず，普遍主義では裁けない。乗っ取り犯の身柄を持つイタリアは船籍国であり属地主義で管轄権を行使でき，自国民を殺害された米にも消極的属人主義で管轄権がある。なお，エジプト機捕捉は公海上空飛行の自由の侵害を構成するものの，違法行為による身柄拘束であっても刑事管轄権行使は国際法上直ちには妨げられないとされた。この事件後に乗っ取り等の海上犯罪防止と処罰のため海洋航行不法行為防止条約（SUA条約）が1988年に作られたが，そこでも普遍主義による処罰までは許容しない。

Column 9-3

ソマリア海賊

　海賊行為は，私有の船舶航空機による公海またはいずれの国の管轄権にも服さないところにある他の船舶航空機に対する私的目的の暴力行為や略奪と定義される（国連海洋法条約101条）。

　海賊については，最近ではいわゆるソマリア海賊が注目された。ソマリア海賊に対して欧米その他の諸国が軍艦や軍用航空機を派遣して取締りを行っている。国連安保理決議でソマリア領水内での取締りも認められるという特異な事例でもある（安保理決議1816〔2008年〕）。日本も艦艇と航空機を派遣して取締りに参加している。ソマリア沖で身柄を拘束された海賊の裁判が，日本で行われたこともある（2011年）。写真は，2009年4月にソマリア海賊に乗っ取られた米国コンテナ船マースク・アラバマ（1万7000総トン）で，海賊が船長を人質に同船救命ボートで逃走した後，米海軍の護衛でケニア・モンバサ港に戻った際のもの。

（写真：AFP＝時事）

政府船舶・航空機でも海賊を取り締まることができるとし，普遍主義による管轄権行使を規定する（110条）。ただし，諸国は管轄権行使義務を負わず，海賊の処罰が許容されるにすぎない。

　諸国の共通法益侵害とされ海賊と同様の意味における普遍主義で国際慣習法上処罰できる行為は，他には実はあまりない。条約上普遍主義による対応を求める最も初期のものは，武力紛争犠牲者保護のための1949年のジュネーヴ諸条約である。同条約は，それが保護する人や物に対する一定の行為を「重大な違反行為」と呼んで「引き渡すか処罰するか（*aut dedere aut* オウト　デ　デーレ　オウト

judicare）」の義務を課した。後の**航空機不法奪取防止条約**や**海洋航行不法行為防止条約**その他のテロ関係条約も同様の義務を設定する。しかし，これらは一定の関係締約国について処罰義務を設定しているにすぎず，真に普遍主義的とはいえない。

　なお，ジュネーヴ諸条約とその第1追加議定書（1977年）の重大な違反行為のような戦争犯罪は，海賊行為と同じ部類の国際犯罪とされてきたが，1990年代の国際的な刑事裁判所設置の過程で集団殺害犯罪等と同類の国際社会全体の法益侵害と考えられるようになった。このよ

航空犯罪

　1970年9月にパレスチナ解放人民戦線（PFLP）は，米，スイスと英国の3旅客機を同時に乗っ取り，ヨルダン領内革命飛行場（旧ドーソン英軍飛行場）に着陸させ，乗員乗客退避後に全機を爆破した。別の米旅客機乗っ取りとライラ・カリドらによるイスラエル旅客機乗っ取り未遂もほぼ同時に発生した。写真は，革命飛行場に引致された3旅客機のうちの英国海外航空機（手前）と米国トランスワールド航空機（向こう側）で，3機ともこの後に爆破された。

　航空機内犯罪防止東京条約（1963年）のほかに航空機不法奪取防止ハーグ条約（1970年）や民間航空機不法行為防止モントリオール条約（1971年）が作られていく背景にはこうした大量乗っ取り事件もあった。

（写真：PPS通信社）

　破壊活動やいわゆるテロの分野では行為類型別の条約作成という特徴があり，ほかに国家代表等犯罪防止条約（1973年），人質行為禁止条約（1979年），核物質防護条約（1980年），モントリオール条約空港不法行為防止議定書（1988年），海洋航行不法行為防止条約（SUA条約，1988年），大陸棚プラットフォーム不法行為防止議定書（1988年），プラスチック爆弾探知条約（1991年），爆弾テロ防止条約（1997年），テロ資金供与防止条約（1999年）や核テロ防止条約（2005年）等がある。

うに諸国の共通法益侵害となる犯罪と国際社会全体の法益侵害となる犯罪の区別は必ずしも明確ではないが，国が裁く場合にはいずれも普遍主義を根拠にすることができる。

　日本は，条約により処罰が要求されるのであれば，特別法を制定して国内的な実施を確保することがある。また，1987年以降に日本に対し発効した条約により日本国外でなされた行為でも処罰義務が課される場合には，日本刑法上の犯罪に該当する範囲でその処罰をまとめて刑法で行えるようになった（日本刑法4条の2〔条約による国外犯〕）。これらの措置により，普遍主義に基づく処罰を条約上求められても一応の対応が可能である。なお，海賊行為については，条約上の処罰義務はもともとないうえ，普遍主義に基づいて処罰可能とする刑法規定も日本にはなかったから，刑法の定める罪で属地主義や属人主義に基づき管轄権行使が可能な場合にのみ日本による処罰がありえた。しかし，2009年の**海賊対処法**で普遍主義による取締りが国内法上も可能となった。

(3)　国際社会全体の法益侵害への対応

　集団殺害犯罪，人道に対する犯罪，戦争犯罪や侵略犯罪は，今日では国際社会全体の法益を侵害する犯罪であり，個人の責任を国際法に直接づき追及できる。しかし，集団殺害犯罪に関しては，ユダヤ人虐殺の経験から**集団殺害犯罪防止処罰条約**（ジェノサイド条約）が1948年と第二次大戦後早々に採択されていたが，この条約で明記されたのは属地主義に基づく国による処罰と国際的な刑事裁判所の処罰だけで，あとは引渡規定のみであった。戦争犯罪の一種である1949年ジュネーヴ諸条約の重大な違反行為も諸国に共通の法益侵害の1つとされてきた。殲滅や迫害のような人道に対する犯罪に至っては，国際軍事裁判所や極東国際軍事裁判所の憲章で見られた程度で，**国際刑事裁判所**（ICC）の規程ができるまでは条約規定はなかった。

　こうした状況は，世界各地で大規模で組織的な非人道的行為が引き続き生じたことから徐々に変化し，少なくとも集団殺害犯罪，人道に対する犯罪および戦争犯罪が国際社会全体の法益侵害を構成する国際犯罪であって諸国の普遍主義による処罰が期待されるようになる。しかし，普遍主義による取締り実績は，それが条約上の義務であるジュネーヴ諸条約の重大な違反行為についてすら芳しくない。1990年代の旧ユーゴスラビア紛争やルワンダ内戦で国連安保理が**旧ユーゴスラビア国際刑事裁判所**（ICTY）と**ルワンダ国際刑事裁判所**（ICTR）を設置したのは，関係国による処罰がほとんど進まず，不処罰の

Column 9-5

武力紛争当事国による戦争犯罪人処罰——山下裁判

戦争犯罪は，武力紛争の当事国にとり危険であるため，武力紛争中にその当事国が処罰するのが普通であった。

第二次大戦中に日本軍が犯した戦争犯罪も主に相手方の連合国により罰せられた。これらは極東国際軍事裁判所で処断された major war criminals との対比で minor war criminals や BC 級戦犯と一般に呼ばれる。各連合国により日本軍将兵や軍属等約 5700 名が起訴され，約 1000 名が死刑に処せられたという。その内には朝鮮半島や台湾出身の者が含まれる。

フィリピン方面にあった山下奉文陸軍大将も日本降伏後に米軍がマニラに設置した軍事裁判所（軍事審問委員会）で審理のうえ，処刑された。この山下裁判は，司令部と前線の通信が途絶した状況で部下が行った戦争犯罪の責任を上官も負うかといった上官責任の問題が扱われたことでも知られる。写真は，裁判官入廷に際し起立する山下大将（左から 2 人目）。

（写真：United States Army Signal Corps./Harry S. Truman Library & Museum）

Column 9-6

普遍主義による処罰——アイヒマン事件

第二次大戦中にユダヤ人の移送と追放に関与したナチ親衛隊アイヒマン中佐は，戦後アルゼンチンに逃亡した。1960 年にイスラエル情報機関は，アルゼンチンの同意なく同国内でこれを拘束し，同国独立 150 周年祝賀イスラエル代表団搭乗のエル・アル航空機を利用して密かにイスラエルに連行した。この行為は，安保理決議によってもアルゼンチンの領域主権侵害を構成するとされた（安保理決議 138〔1960 年〕）。

アイヒマンは，ユダヤ人に対する犯罪，人道に対する犯罪および戦争犯罪につきエルサレム地方裁判所に起訴された。裁判では，イスラエル建国前の行為の処罰と罪刑法定主義の関係，犯罪行為地国以外による処罰，および違法な連行による身柄の確保等が争われた。裁判所は，罪刑法定主義は国際慣習法ではなく，連行の違法性も裁判管轄に影響しないとしたうえ，アイヒマンの行為は普遍主義に基づきいずれの国も処罰することができるとし，保護主義や消

親衛隊時代のアイヒマン。

エルサレム地方裁判所審理での検察官（1961 年）。

（写真提供：Yad Vashem）

極的属人主義も援用して死刑を言い渡した。イスラエル最高裁判所もアイヒマンの上告を退けた。

まま放置することが国際の平和と安全を害すると判断したからであった。

条約により設置された ICC でも国が裁けないかあるいは隠蔽する場合にのみ補完的に管轄権を行使することを原則とし，国による処罰が基本的に重要であると考えている。ただし，これら国際的な刑事裁判所の規程は，国に処罰義務を課してはいない。別の条約で同種犯罪の処罰義務が設定されていない限り，日本も刑法 4 条の 2 を適用して処罰しなくともよい。

集団殺害犯罪，人道に対する犯罪および戦争犯罪と同列に議論されることが少なくなかった侵略犯罪については，普遍主義に基づく処罰対象となるかには疑問も出されている。個人が処罰対象であるとはいえ侵略犯罪は，国の侵略行為に対する非難を必然的に伴うという特殊性があり，侵略犯罪を国際刑事裁判所（ICC）規程（ローマ規程）に追加する改正会議においても諸国が広く普遍主義によりこれを処罰することに消極的な決議が採択された（⇨ **3**(3)）。

3 国際的な刑事裁判所による処罰

(1) 国際軍事裁判所と極東国際軍事裁判所

国以外の機関による国際犯罪処罰の企図の嚆

国際軍事裁判（ニュルンベルク裁判）の被告人および弁護人席。後ろから2列目向かって左からヘルマン・ゲーリング国家元帥，ルドルフ・ヘス副総統，ヨアヒム・リッベントロップ外務大臣と並んでいる。

（写真：AFP＝時事）

極東国際軍事裁判（東京裁判）で起訴状朗読を起立して聞く被告人と弁護人。前から3列目の被告人席第1列目向かって左から二人目に東条英機首相，その後ろに大川周明らが見える。

（写真：近現代 PL／アフロ）

両国際軍事裁判は，国家指導者の処罰を実現したという観点からは画期的であるが，裁判所の性格や適用規則について議論があり，裁判が戦勝国によりなされた点に批判も生じた。

こうした疑念を払拭する必要からも国連総会は，国際軍事裁判の諸原則を確認する決議を1946年に採択し（決議95（Ⅰ）），総会の補助機関である**国際法委員会**（ILC）に「**人類の平和と安全に対する罪**」の法典化作業を命じた。この法典案は，1996年にようやく出来上がり，折から進められていた国際刑事裁判所規程案起草の参考とされた。

1999年に起訴され2001年に身柄を ICTY に移送されたユーゴスラビア連邦共和国ミロシェビッチ大統領。現職元首として初めて国際的な刑事裁判所に起訴された者となった。同人は2006年に急死し，審理は終了した。

（写真提供：ICTY）

矢といえるのは，第一次大戦の講和条約である**ヴェルサイユ条約**が規定する特別裁判所によるドイツ皇帝の個人責任追及であった（227条〔カイザー訴追条項〕）。しかし，この裁判は，オランダがドイツ皇帝引渡しに応じなかったため実現しなかった。

第二次大戦にかかわるドイツと日本の国民による行為については，各連合国の軍事裁判による処罰の対象となったほかに，両国指導者の平和に対する罪，人道に対する罪および戦争犯罪を審理するため国際軍事裁判所と極東国際軍事裁判所 9-1 がそれぞれニュルンベルクと東京に設置された。前者は，英米仏ソ間の協定を根拠とするが，後者は，連合国により権限を与えられた連合国軍最高司令官により設置された。

(2) 旧ユーゴスラビア国際刑事裁判所（ICTY）とルワンダ国際刑事裁判所（ICTR）

第二次大戦直後までは国以外のものによる刑事裁判は，戦勝国が共同して進めた国際的な軍事裁判という特殊なものしかなかった。その後もより普遍的な国際的刑事裁判制度の追求はなされていたが実現にはほど遠かった。

1990年代に入り旧ユーゴスラビアとルワンダで非人道的行為が大規模に見られたものの，やはり諸国による処罰は進まなかった。この事態に対処するため，国連安保理がその補助機関として国連憲章第7章に基づく決議で設置したのが旧ユーゴスラビア国際刑事裁判所（ICTY）

9-3　国際刑事裁判所規程の対象犯罪

（規程締約国数 123，侵略犯罪関連規定批准受諾国数 43〔2022 年 5 月現在〕）

5 条 1 項（対象犯罪を列挙）
- (a)「集団殺害犯罪」
- (b)「人道に対する犯罪」
- (c)「戦争犯罪」
- (d)「侵略犯罪」
- ・1998 年規程採択時には定義および管轄権行使条件がまとまらず，1 項(d)に侵略犯罪の名称のみ掲げられた。

2 項
5 条 1 項(d)を受けて，同条 2 項で侵略犯罪関係規定の後の追加を規定していた。その後 2010 年改正で 2 項により関係規定が採択される。2 項は任務を終了し，同改正で削除される。

6 条（「集団殺害犯罪」の定義）

7 条（「人道に対する犯罪」の定義等）

8 条（「戦争犯罪」の定義）
- 1 項　規程対象犯罪たる戦争犯罪の組織性・大規模性要件
- 2 項(a) ジュネーヴ諸条約の重大な違反行為（grave breaches）（(i)～(viii)）
- (b) 国際的武力紛争に適用される規則の著しい違反（serious violations）（(i)～(xxix)）（2017 年の改正で（xxvii）～(xxix) を追加）
- (c) ジュネーヴ諸条約共通 3 条の著しい違反（serious violations）（(i)～(iv)）
- (e) 非国際的武力紛争に適用される規則の著しい違反（serious violations）（(i)～(xix)）（2010 年，2017 年および 2019 年の改正でそれぞれ（xiii）～(xv)，(xxvi)～(xxviii)，(xix) を追加）

8 条の 2（「侵略犯罪」の定義（2010 年改正で追加））
- 1 項　侵略犯罪
- 2 項　侵略犯罪の前提として必要な国による侵略行為（act of aggression）の定義

国際刑事裁判所ロゴ
（写真：ANP／時事通信フォト）

（安保理決議 827〔1993 年〕）とルワンダ国際刑事裁判所（ICTR）（安保理決議 955〔1994 年〕）であり，それぞれオランダのハーグとタンザニアのアルーシャに置かれた。

ICTY は，ジュネーヴ諸条約の重大な違反行為，戦争の法規または慣例に対する違反，集団殺害犯罪および人道に対する犯罪について 1991 年以降旧ユーゴスラビア領域内で行われたものについて管轄権を持ち，2015 年春現在で 160 人以上を審理した 9-2 。ルワンダ内戦における行為を処罰する ICTR では，1994 年の 1 年間に行われた集団殺害犯罪，人道に対する犯罪ならびにジュネーヴ諸条約共通 3 条および第 2 追加議定書の著しい違反を処罰対象とし，審理された者は 90 名に達する。

両裁判所とも任務を終えたが，残りの任務の処理のため，**刑事裁判所国際残余メカニズム**（IRMCT）が国連憲章第 7 章に基づく安保理決議により設置された（安保理決議 1966〔2010 年〕）。

(3)　国際刑事裁判所

ICTY と ICTR の両国際刑事裁判所は，特定の紛争における非人道的行為の処罰目的で国連安保理決議で設置されたものであった。このため，同種の行為の処罰を広く行うことのできる裁判所が必要であるとの声が 1990 年代半ばに一層強くなった。これを受け国連は，国際的な刑事裁判所設置条約の起草を早め，1998 年にローマで国際刑事裁判所（ICC）規程 9-3 が採択された。同規程は，批准受諾国数が 60 に達することを発効要件とし，2002 年に発効した。

国連とは独立した法人格を与えられハーグに所在する ICC は，裁判部門，検察局および書記局から成る。その処罰対象は，集団殺害犯罪，人道に対する犯罪，戦争犯罪および侵略犯罪である。このうち侵略犯罪については，規程採択時にはその定義や管轄権行使条件がまとまらず処罰は実際にはできなかった。その後，2010 年にウガンダのカンパラで開催された規程検討会議で侵略犯罪に関する規定が追加された。この改正発効には 30 カ国が批准または受諾すること，および 2017 年以降に締約国会議が確認的な決議を改めて採択することを要した。2018 年の締約国会議でこの決議が採択され，侵略犯

　2022 年 2 月末にロシアは，自衛権やロシア系住民保護を理由にウクライナに侵攻した。国連緊急特別総会がこれを侵略と非難したこともあり，ロシアの国家指導者を侵略犯罪で裁けるかも広く議論されている。しかし，ICC による処罰はできない。それは，2010 年の ICC 規程改正で挿入された侵略犯罪関連規定（特に 15 条の 2）や規程の改正発効規定（121 条 5 項）が，被疑者国籍国が規程締約国であり，かつこの改正を受諾していることを侵略犯罪についての管轄権行使条件としており，ロシアは規程締約国ですらないからである。規程改正時には，戦争犯罪等と同じく侵略犯罪が行われた被害国が締約国で改正を受諾していれば管轄権行使可能とすべきとの主張も根強かったが，規程締約国中では特に英仏がこれに反対し，結局，被疑者国籍国，すなわち侵略国が受諾していなければならないことになった。日本も英仏と同じ見解をとった。

　1998 年にローマで採択された規程上の集団殺害犯罪，人道に対する犯罪と戦争犯罪については，犯罪行為地国が規程締約国かまたは ICC 管轄権を受諾する宣言をしていれば（12 条 2 項・3 項），被疑者国籍国が締約国でなくとも ICC は処罰できる。ウクライナは締約国ではないが管轄権受諾宣言をしており，ICC の管轄権行使は可能である。このためヨーロッパを中心に日本を含む 40 を超える規程締約国がウクライナの事態を ICC に付託し（13 条 (a)，14 条），戦争犯罪等について ICC 検察官の捜査が始まった。ロシア軍将兵の行為のほか，ウクライナ側の行為も捜査の対象になる。

　諸国もロシアまたはウクライナの将兵による戦争犯罪等を普遍主義により処罰できる。ジュネーヴ諸条約とその第 1 追加議定書の重大な違反行為と呼ばれる戦争犯罪のように，処罰するかまたは関係国に引き渡すことが義務づけられているものもある。ICC は補完性原則によって管轄権を行使するから，関係国が適切に処罰すれば ICC での裁判はなされない。

　法的正義を貫徹するためには ICC や諸国によって戦争犯罪のすべてが処罰される必要があり，処罰はそのような行為を命じたかまたは防がなかった国家指導者にまで及びうる。しかし，自国の最高指導者が処罰されるということになれば，その国は戦争終結のための政治的妥協に応じなくなるであろうから，戦争をかえって長引かせることにもなりかねない。ICC や諸国が実際にどこまで高位の国家指導者を訴追するかが注目される。

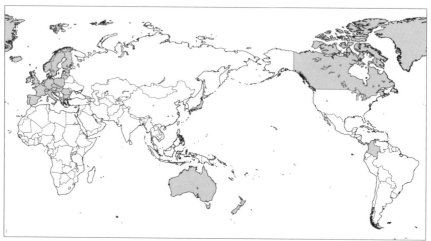

ウクライナの事態を ICC に付託した ICC 規程締約国

罪に関する規程改正が発効することとなり，2022 年 5 月現在で 43 カ国がこれを批准または受諾している。

　ICC の管轄権行使は，**補完性の原則および関係国同意の原則**に従う。補完性原則とは，どの国も適正に処罰できない場合に ICC が国の管轄権を補完して処罰するという原則である。国が管轄権を行使しなければ，犯罪行為地国または被疑者国籍国のいずれか一方が規程締約国であるか，非締約国でも管轄権行使に同意する場合に ICC は管轄権行使を開始できる。これを同意原則と呼ぶが，注目されるのは，属地主義と積極的属人主義で処罰可能な国の一方の同意で足りるという点である。すなわち，犯罪行為地国の同意さえあれば被疑者国籍国は規程締約国ではなくともその国民が処罰されることになる。ただし，2010 年改正で規定が追加された侵略犯罪と一部の戦争犯罪に関しては，管轄権行使のために被疑者国籍国の同意が原則として必要になった。

　ICC へ規程締約国が付託するかまたは検察官が職権で捜査を開始する際には，こうして関係国の同意を要するが，国連安保理の国連憲章第 7 章に基づく決議を通じての付託ならば関係国

混合裁判所

国内裁判所に国際的な要素を持ち込み，国際裁判所と国内裁判所の中間的な刑事司法機関を設けることがある。これらも国内裁判所では処罰されない深刻な事態の処理を目的とするが，国連安保理内の対立から国連憲章第7章決議採択の見通しがたたなかったり，国際裁判所が大物処罰に集中して他の者の処罰が十分になされないときに設置されることがある。設置の背景はさまざまであるから設置方式や法的根拠も分かれるが，このような刑事司法機関をまとめて混合裁判所（mixed tribunal, hybrid tribunal）ということがある。

混合裁判所としてよく知られているのが2003年の国連カンボジア協定に基づく**カンボジア裁判所特別裁判部**（ECCC）である。これは，カンボジア裁判官と外国人裁判官からなり，クメール・ルージュ時代の大規模な非人道的行為に責任のある者を裁いた。性格はやや異なるが，国連管理下のコソボや東チモールにおける混合刑事司法機関，**シエラレオネ特別裁判所**（2000年）やレバノン特別裁判所（2007年）もある。中央アフリカでは事態がICCに付託されながら，2015年に同国は混合裁判所の設置法を制定した。

ECCCの様子。　　　　　　　　　　　　（写真提供：ECCC）

同意は規程上も不要とされる。

これまでにコンゴ民主共和国，中央アフリカ，ウガンダ，スーダン，ケニア，リビア，コートジボワールやマリといったアフリカを中心とした事態が付託されてきた。このうちスーダンの事態は，安保理付託によるが（安保理決議1593〔2005年〕），容疑がかけられた同国のバシル大統領は逮捕されていない（⇒巻頭カラー**C-10**）。

日本は，ICC規程の署名を見送っていたものの2007年に加入により規程締約国となった。その際，ICCへの協力義務を果たすため**ICC協力法**を定めた。前述のとおり規程は，対象犯罪処罰を締約国に義務づけず，日本も対象犯罪を国内法で処罰するための新規立法は行わなかったため，日本は，既存刑法で処罰可能な範囲で処罰を行う。もっとも，証拠隠滅等のICCの運営を害する行為に関しては，ICC協力法で処罰規定を新設した。

4 犯罪人の引渡し

(1) 外国への引渡し

国は，外国人の入国の可否を判断する自由を持つから，他の国で犯罪を行った者の入国を拒否する義務はない。また，他の国からの犯罪人引渡要請に応じる義務も一般的にはない。このため犯罪者を領域内でかくまうことが法的に許容され，これを**領域的庇護**という。なお，難民の受入保護の一般国際法上の根拠も領域的な庇護である。他国の領域に侵入してそこで庇護される犯罪者を無理矢理連行することは領域主権の侵害である。在外公館に駆け込んだ者を庇護する**外交的庇護**は認められないとされる。

反対に国は，犯罪を行った者を他の国に任意に引き渡すことができる。これを**犯罪人引渡し**（extradition）という。引渡しを条約で義務化することもでき，そのような条約を**犯罪人引渡条約**と呼んでいる。日本は，米国および韓国と犯罪人引渡条約を結んでいる。

引渡しは，条約上の引渡義務がなければ任意に判断されるが，一般に次のような条件を考慮する。まず，**双方可罰**（双罰性）の条件を満たすことが要求される。これは，問題となる行為が犯罪人の所在国と引渡要請国の双方の刑法で処罰可能でなければならないことをいう。また，一定以上の重大性を持つ犯罪に限定して引き渡すことが多く，自国民を引き渡さないとする国もある。**政治犯**は引き渡さないが，航空機不法奪取防止条約のような特別の条約で政治的動機にかかわらず引き渡すとされる場合は別である。日本は，外国からの引渡要請については**逃亡犯罪人引渡法**（1953年）に従い判断する。

(2) 国際的な刑事裁判所への引渡し

国家間の犯罪人引渡しのほかに，国と国際的

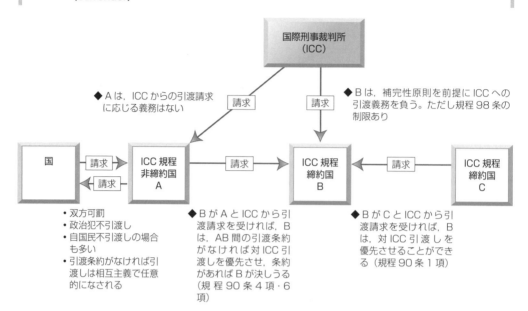

9-4 国家間の犯罪人引渡し（extradition），および国と国際刑事裁判所の間の犯罪人引渡し（surrender）

国際刑事裁判所
（ICC）

◆ Aは，ICCからの引渡請求に応じる義務はない

請求

請求

◆ Bは，補完性原則を前提にICCへの引渡義務を負う。ただし規程98条の制限あり

国

請求

請求

ICC規程
非締約国
A

請求

ICC規程
締約国
B

請求

ICC規程
締約国
C

・双方可罰し
・政治犯不引渡し
・自国民不引渡しの場合も多い
・引渡条約がなければ引渡しは相互主義で任意的になされる

◆ BがAとICCから引渡請求を受ければ，Bは，AB間の引渡条約がなければ対ICC引渡しを優先させ，条約があればBが決しうる（規程90条4項・6項）

◆ BがCとICCから引渡請求を受ければ，Bは，対ICC引渡しを優先させることができる（規程90条1項）

な刑事裁判所の間の引渡しも起こる **9-4**。国連憲章第7章決議で設置されたICTYおよびICTRに関しては，両裁判所の権限が国内裁判所に優越するため，国連加盟国は，同一人について国内裁判所審理中でも引渡しを義務づけられた。

ICCと締約国との関係は，引渡しについてもかなり複雑である。ICC規程締約国は，ICCへの協力義務を負い，自国領域内にある被疑者を要請があれば引き渡さなければならない。ICCは，国の管轄権を補完するかたちで裁くから，対等な国の間で水平的になされる引渡しとは異なり，双方可罰や政治犯不引渡の原則の適用が排除され，自国民でも引き渡す。

他方，ICC規程上，元首等の「公的資格」に伴う免除が否定されるとはいえ（27条），ICCは，「第三国」の「人又は財産に係る国家の又は外交上の免除に関する国際法に基づく義務に違反する行動を求めることとな」る引渡しを規程締約国に要求できない（98条1項）。このため，規程対象犯罪を犯した非締約国の国家元首等が締約国領域に滞在する場合には，当該締約国に対し非締約国元首等の免除を否定してまで引渡しを要請することはできない。また，駐留外国軍等の構成員引渡しに当該外国の同意を必要とする約束がある場合にも，それに反する引渡しを国に求めることができない（同条2項）。ただし，国連安保理が国連憲章第7章決議でICCに付託する場合には，決議の効果で非締約国元首等の免除の主張が否定され，ICCへの引渡しが義務的になる。このほか，ICCと外国の双方から同時に引渡しを求められ請求が競合する際の扱いも規程で定められる（90条）。

日本については，その逃亡犯罪人引渡法は，国際的な裁判所への引渡しを考えておらず，ICTYとICTRへの引渡しとの関係では同法改正や新規立法も行われなかった。ICCからの身柄引渡しその他の要請があれば，ICC協力法を新たに設けたのでこれに基づき協力する。

参考文献
・山本草二『国際刑事法』（三省堂，1991年）
・「特集・国際刑事裁判所」国際法外交雑誌98巻5号（1999年）
・村瀬信也＝洪恵子編『国際刑事裁判所──最も重大な犯罪を裁く〔第2版〕』（東信堂，2014年）
・「特集・国際刑事裁判所『侵略犯罪』関連規定への日本の対応」国際法外交雑誌114巻2号（2015年）

Chapter 10
国境を越えるモノ，サービス，資本
——国際経済に関する法

近年，ますます国境の壁が低くなり，モノ，サービス，資本が他の国から自国に入ってくる，あるいは，自国の製品や作品が外国で利用されていることに気づくであろう。このような経済分野における国際的な規則や制度は，どのようになっているのであろうか。

1 経済活動の国際的枠組みの展開

(1) 第二次大戦までの世界経済，そして，GATT体制へ

外国から輸入されたモノはもはや生活の一部であり，外国との貿易が規制もなく自由であるかの印象を持つ人もいるかもしれない。他国からの輸入も他国への輸出も条約が関与している。

19世紀，国は他国との間で二国間通商条約を結び，その中で最恵国待遇や内国民待遇（⇨②(1)）を定め，自由主義に基づく通商に関与した。その後，第一次大戦の戦費を調達するため，経済に国がより積極的に介入するようになった。第一次大戦後の1929年，米国に端を発した世界恐慌に対し，各国は輸入制限や関税の引上げなどの保護貿易主義を採用し，その結果世界の貿易は減少し，ブロック経済化をもたらした。最終的にブロック経済は帝国主義的な軍事対立へと転化し，第二次大戦の勃発へとつながった。

この反省から第二次大戦末期の1944年7月，米国のブレトン・ウッズで連合国通貨金融会議が開催され，戦後の国際経済秩序について話し合われた**10-1**。そこでの合意の内容は，自由貿易体制を基軸とし，貿易，通貨および金融のそれぞれについて国際協力の枠組みを構築することであった。この枠組みが基礎となって設立されたのが，通貨安定や為替自由化のため短期的な資金供与を行う**国際通貨基金**（IMF）と戦後の復興および開発のために長期的な資金供与を行う**国際復興開発銀行**（International Bank for Reconstruction and Development：IBRD）である。これに加えて，国際金融公社（IFC，1956年設立），国際開発協会（IDA，1960年設立），国際投資紛争解決センター（ICSID，1966年設立），多数国間投資保証機関（MIGA，1998年設立）の5つの機関が世界銀行グループと呼ばれる。

通商のための国際組織，国際貿易機関（International Trade Organization：ITO）の設立も試みられたが，米国は議会の反対により設立条約を批准できず，ITOを設立する条約を批准した国はわずかにとどまった。その結果，通商政策を扱う国際組織は設立されなかった。その一方，ITO設立条約の交渉時に並行して話し合われた関税の引下げを内容とする「関税及び貿易に関する一般協定」（GATT）は，1947年に採択され，翌年発効した。日本はこれに1955年加入した。この時代に確立した経済秩序がブレトン・ウッズ＝ガット体制である。ガット体制は，多角的貿易体制の基礎をなし，貿易の自由化を促進するためのシステムであったため，社会主義諸国は参加しなかった。ソ連と東欧諸国は，経済相互援助会議（COMECON）を中心として独自の経済圏を形成した。

10-1 連合国通貨金融会議

ブレトン・ウッズで行われた連合国通貨金融会議（1944年）で発言する英経済学者ケインズ。
（写真：IMF/AFP＝時事）

10-2 「インドネシア独立」を宣言するスカ
ルノ大統領（1945年）

（写真：毎日新聞社/時事通信フォト）

(2) 新興独立諸国からの新たな主張

　他方，第二次大戦後，植民地支配から脱した
アジア・アフリカ諸国が，次々と国際社会に登
場した**10-2**。彼らは，政治的独立を得て先進
国と政治的に平等の立場に立ったものの，経済
的には低開発の状況にあった。これら新興独立
諸国は，南北格差を乗り越えるため経済的な自
立を求め，外国資本を導入して自国を開発した
り，自国内の天然資源の国有化を行ったりした。
西側諸国も冷戦下，相手陣営の勢力拡大を阻む
ために途上国への援助を積極的に行った。

　しかし，従来の国際経済秩序が先進国モデル
を志向するものであり，途上国は従属的な役割
しか担えなかったことや援助による資本の増強
のみでは南北の格差を縮めることができないこ
とを，途上国は認識するようになった。1964
年，ジュネーブで開催された国連貿易開発会議
（UNCTAD）において，先進国と途上国の間に
適用される新しい通商原理が主張された。それ
は途上国の産品には，非相互的な一般特恵を与
え，輸出で生じた所得減少について補償や融資
を行う制度を構築することを骨子とするもので
あった。同年の総会決議によって，UNCTAD
は，南北問題を取り扱う恒常的な国連機関とし
て総会の下に置かれた。

　さらに，1974年，国連総会において，経済
主権，国際協力，平等を三本の柱とする**国の経
済的権利義務憲章**（総会決議29/3281）が採択さ
れた。資源ナショナリズムに基づく途上国の主
張は，1980年代半ばまで国連を席巻し，途上

国は自決権の経済的な側面を強調し，天然の富
と資源に対する恒久主権をも主張した。しかし，
1980年代に生じた世界規模での長引く不況に
より，途上国の貿易における条件が悪化したこ
と，途上国の累積債務問題が生じたこと，途上
国の間での格差が拡大し，その結果，途上国の
連帯が失われたこと，加えて，冷戦終結後，計
画経済モデルの有効性が疑問視されたことなど
の諸要因によって，途上国が中心となって主張
した新国際経済秩序を求める動きは頓挫した。

　その後，途上国の開発問題に対する国際的な
取組みは，途上国の国内政策への介入を伴うよ
うになった。介入については，1970年代にす
でに世界銀行が basic human needs（BHN，人
間の基本的最低限度のニーズ）の考え方を示し，
途上国の経済政策に関与することがあったが，
その当時，それを「干渉」と途上国は捉えるこ
とが多かった。しかし，1990年代以降の新自
由主義の拡大や貧困問題に対する世界的な関心
が高まったことから，途上国の開発問題を国際
的に取り扱う際，途上国の国内政策に立ち入る
ことが多くなっている。

(3) WTOの成立

　一方，1940年代に成立したGATTは，社会
主義国を除く多くの国の参加を得た。GATT
に加入した国々は，数度のラウンド（多角的貿
易交渉）を開き，関税の引下げ交渉を行った。
そのたびに関税やその他の貿易上の障壁を減ら
していった。その結果，第二次大戦直後，平均
40％もあった先進国の鉱工業品に対する関税
は，数度のラウンドを経て6～10％にまで引き
下げられた。

　1990年代には新自由主義が世界的に力を持
ち，国内法に基づく種々の経済的規制も緩和さ
れた。この流れの中，ウルグアイ・ラウンド
（1986～94年）が実施され，単なるモノの貿易に
とどまらず，農業分野（農業に関する協定），サ
ービス（サービス貿易に関する一般協定，GATS），
知的財産の保護（貿易関連知的所有権協定，
TRIPS），植物検疫（衛生植物検疫措置協定，SPS）
もその対象とするよう拡大し，また，紛争処理

制度も備えた世界貿易機関（WTO）の設立へと結実した。これに伴い，以前のGATT は 1947 年 GATT と呼ばれ，WTO の多角的貿易協定に組み込まれたものは，1994年 GATT と呼ばれるようになった。

10-3 **10-4**

WTO は旧社会主義諸国にも拡大し，GATTよりも普遍的になり，2020 年現在，164 の国および地域が参加している。参加する国が増えると利害関係も複雑にならざるをえず，内部での合意を形成することが困難となる。そこで近年，WTO の枠組みの外で二国間または複数国間で地域的な貿易協定を締結するようになってきた（⇨**5**）。

2 物品の貿易

GATT やその後の WTO 協定が基礎とする原則と例外には，次のようなものがある。

(1) 原　則
(a) 最恵国待遇原則　　他国の国民や企業，産品に与える待遇と同等の待遇を，相手国の国民や企業，同種の産品に与えることを**最恵国待遇**という。外国と外国の間での差別を禁止する

10-3　WTO 設立（スイス・ジュネーブ，1995 年）

（写真：Keystone/時事通信フォト）

10-4　WTO 協定の構造（括弧内は WTO 体制の中での協定の名称）

```
世界貿易機関を設立するマラケシュ協定→WTO 設立
├── 物品の貿易に関する多角的協定
│     1994 年の関税貿易一般協定（附属書 1A）
│     農業協定
│     衛生植物検疫措置の適用に関する協定（SPS，附属書 I A）
│     サービス貿易一般協定（GATS，附属書 1B）
│     繊維及び繊維製品に関する協定
│     貿易の技術的障壁（TBT）に関する協定
│     貿易に関する投資措置（TRIM）に関する協定
│     1994 年の関税及び貿易に関する一般協定第 6 条の実施に関する協定
│        ・アンチダンピング協定
│     1994 年の関税及び貿易に関する一般協定第 7 条の実施に関する協定
│        ・関税評価に関する協定
│     船積み前検査（PSI）に関する協定
│     原産地規則に関する協定
│     輸入許可手続に関する協定
│     補助金及び相殺措置に関する協定
│     セーフガードに関する協定
├── サービス貿易に関する一般協定　（附属書 1B，GATS）
├── 知的所有権の貿易関連の側面に関する協定　（附属書 1C，TRIPS）
├── 紛争解決に係る規則及び手続に関する了解　（附属書 2，DSU）
└── 貿易政策検討制度　（附属書 3，TPRM）

複数国間貿易協定（附属書 4）
    ┌ 民間航空機貿易に関する協定
    └ 政府調達協定（GPA）
```

ことから無差別原則の1つとして挙げられる。関税，課徴金，輸出入手続，国内の流通や販売関係の国内規則などについて，この最恵国待遇が与えられる。この原則の目的は，平等な競争の機会を保障することにある。

(b) 内国民待遇原則 国内市場において自国民や自国の産品に対して与えられている権利を外国人や外国の産品にも認め，同じ待遇を保障することを**内国民待遇**原則という。これは内外差別を禁止する原則である。この原則の適用上，国産品と「同種の」輸入品である場合，国産品よりも不利な待遇が禁止される。この原則が取り上げられた事例に日本の酒税法での扱いの問題があった。焼酎とウォッカ，ジン，その他の蒸留酒の間に税率に違いがあり，欧州共同体（EC）やカナダや米国がこれをGATT3条違反であると申し立てた。紛争解決機関はこれらを同種の産品と判断し，焼酎に対する課税よりもウォッカのそれが高いことから，GATT違反であると認めた。

(c) 関税および非関税障壁に関する原則 貿易を制限する効果を有する措置，または，状態を広義の**貿易障壁**という。この中に関税と非関税障壁がある。関税については，輸入国が関税の上限を約束することを**関税譲許**といい，各国は上限を決定し，それ以下の税率を他国の産品に課することになる。GATTやWTOでは，関税を禁止することはなく，単に段階的に引き下げることを目指している。

非関税障壁の例としては，数量制限，補助金，輸入許可制度，商品規格，流通機構，商慣行などが挙げられる。GATTでは，数量制限，輸出入割当や許可を明示的に禁止した。それ以外の非関税障壁については，正当な目的の達成に必要とされる以上に貿易制限的な規格としないこと，関連の国際規格に従うことを定めるなどした。WTOでは非関税障壁に関する協定（貿易の技術的障害に関する協定〔TBT〕，衛生植物検疫措置協定〔SPS〕など）を決め，GATT時代に比べるとその対象が大幅に拡大した。

(2) 例 外

WTO体制はその原則の適用についてさまざまな例外を認めている。

(a) 一般的例外 GATT20条は，一般的に適用できる例外を規定する（**一般的例外**）。国家主権と密接に関連したり，国内の公序維持の観点から必要とされたりする事項を自由貿易から除外することができる。たとえば，人，動物または植物の生命または健康のために必要な措置（同条(b)），有限天然資源の保存のための措置（同条(g)）など10種類の措置が規定されている。これを適用してGATTの規定とは異なる措置をとる場合には，必要性などの種々の要件を満たすことが求められる。

(b) セーフガード（緊急輸入制限） セーフガードとは，急激な輸入の増加によって特定の国内産業に損害が生じるおそれがあったり，生じたりした場合，損害を救済するため，すでに引き下げた関税を一時的に撤回または修正したり，輸入数量の制限を行うことを認めることである。この条項によって当事国は貿易自由化義務を受け入れやすくなり，かつ，貿易自由化を実施した後に，保護主義を生じにくくすることができ，安全弁としての役割を果たす。

また，途上国の産品について有利に扱うことが，最恵国待遇の違反とならないことなど，途上国に対する特別な待遇を一定程度認めている。

(c) アンチダンピング関税 正常な価額よりも低い価額で産品を他国の商業に導入することがダンピングである。正常な価額とは，輸出国の国内市場価格や第三国への輸出価額などであり，これらよりも低い場合ダンピングがあるとされる。ダンピングが行われると，輸入国の

Column 10-1

米国エビ・エビ製品事件（1998年）

　エビ漁においてウミガメが一緒に捕獲されないようにする装置を義務づけていない国から米国へのエビの輸入を禁止する米国の措置について，WTO上級委員会は，GATT20条(g)の適用を認めた。しかし，米国の措置が一方的であることや手続が不透明であることから，「任意の差別」であり，「正当とは認められない差別」であるとして，最終的に正当化を認めなかった。

国内産業に損害が生じうる。しかし，価格の設定は私企業が行うため，GATT や WTO 協定自体が直接それを規制することはできない。そのため，輸入国内に実質的な損害を与える場合などに限り，WTO 体制はダンピングがあると認め，不公正な行為であるとし，輸入国が対抗措置として，ダンピングの価格の差を超えない金額のアンチダンピング関税を課すことができるとした。

(d) **安全保障** GATT21 条は安全保障のための例外を規定し，自国の安全保障上重大な利益に反すると締約国が認める場合，措置を執ることを可能とする。それらは戦時や緊急時に執る措置を含み，同条の適用の可否は援用する国の自己判断に基づく。この種の例外が，WTO の紛争解決機関で取りあげられ，その際援用する当事国の裁量は無制限ではなく，信義則に基づいた制約が存在すると示した。実際にはかなり広範な裁量が援用国に認められうることとなった（ロシア・貨物通過事件〔2019 年〕）。

3 サービス貿易と知的財産権問題

サービス貿易の例として，外国の通信販売の利用，外国のホテルの利用などの海外での消費，海外支店での金融取引，外国からのアーティストの公演などが挙げられる。以前は相互主義によって規律されてきたが，WTO においてこの分野の協定（GATS）を採択した。外国のサービス業者が国内市場に参入できるという「市場アクセス」という概念を導入し，自由化を進めることとなった。サービス分野においても，最恵国待遇と内国民待遇原則を規定し，加えてサービスに関連する法律，規則などを公表すること（透明性の確保）を義務づけた。また，サービス貿易の自由化を行う分野や条件をリストに記載し，定期的に交渉を行うこととした。

WTO 協定には，**知的財産権**（知的所有権ともいう。特許権，商標権，著作権など）**10-5**に関する最低保護水準などを定める協定（TRIPS）がある。この分野については，19 世紀から世界知的所有権機関（WIPO）が中心となって，知的財産権を国際的に保護する条約を作成し，運

10-5 税関が摘発した偽造品

税関が 2012 年に摘発したコピー商品など知的財産権の侵害物件（東京・霞が関の財務省）。　（写真：時事）

用してきた。1980 年代まで条約は，属地主義と内国民待遇を主たる内容としていた。これらでは十分に知的財産権を保護できないと考える米国が，この分野を WTO 協定の一部に加えることを強く主張し，最終的に採択に至った。そこでは最恵国待遇原則と内国民待遇原則を最低基準として適用することが義務づけられた。また，協定において加盟国が実施する手続についても最低基準を定めた。

2017 年 TRIPS 協定を改正する議定書が発効した。これにより途上国における公衆の健康の問題に対処するため，特許権者以外の者が感染症（エイズ，結核，マラリア等）の医薬品を生産・輸出することが可能となった。

4 紛争解決手続

(1) WTO における紛争解決手続の流れ **10-6**
WTO の紛争解決は，紛争解決手続了解（DSU）に基づき，紛争解決機関（DSB）が手続の運用を行う。加盟国の間で義務の不履行や何らかの措置の実施の結果，WTO 加盟国がWTO 協定上の自国に与えられた利益を無効とされた場合，または，侵害された場合，まず紛争当事国の間での協議を要請する。協議以外に仲介・調停や仲裁も利用できる。一定期間内に協議などで紛争が解決できなかった場合，申立国は，WTO の制度に紛争を付託することができる。WTO の紛争解決は，**小委員会**（パネル）

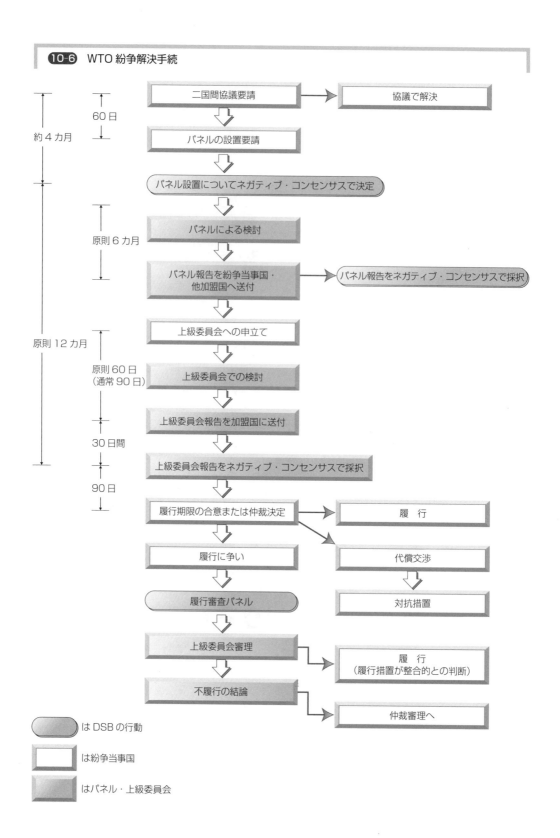

10-6 WTO 紛争解決手続

二国間協議要請 → 協議で解決

60日

約4カ月

パネルの設置要請

パネル設置についてネガティブ・コンセンサスで決定

原則6カ月

パネルによる検討

パネル報告を紛争当事国・他加盟国へ送付 → パネル報告をネガティブ・コンセンサスで採択

上級委員会への申立て

原則12カ月

原則60日（通常90日）

上級委員会での検討

上級委員会報告を加盟国に送付

30日間

上級委員会報告をネガティブ・コンセンサスで採択

90日

履行期限の合意または仲裁決定 → 履 行

履行に争い → 代償交渉

履行審査パネル → 対抗措置

上級委員会審理 → 履 行（履行措置が整合的との判断）

不履行の結論 → 仲裁審理へ

はDSBの行動

は紛争当事国

はパネル・上級委員会

10-7 WTOの紛争解決に付された国の地図

・ ▨▨は非加盟国。色が濃いほど，申立て／被申立て数が多いことを示している。
・ イギリスは2020年1月31日現在EUメンバーとして扱う。係属中の事例も同様である。
・ 欧州諸国で，EUの加盟国は，EUとして計上されている場合と，個別に申立て／被申立て国となっている場合がある。

©World Trade Organization 2020

と上級委員会 **10-8** という二審制をとる。

　申立国からDSBにパネルの設置が求められたならば，DSBが，3人の個人委員から構成されるパネルの設置をしないことをコンセンサスで決定しない限り，パネルは設置される（ネガティブ・コンセンサス方式）。すなわち，1カ国でも賛成すればパネルの設置がなされる。紛争当事国はそれぞれ書面や口頭で自らの主張を行い，パネルに正当性を訴える。パネルはそれらを踏まえてパネル報告を作成する。そのパネル報告は紛争当事国のみならず，すべてのWTO加盟国に送付される。

　紛争当事国はパネルの判断について異議がある場合，上級委員会に申立てを行うことができる。上級委員会（3人で構成）は，パネルの報告を修正または取り消すことができ，上級委員会の報告も加盟国に送付される。パネルが設置されてからパネルや上級委員会の報告が採択されるまで，おおよそ1年3カ月を要する。

10-8 WTO上級委員会

（写真：WTO上級委員会）

　これらの報告書が採択され，相手国がその決定に従った措置をとったり，対抗措置がとられたりすると紛争は解決したことになる。しかし，時として，報告書の措置が実施されたかどうかについて争いが生じることがある。その場合，履行審査パネルにその問題を付託することができる。上訴制度が導入されたことで公平性と信

頼性が増したといえる。

(2) WTO における紛争解決手続の特徴

WTO 協定に基づく紛争解決手続が定められ，迅速かつ実効的な紛争処理制度が確立した。GATT 体制下では，他国の違反と考えられる場合，一方的な措置がとられることがあったが，それを効果的に防止する規定ぶりとなった。また，手続が自動化されたこと，二審制が導入されたことも特徴である。パネルや上級委員会の設置や報告書の採択などの意思決定において，ネガティブ・コンセンサス方式が採用され，実質的に自動的に手続が進むこととなる。

これらの特徴から WTO の紛争解決手続は実効性が向上したとされ，WTO 設立当時は，「王冠の宝石」とまで呼ばれた。紛争解決手続に付した件数は，GATT では 1948 年から 1994 年の 46 年間で 314 件（年平均 6.7 件）であった一方，WTO では 26 年間（2021 年 12 月まで）で 607 件（年平均 23.3 件）となり，増加した（**10-7**）。

しかし，2017 年夏以降，上級委員の欠員補充に米国が反対してきたため，委員の欠員が生じ，2019 年 12 月上級委員会は実質的に機能停止した。しかし，DSB は上訴を認めていることから，第 1 審のパネルで敗訴した国は上訴

が可能であり，上訴の結果，パネル報告書は採択されず，機能停止の上級委員会に単に案件が移行し，事態は膠着状態となり，紛争が解決されない結果となる。米国は，上級委員会がWTO 設立時に合意された権限を越えた判断を行っていることや，上級委員の任期終了後も加盟国の了承を得ずに担当する事案を継続審理することなどを批判してきた。紛争解決手続の存在は制度の公平性や予見可能性に資することから，その機能再開が待たれている。

5 地域経済統合と経済連携協定

(1) 地域貿易協定

自由貿易を推進してきた GATT においても地域経済統合を認め，最恵国待遇の例外とすることを許容した。WTO 体制においても**自由貿易地域**を設立する協定や**自由貿易協定（FTA）**が数多く締結されている。自由貿易地域としては，欧州自由貿易連合（EFTA），北米自由貿易協定（NAFTA），南米南部共同市場（MERCOSUR），ASEAN 自由貿易地域（AFTA）が知られている。これらの地域貿易協定は多様であるものの，一般的には域内での貿易を自由化することでその単一市場化を目指している。また，最近では単にモノの貿易自由化のみならず，金

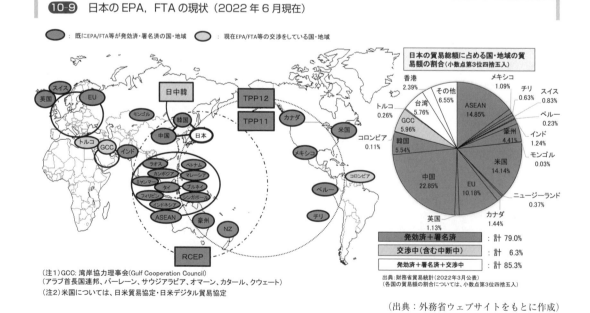

10-9 日本の EPA，FTA の現状（2022 年 6 月現在）

⬤：既に EPA/FTA 等が発効済・署名済の国・地域　　⬤：現在 EPA/FTA 等の交渉をしている国・地域

日本の貿易総額に占める国・地域の貿易額の割合（小数点第3位四捨五入）

発効済＋署名済	：計 79.0%
交渉中（含む中断中）	：計 6.3%
発効済＋署名済＋交渉中	：計 85.3%

（注1）GCC: 湾岸協力理事会（Gulf Cooperation Council）
（アラブ首長国連邦、バーレーン、サウジアラビア、オマーン、カタール、クウェート）
（注2）米国については、日米貿易協定・日米デジタル貿易協定

出典：財務省貿易統計（2022 年 3 月公表）
（各国の貿易額の割合については、小数点第 3 位四捨五入）

（出典：外務省ウェブサイトをもとに作成）

（写真：時事）

融などのサービス，知的財産権，投資，競争政策，労働基準などの多くの分野においても共通化を目指す傾向にある。

欧州連合（EU）の場合はすでに共通通貨ユーロを導入し（⇨**巻頭カラー C-17**），経済同盟へと移行し，共通外交政策や共通の安全保障政策の追求へと進んでおり，経済統合にとどまらず政治統合へと歩みを進めている。自由貿易協定を締結することによって市場規模が拡大し，競争が促進され，資源を効率的に配分，利用することができる（⇨**Chapter 7 ④**）。

(2) 日本の経済連携協定

日本の経済連携協定（EPA/FTA）も自由貿易協定の一種である。これらの協定は，特定の国や地域の間で輸出入の関税の撤廃・削減という貿易分野のみならず，サービス業における規制の緩和・撤廃，投資環境の整備，知的財産の保護といった二国間協力をも規定している。

日本は，経済連携協定を 24 カ国とそれぞれ締結し，それらの国・地域との貿易は貿易総額の 8 割にも及ぶ**10-9**。リーマン・ショックなどの全世界的な不況の影響が一時的に生じ，貿易量が減少したものの，EPA を締結していない国と比べ，EPA 締結国との間ではその回復が早かった。

環太平洋パートナーシップ（TPP）協定は，2006 年シンガポール，ニュージーランド，チリおよびブルネイの間で成立した環太平洋戦略

的経済連携協定に，米国，オーストラリア，ペルー，ベトナムの 4 カ国が 2010 年 11 月に参加した。その後，マレーシア，メキシコ，カナダおよび日本が交渉に参加し計 12 カ国となっている。この協定は，アジア太平洋地域でのモノ，サービス，投資の自由化および円滑化を進め，知的財産，電子商取引，環境などの分野についても新たなルールを構築するものである。数度の交渉が重ねられ，2015 年 10 月大筋で基本合意に至り，2016 年 2 月，ニュージーランドのオークランドにおいて署名がなされた**10-10**。発効には，署名国の中の主要 6 カ国の批准が必要とされた。2017 年 1 月に発足した米国のトランプ政権が TPP 離脱を正式に表明したため，米国以外の 11 カ国の間で協議がなされ，2018 年 3 月「環太平洋パートナーシップに関する包括的及び先進的協定（TPP11 協定）」として署名され，同年 12 月に発効した。

地域的な包括的経済連携協定（RCEP）は，ASEAN 構成国，日本，中国，韓国，オーストラリアおよびニュージーランドの 15 カ国が参加し，交渉を続け，2020 年 11 月署名がなされた。2022 年 1 月，9 カ国（ブルネイ，カンボジア，ラオス，シンガポール，タイ，ベトナム，中国，オーストラリアおよびニュージーランド）および日本について発効した。その後，2022 年 2 月に韓国，3 月にマレーシアについても発効した。RCEP の当事国間で物品に関する関税を引き下げることや撤廃すること，サービス分野での外資出資比率の制限や他の規制を緩和すること等を規定した。加えて，発展段階や制度が異なる当事国間における知的財産や電子商取引などの分野のルールを整備した。

以上のような地域貿易協定によって自由貿易地域が形成され，その結果，域内で貿易の自由化が促進される。自由貿易地帯の広がりは，最終的に全世界の貿易の自由化に貢献し，その地域における平和と安定の促進につながると考えられる。地域貿易協定は GATT の時代からすでに存在しており，それらを廃止することは非現実的であった。WTO 体制においても，地域経済統合はそのサブシステムとして認められて

いる。

6 国際投資の規律

(1) 国際投資に関する南北対立

19世紀以降，欧米諸国の投資家は開発途上地域に対し大規模な投資を行ってきた。19世紀ごろには国際投資法という考え方はなく，特にラテン・アメリカ諸国において外国人の待遇に関する国内法があり，国際法上は外国人投資家らが損害を被った場合，投資家の本国がとりうる外交的保護（⇨*Chapter 8*）の制度があったにすぎない。投資家の本国にとって投資の待遇や保護は，自国経済に影響する重要な関心事項であった。そのため，投資受入国が外国人を文明国の最低基準に従って待遇すべきであるという**国際標準主義**（文明国標準主義）を，第二次大戦まで欧米諸国は唱えていた。一方，20世紀初頭からラテン・アメリカ諸国やソ連などの社会主義諸国が，その後，新興独立諸国も加わって，国際標準主義に反発した。外国人が在留している国は，在留外国人に対して自国民に与えるのと同等の待遇を保障すれば足りるとする**国内標準主義**をこれらの国々は主張し，対立した。

この対立は，外国人財産の収用や国有化の問題において特に先鋭化した **10-11**。収用とは，国家機関が財産権を剥奪したり，財産を管理したり，永久に支配を及ぼしたりすることをいう。国が外国人財産を収用する権限は否定されないものの，国際慣習法上，収用が公共の利益を目的とすること，無差別であること，適当な補償の支払を行うことを満たす必要があるとされていた。

この満たすべき補償原則について，米国国務長官ハルは，1938年「**十分，迅速かつ実効的な**」補償（ハル原則）を主張した。これは収用された資産をその市場価格で，合理的期間内に，国際的に通用する交換可能な通貨によって支払うというものであった。一方，第二次大戦後，数多く登場した新興独立諸国は，政治的独立のみならず経済的な自立を目指した。彼らは，「天然資源に対する恒久主権」という新たな概念を打ち立て，国有化の補償に関する伝統的な

10-11 スエズ運河の国有化

1956年スエズ運河国有化宣言の後に群衆に向かって手を振るナセルエジプト大統領。ナセル大統領は，1952年エジプト王政を倒し，エジプト共和国を成立させた軍人。この国有化は第二次中東戦争をひきおこした。

（写真：AFP＝時事）

原則を，国連総会決議によって修正しようとした。1974年国の経済的権利義務憲章において，自国の関係法に従って適当な補償を支払い，国有化の紛争については，国有化を行う国の国内法に基づいて，その国内裁判所で解決すると規定した。これに対し，西側先進国の多くは同憲章の採択の投票時，棄権か反対をした。その後，先進諸国は1960年代から締結してきた**二国間投資条約**（BIT，「二国間投資協定」ともいう）を活用し，その中で個別に収用の問題に対応するようになった。その結果，収用に関する国際法規範の内容については，いまだ決着がついていない。

しのびよる国有化（間接収用，規制収用）とは，一定期間に一連の正当な規制行為によって実行され，最終的に実質的に投資の価値を減じるような効果のある措置を意味する。これらは国による正当な規制に基づくため，補償の対象とはならないのか，または収用と同様に種々の要件を満たす必要があるのかが判然としない。そこで近年のBITなどでは，収用に「相当する」，または，「等しい措置」を対象とするよう，広義の用語を使って規定し，収用関連規則の規定を適用するようにしている。

(2) 投資紛争の解決

　投資をめぐる紛争が投資家と投資受入国の間で生じた場合を想定し，BIT に**投資協定仲裁の規定（ISDS 条項）**を置くことが多い。これは一方当事者が国ではないため，国際法上の紛争解決手続にはなじまず，投資受入国の国内裁判所での解決にも問題があったためである。この規定に基づいて，投資家が投資受入国に対して仲裁を申し立てることができる。これを利用した仲裁事例は 1990 年代以降増加傾向にある。世界銀行グループの**国際投資紛争解決センター**（IC-SID），国際商業会議所（ICC），国連国際商取引法委員会（UNCITRAL）の仲裁なども利用されている。後者 2 つの機関は，1958 年外国仲裁判断の承認及び執行に関する国連条約（ニューヨーク条約）に基づいて判断する。

　投資紛争に仲裁が利用されるようになったものの，国際法の紛争解決とはいささか異なる様相がある。その手続が公表されるとは限らないこと，紛争ごとに異なる構成で判断されるため，一貫性があるかが不明瞭であることなどである。

10-12 国際投資紛争解決センター（ICSID）

（写真：ICSID ウェブサイト）

参考文献
- 中川淳司ほか『国際経済法〔第 3 版〕』（有斐閣，2019 年）
- 小林友彦ほか『WTO・FTA 法入門〔第 2 版〕』（法律文化社，2020 年）

Chapter

10

国境を越えるモノ、サービス、資本

Chapter 11 地球規模の環境問題に取り組む
——環境をめぐる国際的規制

1 国際環境法の歴史

　人類は自らの生活を便利にそして快適にするために，不断の努力を重ね，現在のような文明社会を構築した。しかし，その結果，負の影響というものも今やあらわになっている。人間の活動によって絶滅した動植物がいたり，化学物質の使用によって公害病やオゾンホールなどが生じたりしている。このように人間の活動によって地球環境に負の影響が現れている例は，枚挙に暇がない。

　国際環境法は，環境保護を目的とする種々の国際法規である。しかし，「環境」の概念は非常に広範かつ包括的であり，定義が困難である。一般的に，「環境」は人間と動植物が共存する自然の空間および天然資源を意味すると考えられる。国際法で環境問題が注目されるようになったのは 20 世紀半ばからであり，他の国際法の分野と比べ，歴史が浅いといえよう。

　国際社会は 20 世紀半ばから，一国では対処できない環境損害や国の管轄を越えた場所または隣接した場所で生じる環境上の問題を調整するため，法的な枠組みを整備してきた。その一方で，産業や科学技術の進歩に伴って地球環境問題は深刻さを増している。そこで国際環境法は損害が生じないよう未然防止の義務（予防）を中心とする合意へと変化を遂げている。その歴史的な変化をみてみよう。

(1) 第二次大戦前

　国は一般的に国際法上，条約などによって特別の制限がないならば，自らの領域をいかなる目的のために利用するか，そして，どのように利用するかを自由に決定することができる。しかし，その自由は無制限なものではなく，他国の権利を害さないことを確保するという条件が付されている。国が私人に領域の使用を許す

る場合であってもこの制約が課される。それが領域使用の管理責任と呼ばれる原則である。この原則は，カナダの管轄や管理の下での活動について米国が訴えた 1941 年トレイル熔鉱所事件 11-1 の仲裁判決で示された。

(2) 人間活動の大規模化に伴う変化

　1970 年代ごろから人間の活動は広範囲にわたり，かつ，自然界への影響も大きくなった。加えて，タンカーでの大量輸送や宇宙における活動などの，危険を伴うものの人間生活に利益をもたらす活動も行われるようになった。このような活動を国際法によって禁止することはできない。しかし，万が一，事故で損害が発生した場合，その対応は従来の国際法規範のみでは困難である。なぜなら，その活動は国際法上，禁止されておらず，また，発生国が相当の注意を払っていなかったことを，影響を受けた他国が立証することが非常に難しいからである。そこで潜在的に危険性を持つ活動について，無過失責任（その行為にかかわる国に故意や過失がなくても，国が責任を負うという考え方）を条約に規定するようになった。

　1972 年ストックホルムにおいて国連人間環境会議 11-2 が開催された。この会議で環境問題

11-1 トレイル熔鉱所事件（1941 年）

カナダ領のトレイル熔鉱所からの煤煙が，谷に沿って南下し，米国ワシントン州の農作物に影響を与えた。熔鉱所の操業についてカナダの管理が不十分であるとして，仲裁裁判所は，同国の領域使用の管理責任を認め，損害が発生しないように防止する措置などを命じた。

124

11-2 ストックホルム国連人間環境会議
（1972年）

（写真：時事通信フォト）

11-3 地球サミット（1992年）

（写真：『平成5年版 図で見る環境白書』）

11-4 「リオ＋20」に集結した各国の首脳，閣僚級の参加者たち（2012年）

（写真：外務省ウェブサイト）

Chapter

11

地球規模の環境問題に取り組む

が世界規模の共通課題であること，また，将来世代の利益を考慮する必要性があることを各国は認識した。そこで人間環境宣言が採択され，その中で領域使用の管理責任を確認し，持続可能な開発が提唱された。この会議の後，国連総会の補助機関として環境問題を取り扱う国連環境計画（UNEP）が設置された。

（3） 地球規模での対応へ

1980年代に入ると環境破壊の規模が拡大し，地球規模での影響が認識されるようになった。その例として，オゾン層の破壊や地球温暖化問題が挙げられる。これらの問題に対処するため，分野別の多数国間条約が採択されるようになった。1992年，リオ・デ・ジャネイロにおいて国連環境開発会議（地球サミット，UNCED）が開催され **11-3**，環境と開発に関するリオ・デ・

ジャネイロ宣言（リオ宣言）が採択された。その中で持続可能な開発を実行するための主要な原則が規定された。それらは，世代間衡平原則，共通だが差異ある責任原則，予防的アプローチなどである（⇨**2**(2)）。また，この時期，国際司法裁判所（ICJ），国際海洋法裁判所（ITLOS），世界貿易機関（WTO）の紛争解決機関に環境をめぐる国家間紛争が付託されるようになった。これらの機関による判決等も国際環境法の発展に影響を与えた。2002年，持続可能な開発に関する世界首脳会議（ヨハネスブルグ・サミット）が，そして，2012年，リオ会議のフォローアップを目的とした国連持続可能な開発会議（リオ＋20・リオプラス20）が，それぞれ開催された。後者は地球サミットから20年が経過し，エネルギーや資源の有限性といった地球の限界が明確になり，環境保全と経済成長の両立を目指す

グリーン経済への移行が喫緊の課題であるという認識に基づき開催された。グリーン経済への移行に必要な環境技術やイノベーションの重要性が参加国間で共有された。その後，国連総会により，UNEP の権限の強化やすべての国連加盟国が参加可能な持続可能な開発に関するハイレベル政治フォーラム（HLPF）の設置が決議された。2015 年，国連持続可能な開発サミットが開催され，「我々の世界を変革する：持続可能な開発のための 2030 アジェンダ」を採択した。この目標として掲げられたのが持続可能な開発目標（SDGs）（⇨巻頭カラー **C-16**）である。この 17 の開発目標から，近代的エネルギーへのアクセス確保（目標 7），持続可能な生産消費形態の確保（目標 12），気候変動の影響軽減（目標 13），持続可能な海洋資源の保全と利用（目標 14），陸域生態系の保護や砂漠化への対処（目標 15）などが導かれうる。

2 国際環境規制の特徴

　国際法の存在形態は主として条約と国際慣習法である（⇨**Chapter 2**）が，国際環境法の場合，国際組織の決議や環境条約の設置した条約機関や締約国会議（COP）の決定が，その法規範の形成に一定の役割を果たす。環境条約の細かい規則やその内容を明確にするための役割を会議の決定や決議が担う。これは科学の発展，科学知識の進展，経済状況の変化などに柔軟に対応する必要があり，条約以外の種々の決定などにも依拠することに利点があるからである。条約の場合，合意に達するのに時間がかかったり，各国の利害の調整が困難であったりすることがあるため，より緩やかな原則が時として有用となりうる。環境規制は以下のような原則や特徴を有する。

(1) 条約の形式

　地球環境問題は因果関係が非常に複雑であり，科学的な不確実性を伴う。もっとも，結果が不確実であるから，または，因果関係がないかもしれないからといって条約の合意を先延ばしにすることは，環境の悪化を招くことにもなりか

ねない。しかし，具体的な国の義務について迅速に，そして，背景が異なる国の間で合意することは困難を極める。そこで多くの環境条約は**枠組条約**という方式を採用している。これは全体の目標，各国の協力義務，条約機関の設置などについて，大まかな枠組みを定める条約をまず締結し，その後，締約国会議での検討を重ね，より具体的で詳細な国の義務を枠組条約に付随する議定書に規定し，成立させる方式である。

(2) 環境に関する国家の義務と法原則

(a) 相当の注意義務　前述の領域使用の管理責任原則（⇨**1**(1)）から導かれる国の義務である。私人の行為の結果生じた外国の損害について，国は外国に対し責任を負わない。しかし，事前に損害を防止するために必要な措置をとったり，事後に実行者を取り締まったりすることが国に求められる。それらを国が行わなかった場合，国は相当の注意を払わなかったとされ，義務違反が成立する。

(b) 越境環境損害防止義務　領域使用の管理責任は，人間環境宣言の原則 21 で国の管轄の外の環境に損害が生じないよう確保する義務となった。また，領域の利用のみならず，国が管理（control）する活動も他国や国際公域の環境に影響を与えてはならないとされた。領域使用の管理責任から生じた越境環境損害防止義務は，1996 年，核兵器使用・威嚇の合法性についての ICJ の勧告的意見において，国の一般的義務として認められた。これは相当の注意義務の一類型である。

(c) 事前通報・協議の義務　これは他国に影響を及ぼすおそれのある事業を行う場合，利害のある国家にその活動を事前に通報し，協議する義務である。しかし，この義務には事業に関して影響を受ける国の同意を得る必要は含まれない。これはラヌー湖事件（1957 年）の仲裁で示された。また，緊急時には通報することを国家の義務とする条約もある。リオ宣言原則 18 においても，他国に重大な影響を持つ緊急事態について即時通報の義務が確認された。

(d) 環境影響評価　計画された事業の活動

の許可，実施，計画などの決定に先立って，それらが環境に影響を与えるおそれがあるという合理的な理由がある場合，環境に及ぼす潜在的な影響を評価する手続である。その結果が決定の判断において考慮されうる。これは国内手続から始まり，その後，国際法に導入された。環境影響評価は，北欧環境保護条約（1974年），気候変動枠組条約（1992年），生物多様性条約（1992年）において明記された。また，リオ宣言原則17においてその必要性が言及された。

（e）　持続可能な開発原則　　この原則は，天然資源の開発と利用において将来の世代の必要を満たし，彼らの能力を害することがないように，現世代が自らの必要を満たすべきであることを意味する。環境保護と経済発展を統合するための概念であり，環境分野の南北問題（⇨**Chapter 10** ■(2)）を乗り越えるためにこの原則が提唱された。持続可能な開発原則は，リオ宣言原則4に規定され，ICJ や WTO の紛争解決機関では，環境保護を目的とする国家行為や主張の正当化根拠として，解釈においても利用されている。

（f）　共通だが差異ある責任原則　　この原則は，地球環境の保全のための対応についてすべての国は共通の責任を有する一方，その原因への関与や環境問題を解決する資金力や能力が異なることから，それぞれの能力に応じて異なる責任を負うことを意味する（義務の差異化）。この原則から先進国が途上国よりも重い責任を負うことが導かれる。オゾン層に悪影響を与える物質の削減について，途上国には義務の履行の猶予が認められたり，先進国のみに数値目標のある温室効果ガスの排出削減義務が課せられたりする条約規定に結実している。また，リオ宣言原則7においても確認できる。もっとも，最近はこの原則の固定的な適用について批判が強くなり，すべての国が環境保護に参加するよう求められるようになってきている。

（g）　世代間衡平原則　　これは先進国と途上国の間の衡平だけでなく，現在の世代と将来の世代の間の衡平を考慮する原則である。時間的な制約を離れ，将来の世代が享受できるように

11-5　中国の大気汚染の様子（2015年）

大気汚染では，自国由来なのか他国由来なのか判然としないことも多い。　　　　　　　　（写真：AFP＝時事）

現在の世代が環境保全を考慮しなくてはならないとする。

（h）　予防原則・予防的アプローチ　　環境問題は，科学的知見が不確かな場合や想定される結果が不確実な場合もある。しかし，それらを理由にして国が行動しなければ，取り返しのつかない状況がもたらされうる。そこで科学的に原因と損害の因果関係が確定されない場合であっても，損害の発生を未然に防ぐため，一定の措置を要請する予防原則が提唱されるようになった。一方，政策目標として国に未然防止を求める場合は，予防的アプローチと呼ばれる場合もある。リオ宣言原則15に明示された。

これらの原則に加えて，手続上潜在的なリスクのある活動を行う者が，環境に損害や悪影響が生じないことを立証する義務を負うという**立証責任の転換**が生じるという主張がある。従来の伝統的国際法のルールにおいては，権利関係の発生や変更などについて，主張する側がその要件について証明する義務があるとされていた。この転換が認められるならば，伝統的国際法の大きな変更をもたらす原則であるといえる。

（3）　国際環境条約の義務をいかに守らせるか
国際社会は，中央集権化されておらず，分権的であるため，国際法違反を認定したり，制裁を行ったりする制度が国内社会のそれと比べて整っていない。国際法体系では，一般的に国際義務違反については，侵害された国が救済を求

条約	採択・発効年	日本の発効年	締約国数	概要
油濁事故の際の公海上における介入権に関する条約（公法条約）	1969年・1975年	1975年	90	船舶の事故などで生じた油濁による被害を軽減するため，沿岸国が公海上の外国船舶の事故に介入する権利を定める
ラムサール条約	1971年・1975年	1980年	172	特に水鳥の生息地として国際的に重要な湿地を保全することを義務づける
廃棄物その他の物の投棄による海洋汚染の防止に関する条約（ロンドン条約）	1972年・1975年 改定1993年・94年	1980年	87	廃棄物の海洋投棄による汚染を管理する。水銀，カドミウム，放射性廃棄物などについては禁止，その他の物質については特別許可などを必要とすると規定した
ロンドン条約1996年議定書	1996年・2006年	2007年	51	ロンドン条約の防止措置を強化し，海洋投棄および洋上焼却を原則禁止する
1973年船舶による汚染の防止のための国際条約に関する1978年議定書（MARPOL条約）	1978年・1983年	1983年	88〜160（附属書ごとに異なる）	船舶の航行や事故に伴って生じる海洋汚染を防止するため，規制物質の排出の禁止や通報等について規定する。その後，修正や改正がなされている
ワシントン条約（CITES）	1973年・1975年	1980年	183＋EU	野生動植物の種の国際取引について，国際協力によって，絶滅のおそれのある野生動植物の保護を図る
オゾン層の保護のためのウィーン条約	1985年・1988年	1988年	197＋EU	生物に有害な紫外線を吸収するオゾン層を保護することを目的とする条約。国際協力のための基本的枠組を設定する
オゾン層を破壊する物質に関するモントリオール議定書	1987年・1989年	1988年	197＋EU	オゾン層を破壊する物質について，その放出や取引を規制する。規制物質や措置の追加を数度にわたり行っている
有害廃棄物越境移動規制条約（バーゼル条約）	1989年・1992年	1993年	189＋EU	有害廃棄物の輸出には，輸入国の書面による同意を必要とすること，廃棄物の不法取引の処罰のための措置をとること，国内廃棄物の抑制および適正処分の確保などを定める
バーゼル条約改正（BAN改正）	1995年・未発効	未批准	100＋EU	OECD諸国から途上国への有害廃棄物の輸出の全面禁止および越境移動の禁止を定める
バーゼル損害賠償責任議定書	1999年・未発効	未批准	12	処分者に廃棄物が渡るまでは輸出者が，それ以後は処分者が無過失責任を負うことを規定する
環境保護に関する南極条約議定書	1991年・1998年	1998年	42	南極の環境と生態系を保護することを目的とし採択された。鉱物資源に関する活動は一部例外を除いて全面禁止され，環境影響評価の実施などが規定された
気候変動に関する国際連合枠組条約	1992年・1994年	1994年	197＋EU	大気中の温室効果ガスの濃度の安定を目的とし，地球温暖化の悪影響を防止するための枠組みを定める
京都議定書	1997年・2005年	2005年	191＋EU	先進国の温室効果ガスの排出量について，法的拘束力のある削減数値目標を設定し，目標を達成するための仕組みを規定する
パリ協定	2015年・2016年	2016年	194	地球温暖化対策にすべての国が参加し，平均気温上昇を産業革命時から2度未満に押さえる削減目標をたて，国連に定期報告することなどを規定する
生物多様性に関する条約	1992年・1993年	1993年	195＋EU	生物多様性の保全，生物多様性の構成要素の持続可能な利用，遺伝資源の公正かつ衡平な配分を目的とする
カルタヘナ議定書	2000年・2003年	2003年	172＋EU	バイオテクノロジーにより改変された生物が生物多様性の保全などに悪影響を及ぼさないようにするための措置を規定する
名古屋・クアラルンプール補足議定書	2010年・2018年	2018年	52	カルタヘナ議定書を補足するもので，遺伝子組換え生物の越境移動により生態系に悪影響が生じた場合，損害を引き起こした事業者を特定し，原状回復させる義務を規定する
遺伝資源の取得と利益配分に関する名古屋議定書	2010年・2014年	2017年	137＋EU	遺伝資源を利用する場合，提供国の事前の同意を得て，利益について合意した条件で公正に配分することを規定する
深刻な干ばつ又は砂漠化に直面する国（特にアフリカの国）において砂漠化に対処するための国際連合条約	1994年・1996年	1998年	197	砂漠化を防止するとともに，干ばつの影響を緩和することを目的とし，砂漠化防止行動計画を定める手続や実施調整メカニズムを規定する。地域ごとの実施附属書がある
有害な化学物質及び駆除剤についてのロッテルダム条約（PIC条約）	1998年・2004年	2004年	165	有害な化学物質や駆除剤に関する情報交換の制度化，それらの輸出入の可否について，事前に情報に基づいた同意を得て対応する制度を導入した
残留性有機汚染物質に関するストックホルム条約	2001年・2004年	2002年	185	ダイオキシン類，PCB，DDTなどの18の残留性有機汚染物質の製造，使用，輸出入の禁止・制限，および適正管理を定める
水銀に関する水俣条約	2013年・2017年	2017年	137	水銀の産出規制，貿易は輸入国の書面による事前同意を必要とするなどの規制を規定する

※締約国数は2022年9月現在。

め，侵害国に対して責任追及する国家責任制度（⇨**Chapter 2 ❹**）によって対処してきた。国際環境法の分野においても，前述のトレイル熔鉱所事件は二国間の越境汚染の問題であり，一般的な国家責任制度が利用された。

しかし，環境問題の特徴から国家責任制度が必ずしも十分機能しえないことがありうる。たとえば，複合的な行為や要因が重なることで環境損害が生じたり，因果関係を被害国が科学的に立証できなかったりする。まして，地球規模の環境問題の場合，被害国にとってどの国を発生源とする原因物質によって環境損害が生じたのかを証明することは不可能であろう**11-5**。地球環境保護を求める紛争の目的は，個別の国の利益を追求したり，その回復を求めたりすることよりも，国際社会の一般的利益の保護を求めることにあることが多い。

環境条約**11-6**においても，国の管轄の下で行われる私人の活動を実効的に監督・管理することを当事国に求める場合が多い。しかし，他国にとって，原因行為がなされた国の相当の注意が不十分であることを立証することは難しい。また，国家責任制度を利用して被害国が義務違反の責任を追及し，環境損害に対する金銭賠償を得たとしても，それは必ずしも環境保全につながらないことがある。

そこで，環境条約は当事国が条約を遵守するようにするため，①国家報告制度や②**不遵守手続**を規定する。①国家報告制度は，関連の条約機関に環境条約を実施するためにとった国内措置を報告し，締約国会合などで審議，検討する制度である。公開の場で条約の実施状況が広く知らしめられることから，国際世論という圧力がかかり，当事国が条約を守ろうとする結果に結びつく。

②不遵守手続は，環境条約の義務が守られていない場合，他の当事国や遵守できていない国自身などが，それを事務局や履行委員会に申立てを行うものである。この場合，申立てを行う国が不遵守の結果の被害国である必要は必ずしもない。この申立てを受け，当事国の会合や条約機関は，条約義務を誠実に履行しようと努力する不遵守国に対して，条約規定に基づいて資金援助や技術供与などの援助を行う決定を行い，援助を実施する。しかし，誠実に履行しない不遵守国に対しては，条約上の権利停止などの制裁的な措置が講じられる。

国際環境条約には，多くの国が参加することによって条約の目的が達成できるという普遍性の要請がある。そこで条約加入を促すメカニズムを用意する場合が多い。条約が設置した基金を通じて資金を供与するシステムや，特に途上国に技術移転を促進するシステムが，例として挙げられる。また，条約の**非締約国**と規制物質の貿易の禁止や制限を規定する条約もある。

また国際環境条約に不遵守手続のみならず，紛争解決手続（⇨**Chapter 12**）が規定されている。これらは，紛争当事国の合意を原則としつつ，その合意が形成できない場合には，一方当事国による調停への付託を認め，調停委員会による解決を予定している。

❸ 各種環境条約の概要 **11-6**

(1) 大気圏環境の保護

世界規模で大気圏の保護を規定する条約は，オゾン層保護ウィーン条約および気候変動枠組条約がある。どちらも，共通だが差異ある責任原則や予防的アプローチを規定する枠組条約である。オゾン層保護ウィーン条約では，オゾン層（⇨**巻頭カラー C-11**）に悪影響を与えるフロンガス類の規制を，気候変動枠組条約では，温室効果ガス（二酸化炭素など）の排出量（⇨**巻頭カラー C-12**）の規制をそれぞれの議定書に規定する。それらは大気圏に悪影響を与える気体の排出規制を特に先進国に義務づけている。途上国にその排出制限を義務づけるかが，締約国会議（COP）において大きな問題となってきた。2015年，気候変動枠組条約の第21回締約国会議が開かれ，新たな法的枠組みであるパリ協定が採択された（2016年発効）。その中で産業革命時からの世界の気温上昇を2度未満に抑えるという共通目標を定め，温室効果ガスの主要排出国を含む，すべての国が削減目標を提示し，その達成のために国内政策をとることを定めた。

締約国が自ら削減目標を設定する仕組みは，削減目標を掲げる国を増やすことに寄与するが，果たして地球温暖化を防止するという実効性があるかという問題がある。また，誠実に行わない国があると，パリ協定の制度の公正さに疑念が生じるおそれもある。

(2) 野生動植物の保護・生物多様性の保持

野生動植物の保護については1940年代から条約が作成され，環境条約の先駆けとなった。これらの条約は，人間の商業活動に有用な動物（アザラシ，鳥類等）を当初保護した。その後，水鳥の生息地となる湿地を保護するラムサール条約（1971年）**11-7**や絶滅のおそれのある野生動植物の国際的取引を規制するワシントン条約（1973年）が採択された。これらの条約は，特定の動植物の取引の禁止や水鳥が飛来する湖沼の保護を規定するものであった。

1992年，国連環境開発会議において，生物多様性条約が採択された。現在，人間の活動によって地球上の生物多様性が失われつつあり，

絶滅の危機に瀕（ひん）する種も数多くある。この条約は生物多様性を保全すること，それらの持続可能な利用を行うこと，そして，遺伝資源（遺伝の機能を備えた利用価値のある生物由来の素材）の利用から生じる利益を公正かつ衡平に配分することを目的とする。

特に途上国との関係で問題となったのは，遺伝資源へのアクセスの問題である。遺伝資源は，バイオテクノロジーの発達に伴い，その利用が活発化している。遺伝資源の利用から生じる成果と利益は，経済的な困難に直面する途上国にとり魅力的である。そこで公正かつ衡平な条件で優先的なアクセスが締約国に与えられるよう，あらゆる実効的な措置をとることを名古屋議定書（2010年）において規定した。実際のアクセス等については関係国の間で個別に交渉され，そこで合意する条件に従うこととなった。

バイオテクノロジーの発達によって，人類は遺伝子改変生物（genetically modified organism: GMO）を生み出すことができるようになった。この分野では，予防的アプローチに従って，そ

11-7 日本におけるラムサール条約の指定湖水地図

ラムサール条約湿地
登録湿地数　53箇所
総面積　155,174 ha

（出典：環境省ウェブサイト）

の越境移動について規制措置をとることを当事国に求めるカルタヘナ議定書が2000年に採択された。この議定書の当事国は，遺伝子改変生物の越境移動を行う際，**事前の情報に基づく合意**（Advance Informed Agreement: AIA）手続を行うことが義務となっている。

（3） 化学物質・有害廃棄物の越境移動

廃棄物の輸出入は，1980年代より先進国の間でなされていた。しかし，その後，先進国での有害廃棄物の発生量が増加した結果，処分費用の値上がりや処理能力の限界に先進国は直面し，途上国へと廃棄物を輸出するようになった。環境悪化を懸念した途上国側は，あらゆる廃棄物の越境移動の禁止を主張した一方，先進国の多くは，経済的に価値のあるリサイクル可能な物を先進国の間で取引することに制限を設けないよう主張した。

有害廃棄物越境移動規制条約（バーゼル条約。1989年）では，廃棄物の受入れを認めるかどうかは，それぞれの国の主権的権利であるとした **11-8**。輸入を禁止する当事国は条約事務局を通じて，他の当事国にその旨を通報する。当事国は，有害廃棄物の輸入を禁止する国への廃棄物の輸送を認めてはならないとした。また，条約の非締約国との廃棄物の取引を禁止した。有害廃棄物の輸出入を行う場合，条約は，**事前の通告に基づく同意**（Prior Informed Consent: PIC）手続を利用した規制を行うことを規定した。

使用済み電子・電気機器の越境移動が，土壌や水質の汚染などを生じさせていることから，2013年ごろからこの問題がバーゼル条約締約国会議において議論されるようになったが，有効な方策についての合意には至っていない **11-9**。

2017年末に中国が廃プラスチックの輸入を制限し，他の東南アジア諸国も輸入規制を導入した。海洋プラスチック問題に対応するため，バーゼル条約附属書が改正され，2021年1月より汚れたプラスチックを規制対象とすることとなった **11-10**。

有害な化学物質や駆除剤の製造・使用・輸入

11-8 有害廃棄物の規制

日本からフィリピンに輸出されたコンテナの中に医療廃棄物が発見された。バーゼル条約に基づいて送り返されたゴミを焼却処分前に調べる警察官（2000年）。
（写真：時事）

11-9 電子・電気廃棄物

電子・電気機器の廃棄物のリサイクル問題が途上国で生じている。
（写真：時事）

等の規制措置について，途上国はその管理に関する制度を整備していないことが多くある。先進国で利用が禁止された物質が，依然として広範に途上国で使用されたり，適切な使用がなされず，環境汚染や健康被害を引き起こしたりする例もある。このような状況に対処すべく，国際貿易の対象となる特定の有害な化学物質について，**事前のかつ情報に基づく同意**の手続を定めたロッテルダム条約（PIC条約）が，1998年に採択された。関連の情報を当事国の間で共有し，化学物質等の輸出については輸入国側の意思を尊重して対応する制度を構築した。

残留性が高いPCB，DDT，ダイオキシン等のPOPs（Persistent Organic Pollutants，残留性有機汚染物質）については，国際的に協調してそれら物質の廃絶や削減を行う必要がある。そこ

太平洋を漂流するプラスチックゴミの一部

耐久性の高いプラスチックは波や紫外線で細かくなり、生物にとりこまれていく。

（写真：ABACA PRESS/時事通信フォト）

11-11 海洋汚染の例

2002年スペインで発生したタンカー事故の処理をしている写真と、その10年後の写真。（写真：AFP＝時事）

で2001年、残留性有機汚染物質に関するストックホルム条約が採択された。POPsの製造や使用の一般的禁止や適正な管理などを規定した。

水銀に関する水俣条約は、水銀が人の健康に及ぼすリスクを低下させるため、その産出、使用、環境への排出、廃棄などの包括的な規制を規定した。2013年、熊本市および水俣市でこ

の条約の採択、署名のための外交会議が開催され、92カ国が署名を行った。日本は水俣病の教訓を世界に発信しつつ、途上国支援として水銀マイナスプログラムを進めている。これは水銀モニタリングネットワークの構築や途上国の水銀使用、排出、実態などの調査・評価の支援など、途上国の水銀対策の後押し等の取組みである。

(4) 海洋環境、南極地域

海洋汚染の多くは、陸上（領土）に起因する。国連海洋法条約（⇨**Chapter 6**）は、自国の領土にある発生源からの海洋汚染を防止する義務を規定する。しかし、各国の領域内の事項であるため、国際的な規制はあまり功を奏していない。

船舶に起因する汚染は、海上輸送のタンカー事故が注目を集めることから、条約が作成されるようになった **11-11**。海上では、主として船舶の登録国（旗国）の管轄が及ぶ（旗国主義。⇨**Chapter 3** ❸(3)）。しかし、旗国主義のみでは海洋環境保護に限界が生じうることから、寄港国や沿岸国も海洋汚染について対応できるよう規定された。

船舶起因の汚染について、1973年、船舶による汚染の防止のための国際条約（MARPOL条約）やそれを修正・追加するために議定書（MARPOL議定書）が採択された。そこでは船舶からの汚染を減らすため、排出基準や船の構造基準、排出禁止区域などを設定した。そして、取締りについては、原則として旗国主義をとりつつも、必要に応じて沿岸国が補完するようにした。

海洋投棄とは、廃棄物を船舶などから故意に海洋に処分することである。これについては当初、廃棄物をその毒性などに応じてカテゴリー化し、廃棄を禁止するもの、事前の特別許可によって廃棄が可能なものなどに分類した（1972年ロンドン条約）。その後の議定書（1996年採択）では、投棄それ自体を原則的に禁止するリバースリスト方式を採用した。これは海洋への投棄を一般的に禁止し、例外として投棄が可能なものを列挙する方式である。加えて、洋上焼却を

一般的に禁止し，厳格な規制をとった。

　南極地域（⇨**Chapter 5** **3** (3)）の環境保全については，1991 年，環境保護に関する南極条約議定書が採択された。これに基づき，環境保護委員会が設置され，ここに当事国に助言を与える機能が付与された。議定書の中で南極における鉱物資源に関する活動は，科学的調査以外，全面的に禁止された。また，当事国の活動については，自ら環境影響評価を実施すること，環境上の緊急事態が発生した場合，これを発見した国が対応することなどが決められた。

11-12　南極のゴミの山

昭和基地にたまった廃棄物などを，5 カ年計画（1998 ～2002 年）で 800 トン以上日本に持ち帰った。
（写真：AFP＝時事）

4　国際環境法の今後の課題

　環境問題は，当初国内の問題として捉えられ，国内法や国内措置で対応がとられた。その後，技術力の進歩に伴い人間の活動による環境への影響が大きくなった。その結果，近隣諸国との，そして，国際公域における問題へと，その対象が空間的に拡大し，国際環境法の成立や発展をもたらした。そこでは，従来の国際法原則とは異なる原則や法規範の遵守を促す制度が構築された。その例としては，途上国に配慮する視点を加えた新たな原則や環境条約に多くの国が参加できるようにするための制度が挙げられる。また，環境について世代間で共有しているという問題意識も高まってきている。そこでは「いま」から離れた意識を持って，国々に環境について予防的なアプローチをとることを求めるようになった。

　しかし，地球環境に対する人間の活動による負の影響は，普遍性の追求や途上国に配慮した法規範に基づく対応のみで減じることが，もはやできなくなってきている。今後の国際環境法の進展がいかなる方向へと進むかについて注目していく必要があろう。

■参考文献
● 松井芳郎『国際環境法の基本原則』（東信堂，2010 年）
● 西井正弘 = 鶴田順編『国際環境法講義〔第 2 版〕』（有信堂，2022 年）
● 交告尚史ほか『環境法入門〔第 4 版〕』（有斐閣，2020 年）

Chapter 12 戦わずにもめごとを解決する

――紛争の平和的解決

1 国際紛争を平和的に解決するということ

(1) 国際法による紛争解決の意義

いかなる社会においても、その構成員が自分の利益となるように行動すれば、同様に行動する他の構成員との間で利害の対立は避けられない。国際社会においても、たとえば一方の国がある島の領有を主張し、他の国も同じ島を自分たちの領土だと主張することで、これら2つの国の間には立場の対立が現れる。こうしたもめごとや紛争のない社会が望めないのであれば、できるだけ対立が生じないようにするためにそれぞれの行動について一定のルールをあらかじめつくっておくと同時に、いったん対立が生じた場合にはそうしたルールに従って物事を解決することが合理的である。

国際法は国際社会におけるそうしたルールの一種であり、国際法を用いて関係者間の紛争を解決するための手段が発展してきたのも、そのような現実的な考え方に基づいている。もっとも、紛争とは、一般に、「二当事者間における法や事実の点に関する不一致で、法的な見解や利益の衝突」（マヴロマティス・パレスタイン事件常設国際司法裁判所〔PCIJ〕1924年判決）と考えられているように、その定義上、きわめて広い範囲に及ぶ。このため、国際法というルールだけで紛争を解決するのではなく、紛争の内容や性質にあった解決基準として、お互いの利益を納得のいくように配分する衡平や政治的考慮のほか、倫理や道徳規範など法以外のルールも紛争解決のために用いられ、政治的な合意に向けて、そのための手段も用意されている（⇨**2**および**3**）**12-1**。

ただ、国際法は他のそうしたルールよりも客観的な基準を示すことができるだけでなく、法的拘束力を持つという特徴から、国際法に違反する行為に対しては法的な責任を問うことがで

きる。すなわち、国際法が守られる限り、国際法を基準とした紛争解決手段のほうが、他の解決手段より安定して紛争が解決されることが期待されるのである。

(2) 武力行使の違法化と紛争の平和的解決義務

20世紀初めに至るまで、国際社会では武力の行使が国際法上違法とされておらず、紛争が平和的手段で解決できなかった場合には、戦争などの手段により国家が自らの力で自己の権利の実現を図ることが許されていた。その限りで国際法が国家に紛争を平和的に解決する義務を課しているわけではなかったのである。1899年に採択され1907年に改正された国際紛争平和的処理条約では紛争の平和的解決は努力目標であったし、1919年国際連盟規約でも最後の手段として戦争に訴える国家の権利は排除されていなかった。

ところが、1928年不戦条約から第二次大戦の結果として成立した1945年国連憲章にかけて、戦争のほか武力行使や武力による威嚇も原則として国際法上違法とされる（戦争・武力行使

12-1　オスロ合意（1993年）

イスラエルを国家として、パレスチナ解放機構（PLO）をパレスチナの自治政府として、相互に承認する政治的合意に調印後、クリントン米国大統領を挟んで握手するラビン・イスラエル首相（左）とアラファトPLO議長。
（写真：AFP＝時事）

12-2　紛争の多様な側面

（宗教的側面　政治的側面　文化的側面　法的側面　その他　社会的側面　経済的側面）

国際法規則に照らして解決されるのは，紛争の法的な側面である。

の違法化，武力不行使原則）ようになる。それに伴い，紛争を武力以外の手段で平和的に解決する義務が国家に求められることとなったのである。

　すなわち，紛争を平和的に解決し（**紛争の平和的解決義務**），そのための手段は紛争当事者の自由に委ねられ（**紛争解決手段選択の自由**），こうした規則は，具体的には国連憲章2条3項や同33条に定められることになった。その後も1970年友好関係原則宣言や1982年国際紛争の平和的解決に関する宣言（マニラ宣言）といった国連総会決議で紛争の平和的解決義務が確認された。国際司法裁判所（ICJ）も1986年ニカラグア事件本案判決でこの義務が国際慣習法上の義務として確立したことを確認している。

　このように，紛争の平和的解決義務は，武力不行使原則と表裏一体のものとして成立し，国際法の基本的な規範として国家間に適用されている。

(3)　紛争の性質と解決手段の関係

　国際紛争は，その発生原因や悪化の経緯をたどると，法的な側面だけでなく，政治的・経済的・歴史的・宗教的その他さまざまな側面を持つのがふつうである**12-2**。すなわち，紛争は1つ1つが法的な紛争とか政治的な紛争といったように独立して分かれて存在するわけではないのである（**混合紛争論**）。このため，紛争のそれぞれの側面に適した解決手段を利用しながら，

その紛争全体の解決を求めなければならない。たとえば領土の帰属問題であれば，法的な論点については法的な基準を適用できるような手段により解決されることが望ましく，歴史認識にかかわる論点については，紛争当事者が双方の歴史認識を話し合い，納得できる結論を導くことのできる手段が必要である。

　このように紛争の性質と解決手段の関係をめぐっては，紛争の特定の側面につき特定の解決手段を対応させるような制度が発展してきた。国連憲章33条に掲げられているように，そうした紛争解決手段には，交渉，審査，仲介，調停，仲裁裁判，司法的解決，地域的機関または地域的取極（とりきめ）の利用その他当事者が選ぶ平和的手段があり，当事者には紛争解決手段を選択する自由が認められている。

　国際法を適用して紛争を解決する観点からは，一般に，これら解決手段は①裁判手続と②非裁判手続とに大別され，前者に仲裁と司法的解決が，後者には交渉，審査，仲介，調停が含められる。この区別は，それぞれの手続による最終的な判断に法的拘束力があるかどうかを基準としている。

　なお，伝統的な紛争概念においては，①裁判手続にふさわしい紛争について紛争当事者が国際法上の権利義務関係を争う**法律的紛争**，②非裁判手続にはそれ以外の**非法律的紛争**という分類が行われてきた。しかし，混合紛争論の立場からは，法律的紛争も，紛争全体の中の，国際法上の権利義務関係にかかわる一部分にすぎない。以下では，国家間で生じる紛争の解決手段を中心に説明する。

2　国際裁判以外で紛争を解決する手段

(1)　交　渉

　紛争が発生すると，それぞれの紛争当事国において外交関係につき責任を負う国家機関（通常は外務省）が，いわゆる外交ルートを通じて連絡を取り合い直接話合いが行われる**12-3**。これが**交渉**であるが，実際にはさまざまな分野で当事者間に相互依存関係が進んでいることもあり，経済問題では経済官庁，金融問題では金

12-3　国家間の交渉

イランの核開発問題をめぐり，2014年7月にウィーンで行われたケリー米国国務長官（左）とイランのザリフ外相との間の二国間協議。　（写真：Alamy/PPS通信社）

融官庁の間でというように，関係省庁間でまず協議が行われることもある。こうした交渉を尽くさなければ国際裁判のような他の解決手段に訴えることはできないというわけでは必ずしもないが，争点を明確にするためにもまずは当事者間で交渉に入ることが望ましい。交渉は，政治的・経済的力関係がその過程や結果に反映されやすく，また紛争解決手段として独立した地位にあるのかという疑問も提起される。しかし，紛争解決手段の選択から紛争の最終的な解決まで当事者の合意が必要であることを踏まえると，当事者間での交渉が紛争解決手続の出発点であり，かつ到着点であることは否定できない。

裁判による判決で，当事者に対し，紛争を解決するために誠実に交渉する義務を課す「交渉命令判決」というような，交渉と裁判を組み合わせる方式もある。この方式では解決の成果までは求められていないが，交渉が紛争解決にとってきわめて重要であるということが示されている。

(2) 審　査

事実が不明確であるからといって紛争解決が妨げられることのないように，当事者の合意で設置される機関が事実問題を調査するのが**審査**制度である。1899年国際紛争平和的処理条約で設けられたこの制度は，ドッガー・バンク事件（1904年）やレッド・クルセーダー号事件（1961年）などで利用された。個人資格の委員で構成される機関が中立的な判断を行うことが期待されるが，必ずしも広範に利用されてはいない。審査機関の役割は事実認定に限定されるものの，実際には事実の認定だけでなく法的評価も求められることが多く，むしろその場合には調停という形式が選択されるためである。

(3) 仲　介

仲介とは，紛争当事者以外の第三者が両者の和解のために必要な援助を提供する手段である。

12-4　仲介の例

日露戦争後，米国のポーツマスで開催された日本（右側）とロシア（左側）の代表団による講和会議（1905年）。セオドア・ルーズベルト米国大統領が周旋を行った。

（写真：Alamy/PPS通信社）

米国大統領の山荘であるキャンプ・デービッドで行われたエジプトとイスラエルの間の和平交渉（1978年9月）。サダト・エジプト大統領（右）とベギン・イスラエル首相（左）の間に仲介役のカーター米国大統領。　（写真：PPS通信社）

第三者による介入の程度が弱ければ周旋とも呼ばれるが，仲介との区別はそれほど明確ではない。区別するとすれば，両当事者に連絡手段や交渉のための施設を提供するだけであれば周旋になり（日露戦争後の1905年日露講和条約〔ポーツマス条約〕締結に際しての米国など），それだけでなく第三者が交渉に関与してそれぞれの意見を調整し，必要があれば具体策まで提示する場合には仲介となる（エジプトとイスラエル間の1978年キャンプ・デービッド合意をまとめた米国など）⓬-4。なお，こうした第三者には，特定の主要国の国家元首や政府の長，国連事務総長などがその政治的権威や国際的地位などを背景に紛争当事国の合意で選ばれる。仲介の場合の解決策はこうした権威の裏づけを得て特に政治的影響力の行使が期待される場合には望ましいが，当事国を法的に拘束するものではない。

（4）調停

事実調査のほか，法的側面を含む紛争のあらゆる側面を検討して中立的な機関が紛争当事者の主張を考慮して友好的解決のための具体的解決策を提示するのが調停である。個人資格の委員で構成される非政治的中立的機関が当事者の合意で設置される点で仲介とは異なる。第一次大戦後に，国際審査制度を発展させて解決案の勧告もできるようにする制度がつくられ，実際に二国間条約や多数国間条約で調停制度が規定された（1925年ロカルノ条約や1928年国際紛争の平和的解決に関する一般議定書など）。第二次大戦後に締結された紛争を解決するための条約の中にも調停制度を定めた例が数多くある（1948年ボゴタ規約や1957年欧州紛争平和的解決条約など）。また，紛争解決条約以外の条約でも，国連海洋法条約（⇨**5**(1)）のように，その条約の解釈・適用をめぐる紛争の解決手段として調停制度を定めたものもある（そのほか1969年条約法に関するウィーン条約〔条約法条約〕など）。

国際法を適用して解決策を提示することも可能であるが，その場合でもこの解決策で当事者を法的に拘束することはできない。ボリビアとパラグアイの間のグランチャコ地域をめぐる紛

⓬-5　グランチャコ地域

ボリビアとパラグアイの間のグランチャコ地域。両国間で1932年に戦争が勃発した後，アルゼンチンの仲介で1935年に停戦し，1938年ブエノスアイレス講和条約で終結した。なお，同年7月に両国は国境画定問題を仲裁裁判に付託し，同年10月に仲裁裁判所は判決を下した。

争⓬-5では，米州諸国が設置した調停委員会による報告（1929年）で一度は事態が沈静化したものの，資源をめぐる衝突が再発して戦争に至った。最近の主な調停例としては，ヤンマイエン島周辺の大陸棚に関するアイスランド・ノルウェー調停委員会報告（1981年）や，国連海洋法条約の紛争解決手続に基づく東チモールとオーストラリアとの間のチモール海調停（2018年）が挙げられる程度である。調停がこれまであまり利用されてこなかったのは，紛争当事者にとってそれほど魅力的な手続ではなく，また失敗の例もあるからである。

現在では戦争に訴えることができないことを前提とすると，国際法を基準として解決するのであれば，法的拘束力ある判決を下す裁判のほうが調停より法的安定性が与えられる。また，これまでの法制度に不満があって紛争が生じるような場合であれば，法以外の基準を用いて調停で紛争を解決するよりも，問題の法制度そのものの変革も視野に入れた手続が求められる。調停があまり用いられないのはこうした理由のためである。

12-6 イラン・イラク戦争後の関係改善につき両国外相との会談を終えたデ・クエヤル国連事務総長（1990年）

1980年に開始されたイラン・イラク戦争は，国連事務総長による解決策の提案などが行われた後，即時停戦と軍隊の撤退を求める国連安保理決議598（1987年7月20日採択）を両国が受諾して終結した。

（写真：UN Photo）

12-7 ニュージーランド・オークランド港で爆破されたレインボー・ウォーリア号（1985年）

ニュージーランド・オークランド港停泊中の環境保護団体グリーンピース所有のレインボー・ウォーリア号をフランス当局職員が爆破したことにより，ニュージーランドの主権が侵害されたため，両国間で紛争が生じた。国連事務総長裁定（1986年）の後，同裁定をフランスが遵守しなかったとしてニュージーランドが仲裁に判断を求め，仲裁裁判所はフランスの違反を認めた（1990年）。

（写真：AFP＝時事）

(5) 国際組織による解決

　最初の普遍的な国際組織である国際連盟において，第一次大戦後の国際体制を維持するために紛争解決手段として利用されたのが国際連盟理事会の審査手続である。この手続は紛争当事者の一方により開始され，理事会はこの手続を通じて紛争当事者の和解を促進した。また，少数者の保護に関する条約などの適用問題にかかわる紛争の場合には，理事会からPCIJに法的論点について勧告的意見を求めることで紛争の解決が促されることもあった。

　第二次大戦後に設立された国際連合（国連）の下では，とりわけ「国際の平和及び安全の維持に関する主要な責任」（国連憲章24条1項）を負う安全保障理事会（安保理）が，紛争の平和的処理に関しても国連憲章第6章に基づき重要な権限を有している。すなわち安保理における紛争解決手続は，紛争当事者から紛争が付託されるか，総会や事務総長，あるいは紛争当事者以外の加盟国から注意喚起を受けるか，または安保理自ら調査を始めることにより開始される。そして安保理は，紛争の継続が平和と安全の維持を危うくするおそれがあると認めるときは，紛争解決のための手続・方法や解決条件を勧告しなければならない。

　そのほかでは，総会も一般的権限を有することから加盟国や安保理に勧告を行うことができるが，安保理が任務を遂行している間は討議を行うのみで勧告はできない。また，事務総長も総会や安保理から委託される任務において紛争解決の役割を演じることがある。たとえばイラン・イラク戦争（1980～88年）では停戦や紛争解決のための仲介を行った**12-6**。また，レインボー・ウォーリア号事件**12-7**で事務総長自ら裁定を下したが（1986年），この裁定には法的拘束力が認められていたため，実際には仲裁としての性格を持つものであった。

　地域的な国際組織も紛争解決手続やそのための機関を用意している例があり（アフリカ連合〔AU〕における平和安全保障理事会，米州機構〔OAS〕における米州平和的解決委員会や常設理事会，欧州安全保障協力機構〔OSCE〕における調停・仲裁裁判所），国連憲章も第8章で地域的国際組織の加盟国間の紛争については，それぞれの地域の手続で紛争を解決することを奨励している。

3 国際裁判による紛争の解決

(1) 国際裁判の特徴

　国内裁判では，民事事件でも刑事事件でも，訴えられた（訴追された）人はその事件につい

て裁判管轄権を有する裁判所に出廷しなければならない。国内裁判所にはいわゆる**強制**（義務的）**管轄権**が認められているのである。これに対して，国家間紛争に関する国際裁判の場合，紛争当事国双方がその紛争を裁判所に付託することに合意しなければ，裁判所は紛争を解決する権限を行使することはできない。国際社会における他の紛争解決手段と同様に，紛争当事国が両方とも合意しなければ，国際裁判で紛争を解決することはできないのである。竹島の領有権をめぐり日本がICJへの紛争の付託を提案して韓国に繰り返し同意を求めているのは（1954年，1962年，2012年），こうした国際裁判の特徴のためである。

　また，国際裁判とそれ以外の紛争解決手段とは，その手続による最終的な判断が紛争当事国に対して，法的拘束力を持つかどうかで区別される。国際裁判の判決に紛争当事国は法的に拘束され，この判決に従わない場合には法的な責任が発生する。ただし，国際裁判での解決は紛争当事国双方が同意していることを前提としているので，紛争当事国はその判決に従うことが多い。国際社会にはそうした判決を強制する国際機関は存在しないにもかかわらず，紛争当事国が判決を遵守するのは，それが最終的に自国の国益にかなうと考えるからである。

　以下でみるように，国際裁判には仲裁と司法的解決がある。

(2) 仲 裁

　仲裁は，紛争当事国が紛争発生後に**付託合意**（コンプロミー）を締結して，当事国自身が選んだ仲裁人により構成される仲裁裁判所（仲裁廷）に紛争を付託するものである。国際裁判の一種であることから仲裁判断には法的拘束力があるほか，その判断の根拠となる準則は紛争当事国に委ねられる。仲裁の多くは国際法規則に従って判断が下されるが，紛争当事国が合意すれば，国際法以外の基準，たとえば特定の国の国内法や**衡平と善**で判断がなされることもある。そして判断機関が常設ではなく，事件が生じるたびに紛争当事国の合意で設置され，その事件につ

12-8 ベンガル湾海洋境界仲裁事件（バングラデシュ＝インド）の仲裁裁判所での口頭弁論の様子（2013年12月）

インドとの間の海洋境界画定について，2009年にバングラデシュが仲裁裁判所に紛争を付託し，2014年7月7日に同裁判所が仲裁判断を下した。　　（写真：PCA）

いてだけ判断するということも仲裁の重要な特徴であり，この点で，常設的な裁判所を擁する司法的解決とは区別される。

　なお，現在では代表的な仲裁として存在する**常設仲裁裁判所**（PCA）が1899年国際紛争平和的処理条約で設置された。しかし，「常設」とは名前のみで，常勤の裁判官がいるわけではなく，条約締約国が選定した裁判官のリストが保管されているだけで，事件が起こるたびごとに紛争当事国がそこから裁判官を任命する形態をとっている。

　仲裁においては，紛争当事国の意向を尊重して仲裁廷の構成や仲裁の準則が定められることから，紛争当事国にとって紛争を付託しやすくなっており，仲裁判断の履行を促す結果となっている。以前から重要な仲裁判断は公にされてきたが（アラバマ号事件〔1872年〕，トレイル熔鉱所事件〔1938年および1941年〕，ラヌー湖事件〔1957年〕など），最近でも仲裁に事件が付託され（「鉄のライン」事件〔2005年〕，クロアチア＝スロベニア仲裁事件〔2017年〕），特に国連海洋法条約の紛争解決手続に係る件数が多い（バルバドス＝トリニダード・トバゴ海域画定事件〔2006年〕，ガイアナ＝スリナム海洋境界画定事件〔2007年〕，バングラデシュ＝インド・ベンガル湾海洋境界仲裁

事件〔2014年〕**12-8**，フィリピン＝中国南シナ海事件〔2016年〕など）。これは，仲裁が紛争当事国にとって役に立つ紛争解決手段であることを物語っている。

(3) 司法的解決

司法的解決の特徴は，国際法の適用によって紛争を解決すること，判決には法的拘束力があることのほか，裁判所が事件ごとではなく，本件発生前にすでに設置されているということ（常設性）である。特にこの常設性こそが，司法的解決と仲裁とを区別する重要な特徴となる。というのも，仲裁では裁判所を紛争当事国が合意で設置し，裁判官の構成まで決定するのに対して，司法的解決のための裁判所の常設性は裁判所の構成に紛争当事国の意向が直接は反映されないことを意味するからである。また裁判所が常設であるということにより，さまざまな事件が付託されても裁判所としての判断が一貫したものであることが期待され，結果として判例法の形成に寄与するものと考えられた。

歴史上初の司法的解決機関は中米司法裁判所（1907年設置）であったが，普遍的一般的な国際裁判所としては1921年にオランダ・ハーグに設置された**常設国際司法裁判所**（PCIJ）が初めてである。PCIJは国際連盟の機関ではなかったが，それと密接な関係を保ちつつ（連盟理事会によるPCIJへの勧告的意見の要請など），主として欧州の国家間紛争の解決と国際法の発展に貢献した。PCIJは，**選択条項受諾宣言制度**（⇨**4**(2)）を通じて強制管轄権を実質的に導入し，国際社会における法の支配を確立したかにみえたが，現行の法そのものを否定する勢力にとっては現行法の適用による紛争解決とその機関は重要ではなく，結果的に第二次大戦の勃発によってPCIJはその機能を停止した。

第二次大戦後には，PCIJを実質的に受け継いだ**国際司法裁判所**（ICJ）が設置された。ICJはPCIJとは対照的に国連の主要な司法機関の地位を占め，その設立文書であるICJ規程は国連憲章と不可分一体とされている。このため，国連加盟国は当然にICJ規程の当事国となる（国連憲章93条1項）。また国連非加盟国も，国連加盟前の日本やスイスのように，安保理の勧告に基づき総会の定める条件に従ってICJ規程当事国になることができる（同条2項）。

ICJは主として国家間紛争を扱う司法的解決機関であるが，このような機関で現在活動しているものとしては海洋法分野を中心とした国家間紛争を扱う**国際海洋法裁判所**（ITLOS）がある。そのほか司法的解決機関の特徴を備えたものとしては，多くは人権（欧州人権裁判所，米州人権裁判所など）や経済（欧州連合司法裁判所，欧州自由貿易地域裁判所など），刑事法（国際刑事裁判所など）の分野にみることができる。次に，司法的解決の代表的機関であるICJの制度を概説する。

4 国際司法裁判所（ICJ）の制度と手続

(1) ICJの構成と裁判準則 **12-9**

ICJは個人資格で国籍を異にする15名の裁判官で構成される（ICJ規程3条）。任期は9年で，国連の総会と安保理での選挙で選出されるが（同4条，8条，10条），実際には，安保理常任理事国出身の裁判官が入る場合が多く，同時に地理的配分も重視される（アジア3，アフリカ3，中南米2，西欧その他5，東欧2）。紛争当事国出身の裁判官（国籍裁判官）も出廷することができ，国籍裁判官がいない紛争当事国は**特別選任裁判官**を指名することができる（同31条）。この点は仲裁での裁判官の構成と類似しており，国籍裁判官や特別選任裁判官がその当事国の主張を適切に他の裁判官に伝えることが期待されるため，ICJに事件を付託する際の安心感を当事国に与える効果もある。

ICJは原則として国際法を適用して紛争を解決する（同38条1項）。主に条約と国際慣習法が適用されるが，国際法以外では**法の一般原則**も裁判準則となりうる。法の一般原則は，適用される法が存在しないことを理由とした裁判不能が生じないように導入されたものである。その他，判決や学説が裁判準則の内容や意味の確定のための補助手段とされているが，現実には特にPCIJやICJの判決が先例として頻繁に参

12-9 国際司法裁判所の争訟事件手続の流れ（一方的付託の場合）

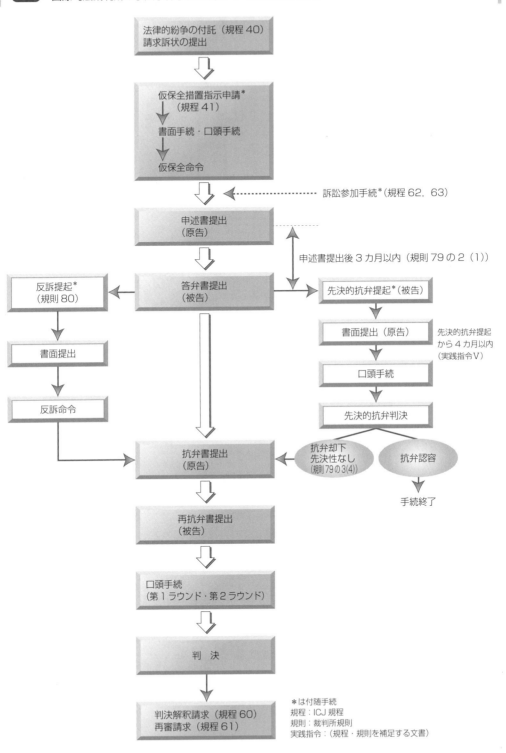

法律的紛争の付託（規程 40）
請求訴状の提出

仮保全措置指示申請＊
（規程 41）
書面手続・口頭手続
仮保全命令

訴訟参加手続＊(規程 62，63)

申述書提出
（原告）

申述書提出後 3 カ月以内（規則 79 の 2（1））

反訴提起＊
（規則 80）

答弁書提出
（被告）

先決的抗弁提起＊（被告）

書面提出

書面提出（原告）

先決的抗弁提起
から 4 カ月以内
（実践指令 V）

反訴命令

口頭手続

先決的抗弁判決

抗弁書提出
（原告）

抗弁却下
先決性なし
（規則 79 の 3(4)）

抗弁認容

手続終了

再抗弁書提出
（被告）

口頭手続
（第 1 ラウンド・第 2 ラウンド）

判 決

判決解釈請求（規程 60）
再審請求（規程 61）

＊は付随手続
規程：ICJ 規程
規則：裁判所規則
実践指令：（規程・規則を補足する文書）

12

戦わずにもめごとを解決する

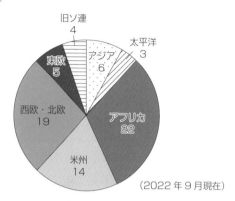

12-10 選択条項受諾宣言を行った諸国の地域別の割合

旧ソ連 4
太平洋 3
東欧 5
アジア 6
西欧・北欧 19
アフリカ 22
米州 14

（2022年9月現在）

（ICJウェブサイトの資料をもとに作成）

12-11 南極海捕鯨事件

口頭弁論で国際司法裁判所に出廷した日本政府代表団
（2013年6月）。　　　　　（写真：UN Photo/ICJ-CIJ）

照されており，判決理由の形成に大きな影響を
与えている。なお，当事国の合意がある場合に
は，法以外の裁判準則として衡平と善を適用す
ることができるが（同条2項），これまでその例
はない。

(2) ICJの管轄権

ICJが紛争の主題を審理して判断を下す権限
を持つには，ICJがその紛争に対する管轄権を
行使することに紛争当事国が双方とも同意して
いなければならない。その場合，紛争発生後に
同意する方式と紛争発生前にあらかじめ同意し
ておく方式とがある。

紛争発生後に紛争当事国が同意する方式とし
ては，仲裁と同様に，事件ごとに当事国間で付
託合意を結んでICJへの付託に合意するか，一
方の当事国が提訴したのちに相手国がICJの管
轄権を明示または黙示に認める**応訴管轄**がある。
また紛争発生前の同意方式としては，特定の条
約に含まれる**裁判条項**（この条約の解釈または適
用に関する紛争はICJに一方的に付託できるという
趣旨の条項）がある場合や，別個の**裁判条約**（紛
争解決手段を定めた条約で，ICJへの一方的付託に
関する規定があるもの）が紛争当事国を含む国の
間で事前に締結されている場合がある。形式的
にはこれら裁判条項や裁判条約に基づいていず
れかの紛争当事国が一方的にICJに提訴するこ
とになるが，いずれも事前に両当事国ともICJ

の管轄権に同意しているものと考えられるので
ある（ICJ規程36条1項）。

紛争発生前の同意方式としてはICJ規程36
条2項に基づくいわゆる**選択条項受諾宣言制度**
12-10もある。この制度は，同項に定める法
律的紛争についていつでもICJの強制管轄権を
受諾することができ，この宣言を行った国の間
では同一の義務を受諾する範囲内でICJの管轄
権が設定されるというものである。

もともとは，国際連盟の下でPCIJ規程案を
作成した法律家諮問委員会が法律的紛争につい
て強制管轄権を提案したのに対して，大国中心
の国際連盟理事会はこれを削除したことからこ
の問題が連盟総会に持ち込まれ，国際法による
紛争解決を強調して強制管轄権を主張する中小
国と主権国家の自由な意思を最大限確保したい
大国との間で妥協が成立し，PCIJで導入され
た制度である。多数の諸国がこうした一方的な
受諾宣言を行えば行うほど，実際には一般的な
強制管轄権が存在するのと同じ効果が期待され
た。PCIJ当時は国際連盟加盟国のおよそ8割
以上が同宣言を行ったが，国連の主要な司法機
関であるICJでは国連加盟国の4割に満たない
73カ国（2022年10月現在）にとどまっている。

選択条項を受諾することで同じく同宣言を受
諾している国を一方的に訴えることができるこ
とになるが，逆に訴えられることも覚悟しなけ
ればならない。2010年にオーストラリアが日
本を訴えた南極海捕鯨事件**12-11**も，この選

> **12-12** 自動的留保（自己判断留保）の例
> ——フィリピンの選択条項受諾宣言
> （1972 年）

> 「……フィリピン共和国外務大臣は，フィリピン共和国が，国際司法裁判所規程第36条2項に基づき，次の事項に関するすべての法律的紛争についての裁判所の管轄権を同一の義務を受諾する他の国に対する関係において当然にかつ特別の合意なしに義務的であると認めることを宣言する。
> 　(a)条約の解釈
> 　(b)国際法上の問題
> 　……
> ただし，この宣言は次のいかなる紛争にも適用されない。
> 　(a)紛争の当事国が他の平和的解決手段に付託することに合意したか，合意する紛争
> 　(b)**フィリピン共和国が本質上自国の国内管轄権内にあると考える紛争**
> 　……
> さらに，この宣言は，その終了が国連事務総長に通告されるまで効力を有する。…」
> （強調は著者による）

択条項受諾宣言を管轄権の基礎とした例である。それでも各国が受諾宣言を行うのは，ICJ で紛争を国際法により解決することが「法の支配」という理念に通じるとともに自らの国益とも合致すると考える場合があるからである。実際，この事件で ICJ により国際捕鯨取締条約違反を認定された日本は敗訴したとされるが，「法の支配」の尊重とオーストラリアとの友好関係の発展を理由に判決の履行を約束した。

ICJ 規程当事国は選択条項受諾宣言の適用について，2つの方法でその制限を設けることができる。第1に，多数の国または一定の国の受諾を条件とすることや，宣言の有効期間を定める方法である。宣言の有効期間に関連して，宣言を行った後，廃棄通告で即時にその効力を終了させることは，受諾宣言を通じて相手国と一種の合意が成立している以上，信義誠実原則違反となるため，宣言の撤回には一定の期間を置く必要がある。他方で，受諾宣言を行ってすぐ一方的に提訴することは妨げられない。なお，受諾宣言によっていったん有効に管轄権が成立すれば，その後に受諾宣言が撤回されても，係

第2に，選択条項受諾宣言そのものに留保を付すことも可能である。ICJ の管轄権は一定の時期以降に生じた紛争についてのみ行使されるというものや，一定の事項や特定の国との間の紛争については管轄権が除外されるというような留保例がある。たとえば日本は，南極海捕鯨事件判決が言い渡された後，2015 年10月6日に，「海洋生物資源の調査，保存，管理又は開発について，これから生ずる，これらに関する又はこれらに関係のある紛争」を除外する旨の留保を追加している。また，自らの判断で特定の紛争を管轄権から除外できるとするような留保（自動的留保または自己判断留保）**12-12** も付されることがあるが，これに対しては選択条項の趣旨・目的に反し，しかも管轄権の存否に関する決定権限は ICJ にあるという批判がある。こうした管轄権の存否をめぐる争いは，先決的抗弁というかたちで主に被告側から提起され，次に述べる付随手続で審理されることになる。

(3) 付随手続

ICJ の付随手続には**暫定措置**（仮保全措置），**先決的抗弁**，**反訴**，**第三国の訴訟参加**などが含まれる（裁判所規則第3章D節）。ここでは暫定措置と先決的抗弁を取り上げる。

暫定措置（仮保全措置）とは，本案判決までに訴訟当事国の権利が侵害されると判決そのものが意味を持たなくなるような場合に，ICJ が判決前に指示することができる措置である（ICJ 規程41条）。ICJ は事情により必要と認めるときに措置を指示するが，そのためにはまず本案管轄権が存在することを一定程度確認しなければならない。この制度では緊急性も求められるため，本案管轄権の存在が争われている場合にそれを確実に判断することが時間的制約により難しいことから，一見したところ管轄権の存在が確認できればよい。そのほか，暫定措置の内容と本案請求が直接関連することも重要である。暫定措置の指示命令の効力については争いがあったが，ラグラン事件判決（2001 年）で法的拘束力があることが認められた。

また先決的抗弁は，主に訴えられた国がICJによる本案審理を妨げるために提起するもので，この抗弁が提起されると本案手続は停止され，先にこの抗弁が審理される。すでに述べた管轄権の存在を否定する主張のほか，請求を受理できないという主張（請求の受理不能性）もこの手続で行われる。

　この請求の受理不能性とは，ICJに管轄権が認められていても，以下のような理由から本案に進むべきではないと考える場合には，ICJは請求を受理しないというものである。その代表的な理由としては，国内の手続による救済がまだ完了していないこと（国内的救済完了原則），第三者の法的利益が訴訟主題に関係すること，訴訟の目的が消滅していること（ムートネス）などのほか，訴える側に訴えるだけの利益がないということや具体的な権利義務との関係で訴える側に訴訟当事者としての資格がないということも含まれる。このような理由について本案とともに検討しなければ判断できない場合には引き続き本案段階で検討されることになる。ただし，紛争全体の政治性を理由とした請求の受理不能をICJは一貫して否定してきた。混合紛争論の立場から，さまざまな側面を持つ紛争において，その法的側面は司法判断になじむものと考えてきたからである。

(4) 判決の効力と解釈・再審請求

　本案手続では各当事国から書面が提出され，続いて法廷で両当事国による口頭弁論が行われた後，ICJは，その検討の結果として判決を下す 。判決は評決に出席した裁判官の過半数により決定され，可否同数の場合はその事件の裁判長が決定投票を行う。

　判決文は判決主文と判決理由で構成され，このうち法的拘束力があるのは判決主文である。そしてその効力が及ぶのは当事国間のその事件だけである（ICJ規程59条）。しかも，ICJではこの判決で終結し，上訴は認められない（同60条）。このように，判決が当事国を法的に拘束し（拘束性），しかもそれにより終結する（確定性）ことを**既判力の原則**と呼ぶ。この原則は，

12-13　ICJの判決言渡し

国家の裁判権免除事件（ドイツ対イタリア）で判決を言い渡す小和田恒国際司法裁判所所長（2012年2月）。
（写真：UN Photo/ICJ/Capital Photos/Frank van Beek）

訴訟が終わった後の法律関係を安定させるとともに，いったん判断が下された結論に対する反論を再燃させないことを目的とする。

　ICJの判決には先例として後の判断を拘束する性格（先例拘束性）は認められていないが，同じような種類の事件を扱う場合は，それまでの判決が事実上の先例としての効果を持つ。ICJは，特別な理由がない限り，判断の一貫性を保つため確立した判例から離れることはないからである。なお，判決は最終的なもので上訴は認められないが，判決文の解釈に争いがある場合に当事国は**解釈請求**を行うことができ（同60条），判決言渡し後に決定的な重要性を持つ新事実が発見された場合には**再審**を求めることもできる（同61条）。

(5) 勧告的意見制度

　勧告的意見制度とは，国連および国連と密接な関係を有する国際機関（国連総会と安保理のほか，国連のその他の機関および専門機関で総会の許可を得たもの）で生じた法律問題につきその機関からの要請に対して意見を与える制度である（ICJ規程65条）。たとえば，国連への加盟承認の条件は何か，国連は国際法上責任を追及する権利を有するか，パレスチナ占領地においてイスラエルが建設した壁 **12-14** はどのような法的効果を持つかといったことが具体的に諮問されている。

　勧告的意見自体に法的拘束力はないが，国連

12-14 パレスチナでイスラエルが建設した「壁」（2015年3月）

2003年12月に国連総会が，東エルサレムとその周辺を含むパレスチナ占領地域でのイスラエルによる「壁」の構築がいかなる法的な効果を生じさせるかについて，ICJに勧告的意見を要請。ICJは2004年7月にイスラエルの国際法違反を認定する勧告的意見を与えたが，「壁」はそのまま残っている。　　　　（写真：AFP＝時事）

と加盟国との間の解釈・適用に関する紛争については勧告的意見を最終的なものとするという規定を置いた国連特権免除条約（1946年）のように，別の条約で勧告的意見に法的拘束力を認めている場合には，勧告的意見も法的拘束力を持つことになる。また，意見を要請した機関はほとんどの場合その意見に従うほか，意見内容が国際法規則の明確化に寄与することも多い。

　勧告的意見を要請するためには，主題が法律問題であり，この法律問題が要請機関の活動の範囲内においての問題でなければならない。特に国連の専門機関が要請する場合には，諮問内容がその機関の活動領域に関連する必要がある。実際，世界保健機関（WHO）が核兵器使用の合法性について意見を求めたが，ICJはそれがWHOの活動の範囲外であることを理由に意見を与えなかった。また，そうした条件が満たされていても，ICJは意見の要請に応じるかどうかについて広い裁量を持つ。もっとも，通常は要請を拒絶すべき「やむを得ない理由」がない限り意見は与えられる。勧告的意見手続には国家間の紛争に適用される裁判手続が準用され，現に争われている国家間紛争にかかわる法律問題の場合には，西サハラ事件（1975年）のように，特別選任裁判官が選出された例もある。

(6) ICJの利用

　以上のような機能を有するICJは，設立当初，その活躍が期待された。しかし，1960年以降は，新たに独立を果たしたアジア・アフリカ諸国がICJの利用に消極的となる。南西アフリカ事件判決（1966年）で植民地問題について手続規定を根拠に判断を下さなかったICJが，先進国に有利な判断を行っているというのがその理由であった。しかし，冷戦後には，特に領域紛争や海洋境界画定紛争などにおいて国際法を適用して紛争を解決する意義が見直されて，再び事件が付託される傾向がある **12-15**。

5 国連海洋法条約上の紛争解決制度

(1) 解決制度の構造

　国連海洋法条約（1982年）には，この条約の解釈または適用に関する締約国間の紛争を平和的に解決する手段が定められている（国連海洋法条約第15部279条以下）。国連海洋法条約では起草過程を通じて沿岸国と旗国（船舶の登録国）との間の権利義務が妥協の上で調整されており，このバランスを維持するために条約の解釈・適用にあたって締約国間に紛争が生じた場合の解決手続を確保することが必要とされたからである。国連海洋法条約は，交渉，調停，仲裁，司法的解決といったさまざまな紛争解決手段が用意されている点でも特徴的であり，その手続は以下の3つの段階から構成されている。

　第1に，紛争はまず紛争当事国が合意に基づいて選択する平和的手段で解決されなければならない（国連海洋法条約第15部第1節）。特に284条では調停による紛争解決手続が規定されており，実際にも2016年に東チモールがオーストラリアを相手に大陸棚の境界画定問題について調停を申し立て，その結果，両国間で和解が成立し，2018年に新たな海洋境界画定線に関する協定が締結された。

　第2に，紛争当事国が紛争解決手段について合意に至らない場合や，合意に至った紛争解決手段でも紛争が解決しない場合には，拘束力ある決定を伴う義務的な手続を利用することができる。

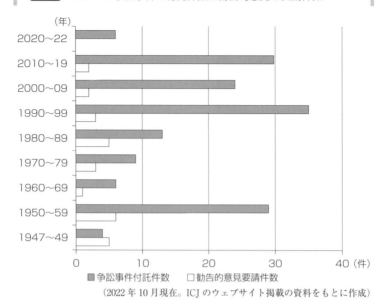

12-15 ICJ への争訟事件の付託件数と勧告的意見の要請件数

（年）

2020〜22

2010〜19

2000〜09

1990〜99

1980〜89

1970〜79

1960〜69

1950〜59

1947〜49

0　　　　10　　　　20　　　　30　　　　40（件）

■ 争訟事件付託件数　□ 勧告的意見要請件数

（2022 年 10 月現在。ICJ のウェブサイト掲載の資料をもとに作成）

国連海洋法条約の締約国は，国際海洋法裁判所（ITLOS）**12-16**，国際司法裁判所（ICJ），仲裁裁判所，特別仲裁裁判所の 1 つまたは複数を紛争解決手段として選択することができ，いずれも選択しない場合には仲裁裁判所の管轄を受け入れたものとみなされる（同 287 条）。そして，国連海洋法条約とは異なる別の条約に定められるなど，紛争当事国間で特に定めた他の紛争解決手続が存在しなければ（同 281 条，282 条），同一の手続を受け入れた締約国間の紛争はその手続で解決され，手続が一致しなければ紛争はすべて仲裁裁判所に付託されることになる（同第 15 部第 2 節）。したがって，国連海洋法条約の解釈・適用をめぐる紛争については，必ず何らかの手続に付託されることが予定されているのである。1999 年にオーストラリアとニュージーランドが日本を訴えたみなみまぐろ事件はこのうち仲裁裁判所に付託されたが，仲裁裁判所はこうした義務的付託の条件が満たされていないとして日本の主張を支持し，管轄権を否定した。

他方で，第 3 に，一定の紛争に関してはそうした義務的な手続が制限されたり，締約国が選択的に義務的手続から除外したりできるようになっている（国連海洋法条約第 15 部第 3 節）。国

12-16 上空から見た国際海洋法裁判所（ITLOS）

ITLOS はドイツのハンブルクに所在。

（写真：ITLOS Photo）

連海洋法条約第 15 部第 2 節の適用制限について同条約 297 条 1 項では，同条約の解釈適用に関する紛争のうち，「主権的権利又は管轄権の沿岸国による行使に係るもの」は義務的な手続に付託されず，同項に規定された紛争（たとえば，航行の権利を含む国際的に適法な海洋の利用について沿岸国が条約規定に違反して行動したと主張されるような紛争の場合）についてのみ第 2 節の義務的な手続に付されるとしている（義務的手続の適用制限）。また科学的調査（同条 2 項）や漁獲（同条 3 項）にかかわる紛争についても同条約第 2 節の義務的手続は適用されない。

12-17 富丸事件および豊進丸事件（日本対ロシア）における ITLOS での口頭弁論の様子（2007 年 7 月）

ロシアに拿捕された 2 隻の漁船とその乗組員の速やかな釈放を求めて，日本が 2007 年 7 月に ITLOS に提訴。同年 8 月の判決で ITLOS は，豊進丸とその乗組員の速やかな釈放は認めたが，富丸についてはロシアの裁判で没収手続が確定したことで日本の請求目的が消滅したため速やかな釈放の請求について決定できないと判示した。

（写真：ITLOS Photo）

さらに締約国は，境界画定紛争，軍事的活動に関する紛争，297 条 2 項および 3 項で管轄権から除外される主権的権利または管轄権の行使にかかわる法の執行活動に関する紛争，国連安保理が国連憲章により付与された任務を遂行している場合の紛争について，義務的手続を受け入れないことを書面によって宣言することができる。これが**義務的手続の選択的除外**である（同 298 条）。

(2) 暫定措置

国連海洋法条約の解釈・適用に関する紛争につき管轄権を有する裁判所は，最終的な判断が下されるまでの間，①「紛争当事者それぞれの権利を保全」するため，または②「海洋環境に対して生じる重大な害を防止」するために，適当と認めた場合に**暫定措置**を定めることができる（290 条 1 項）。暫定措置を定めることができる裁判所は(1)に示した 4 つの裁判所であるが，仲裁裁判所や特別仲裁裁判所が紛争解決手段として選択され，その設置が遅れるなど（特別）仲裁裁判所では暫定措置を定める時間的余裕がない場合には，ITLOS が代わって暫定措置を定めることができる。また，これらの裁判所が

暫定措置を定めることが可能なのは，① 本案を審理する裁判所が裁判管轄権を有すると推定され，しかも，② 緊急性がある場合である。そのほか，これまでの暫定措置の実行状況をみると，緊急性の基準を権利侵害の回復不可能性に求めるなど，ICJ で認められてきた暫定措置の要件が ITLOS でも参照されている。

(3) 速やかな釈放

国連海洋法条約締約国は，一定の場合において，抑留した他国船舶と船員を合理的な保証をもって速やかに釈放しなければならない（国連海洋法条約 73 条 2 項，220 条 6 項 7 項，226 条 1 項）。そして，この規則が遵守されたかどうかについて争われる場合には，問題を裁判所に付託することができる。すなわち，船舶の抑留から 10 日以内に釈放等について関係国間で合意が得られない場合には，その船舶を抑留された国が同条約 287 条によって受け入れている裁判所に問題を付託することができる（同 292 条）。これが**速やかな釈放手続**である。拿捕される船舶は違法操業等の疑いを理由として拿捕国の国内手続に服することになるが，その国内手続には相当な時間がかかる場合もあるため，その間，保証金の支払を条件に，主として財産の価値の維持や人道上の見地から船舶と船員の釈放のみが求められるのである。

この速やかな釈放手続は国連海洋法条約に特有の制度であり，ITLOS の判例では最も多く利用されている手続でもある。日本もこの手続を利用して，ロシアの排他的経済水域で拿捕された船舶と船員の釈放を求め，ロシアを相手取り ITLOS に問題を付託したことがある（富丸事件および豊進丸事件〔2007 年〕）**12-17**。

▌参考文献

• 杉原高嶺『国際司法裁判制度』（有斐閣，1996 年）
• J. G. メリルス（長谷川正国訳）『新版国際紛争処理概論〔原著第 4 版〕』（成文堂，2008 年）
• 小田滋『国際司法裁判所〔増補版〕』（日本評論社，2011 年）

Chapter 13 国の安全を守る──安全保障

1 国際社会における「戦争」の位置づけ

　戦争や武力の行使をいかに規制し，国の安全を守るかは，古くから国際法の最大の関心事の1つであった。伝統的な国際法の下では広く認められていた「戦争の自由」は，国際連盟規約（連盟規約），不戦条約，国際連合憲章（国連憲章）などを経て，徐々に制限されるようになった。それにもかかわらず，比較的最近の例でも，1991年の湾岸戦争，1999年の北大西洋条約機構（NATO）によるユーゴ空爆，2001年のアフガニスタン戦争，2003年のイラク戦争，2014年からの過激派組織「イスラム国」（IS）に対する米国等によるシリア領内での空爆，2022年2月からのロシアによるウクライナ軍事侵攻（⇨巻頭カラー **C-8**）など，国際社会には武力紛争が跡を絶たない。

　しかし，これらの武力紛争の法的位置づけは決して同じというわけではない。同じく「戦争」にみえるこれらの事例は，法的にはそれぞれどのように位置づけられるのであろうか。そのことを考えていくために，まずは，戦争や武力の行使が歴史的にどのように規制されてきたのかをみていくことにしよう。

2 戦争・武力行使の違法化

(1) 正戦論から「戦争の自由」へ

　戦争を正しい戦争と不正な戦争とに区別し，正しい戦争のみが許されるとする正戦論は，古代ギリシャ以来，さまざまに論じられてきたが，近代初頭のグロティウス（⇨**Chapter 1**）によって法的にも精緻化された。グロティウスは，その主著『戦争と平和の法』 **13-1** の中で，戦争を訴訟になぞらえて，防衛・回復・刑罰の3つを戦争の正当原因とした。しかし，ローマ教皇を頂点とするキリスト教秩序から解放された独立・平等の主権国家より成る近代国際社会では，戦争当事者のいずれが正しいかを判断する上位の権威が存在しなくなった。そのため，19世紀になると正戦論は次第に衰退し，国に「戦争の自由」を広く認める考え方が有力になった。

(2) 戦争・武力行使の違法化

　人類史上初の世界大戦であった第一次大戦は，1千万人以上もの死者を出す未曾有の惨禍を人類にもたらした。その講和条約であるヴェルサ

13-1 グロティウス『戦争と平和の法』（初版，1625年）

HVGONIS GROTII
DE IVRE BELLI
AC PACIS
LIBRI TRES.

（専修大学図書館所蔵）

13-2 ヴェルサイユ条約の調印式（ヴェルサイユ宮殿鏡の間，1919年）

（写真：ullstein bild/時事通信フォト）

第１条　締約国ハ，国際紛争解決ノ為戦争ニ訴フルコトヲ非トシ，且其ノ相互関係ニ於テ国家ノ政策ノ手段トシテノ戦争ヲ抛棄スルコトヲ其ノ各自ノ人民ノ名ニ於テ厳粛ニ宣言ス。

イユ条約**13-2**の一部として成立した**連盟規約**（1919 年）は，紛争の平和的解決手続と連動させて，一定の場合に戦争に訴えることを禁止した（12 条１項，13 条２項，15 条６項）。もっとも連盟規約の下では，紛争が平和的に解決できない場合に戦争に訴える国の権利を広く認めており（15 条７項），戦争の禁止はなお部分的なものにとどまっていた。

その後，米国の平和運動家らによって推進された「**戦争違法化**」運動の影響などを受けて，当初米仏間で二国間条約の締結交渉が進められ，最終的には多数国間条約として成立したのが 1928 年の**不戦条約**（戦争抛棄ニ関スル条約）である。同条約は，「国際紛争解決ノ為」の戦争や「国家ノ政策ノ手段トシテ」の戦争を禁止するもので（１条），一般的な形で戦争を違法化した最初の国際条約であった**13-3**。不戦条約は，当時の国際社会の主要な国が参加していたという意味で普遍性も高い条約だったが，正式の「**戦争**」（国際法上は，少なくとも一方の当事国による開戦宣言などによる**戦意の表明**が必要）ではない事実上の「**武力の行使**」は，同条約に違反しないとの主張の余地を残すなど十分なものではなかった。

その反省を踏まえて，第二次大戦後に成立した**国連憲章**（1945 年）は，国際法上特殊な意味を持つ「**戦争**」という用語をあえて避け，「**武力の行使**」や「**武力による威嚇**」を広く一般的に禁止した（2 条 4 項）**13-4**。

(3)　武力不行使原則の確立

こうして戦争・武力行使の違法化という人類の長年の夢は，連盟規約，不戦条約を経て国連憲章に結実した。国連憲章２条４項に盛り込まれた**武力不行使原則**は，今日，国連憲章上の制

第２条（原則）
　この機構及びその加盟国は，第１条に掲げる目的を達成するに当っては，次の原則に従って行動しなければならない。
（中略）
4　すべての加盟国は，その国際関係において，武力による威嚇又は武力の行使を，いかなる国の領土保全又は政治的独立に対するものも，また，国際連合の目的と両立しない他のいかなる方法によるものも慎まなければならない。

度である**集団安全保障**（⇨**5**）から独立した国際慣習法上の原則となり，さらには，それからのいかなる逸脱も許されない規範として，国際社会全体が受け入れ，認める**強行規範**（⇨**Chapter 4 4**）とさえ主張されるようになっている。

3　武力不行使原則の内容

(1)　「武力」の意味

　禁止される「**武力（force）**」とは，「**軍事力（armed force）**」のみに限られるのか，経済的・政治的圧力といった軍事力以外の「力（force）」も含むのか。かつて途上国や旧社会主義諸国から後者も含むとの主張がなされたが，国連憲章の起草過程や，その基本原則の解釈を再確認した 1970 年の**友好関係原則宣言**が，経済的・政治的圧力の問題を武力不行使原則ではなく，不干渉原則の中で規定したことなどから，前者に限定する解釈が妥当である。また，最近の新たな問題として，情報通信技術を用いて他国の情報通信システム等を操作したり機能不全に陥らせたりする**サイバー攻撃**が物理的損害を引き起こす場合，ここでいう「**武力**」にあたると主張されることがある。現時点では十分に確立した解釈とまではいえないが，今後の国家実行が注目される。

(2)　「武力の行使」の態様

　「**武力の行使**」として禁止される具体的な行為は，単に正規軍による他国領域への侵入・砲

爆撃といった直接的なものに限られるのか，不正規軍や武装集団の組織・奨励等を通じての間接的なもの（いわゆる「間接侵略」）までも含むのか。友好関係原則宣言が，後者の行為をその武力不行使原則の中で扱っていることや，1974年の侵略の定義に関する決議も「最も深刻かつ危険な形態の違法な武力行使」である侵略行為の１つに間接侵略を挙げていること，国際司法裁判所（ICJ）も，ニカラグア事件（1986年本案判決）の中で，反徒に対する武器・兵站その他の支援は，自衛権発動の要件である「武力攻撃」にはあたらないまでも，「武力の行使または威嚇」にあたるとしたことなどから，間接的なものまで含むとする後者の解釈が妥当である。

(3)　「武力による威嚇」の意味

「武力による威嚇」にあたる行為としては，たとえば軍事力による示威，国境紛争にさいしての関係地域への軍隊の集結，他国沿岸海域への軍艦の派遣といった行為が考えられる。「武力の行使」との関係については，いまだ「威嚇」にとどまっている段階であっても，「威嚇」のために用いられた「武力」が，実際に「行使」されたと仮定した場合に違法であれば，「威嚇」自体も違法と判断される可能性がある。

(4)　武力不行使原則の内戦への適用可能性

国連憲章２条４項は，「国際関係における」武力の行使を禁止するもので，一国内でのもっぱら政府側と反徒との間の純粋な内戦には適用されない。しかし，内戦への第三国の介入の場合には事情は異なる。反徒側に立った介入は伝統的には内政干渉とされ，今日でも「間接侵略」にあたれば違法であるが，例外的に許されるとの主張（「人道的干渉」。⇨**4**(4)）もある。他方で，正当政府の要請による政府側に立った介入は，伝統的には合法とされてきたが，人民の自決権に反する場合があること等を理由に違法であるとする主張も今日では有力である。

13-6　カロライン号事件（1837年）

米国政府の取締りにもかかわらず，英国からの独立を求めるカナダ反徒の援助に従事していた米国船カロライン号を英国が米国領内に侵入して急襲しナイアガラの滝に落とした事件。自衛権の古典的先例とされる。
英米の交渉の過程で米国務長官ウェブスターが英国公使フォックスにあてた書簡（「ウェブスター書簡」〔1841年4月24日〕）は，「差し迫って圧倒的な自衛の必要があり，手段の選択の余地なく，熟考の時間もなかったこと」，「非合理的または行き過ぎたことは行っていないこと」を英国の行為が正当化されるための条件として挙げ，それが伝統的な自衛権行使の要件とされるようになった。
（写真：Alamy/PPS通信社）

4 武力不行使原則の例外

(1)　例外の範囲

国連憲章自身が明示的に認めている武力不行使原則の例外は，国連による**軍事的措置**（42条），**個別的・集団的自衛権**（51条）**13-5**，**旧敵国に対する措置**（53条１項，107条）の３つに限られるが，その他の例外が主張されることもある。このうち旧敵国に対する措置は，すべての

旧敵国が国連加盟国になった現在ではすでに死文化したものと考えられ，また，国連の軍事的措置は**5**で扱うため，ここでは，自衛権とその他の例外の主張をみておくことにしよう。

(2) 自衛権

伝統的国際法の下での自衛権は，国の基本権である**自己保存権**の中の1つとして理解され，合法的侵害に対する措置を含む緊急避難と特に区別されることなく，**急迫性・必要性・均衡性**の要件を満たす限りで広く認められていた（**カロライン号事件**〔1837年〕）**13-6**。

国連憲章51条の下での自衛権は，相手国の違法な「**武力攻撃**」に対する措置として，緊急避難とは区別され，要件も厳格化されたとの理解がある一方で，同条が「**自衛の固有の権利**」を認めていることを根拠に，伝統的自衛権はそのまま存続しているとの理解もなお根強い。たとえば，いまだ武力攻撃が発生したとは言えない段階での**先制自衛**は認められるかという問題がある。最近では主にテロリストの脅威に対抗する必要から米国によって唱えられ，実際に，1998年のアフガニスタン，スーダンへのミサイル攻撃のさいにその根拠とされた。また，2022年のロシアによるウクライナへの軍事侵攻の国際法上の根拠は国連憲章51条の自衛権に求められたが，それがウクライナのNATO加盟のおそれをもってロシアへの武力攻撃の脅威とみなされたためだとすると，急迫性の要件を満たしているとは言い難い。このように先制自衛の主張はそれが厳密に特定化されない限り濫用の可能性も高い。そのため日本では，相手国からの武力攻撃で実害が発生するのを待つ必要はないが，少なくとも武力攻撃への「着手」を必要とすると解されている。

テロとの関係では，**武力攻撃の主体**は国に限られるのか，国際テロ組織アルカイダや，国を標榜しているもののいずれの国も承認していないISのような**非国家団体**も含まれるのかという問題がある。9.11同時多発テロ事件に対応して米国・英国等の諸国は，2001年10月，アルカイダを匿（かくま）っていたアフガニスタンへの軍事行動を開始した。その法的根拠は「自衛権」に求められたが，その前提となる「武力攻撃」の主体についてはかならずしも明確にされなかった。他方でICJは，2004年の**パレスチナの壁事件**勧

13-7 集団的自衛権の性質に関する三説

A説　　　　　　　　　　　B説　　　　　　　　　　　C説

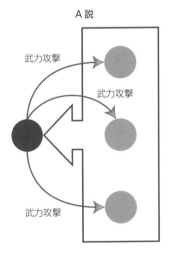

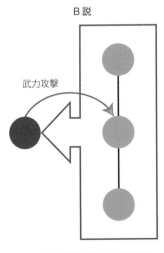

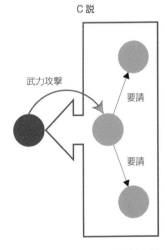

自衛権を行使するそれぞれの国が武力攻撃を受けたことを要件とする説。集団的自衛権は，個別的自衛権の共同行使としてとらえられる。

自らは武力攻撃を受けたわけではない国が，武力攻撃を受けた国と密接な関係にあり，自国の死活的利益が侵害されたことを根拠とする説。

ICJがニカラグア事件本案判決で採用した説で，武力攻撃を受けた国による攻撃被害の宣言と自衛権行使の要請を要件として，国際社会のすべての国に集団的自衛権の行使を認める。

勢力均衡 (balance of power)

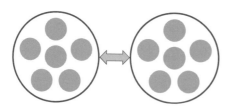

「戦争の自由」「同盟の自由」「軍備の自由」という３つの自由を前提に，軍事同盟間の力の均衡を達成することで自国の安全を保障しようとするもの。自国の安全を脅かすおそれのある仮想敵国を集団の外側に想定する点に特徴がある。

集団安全保障 (collective security)

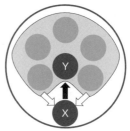

対立関係にある国を含む１つの集団の内部で武力の不行使を約束しあい，約束を破って他国を侵略した国（X）に対しては，直接被害国（Y）だけでなく，集団内のすべての国が結束してそれを排除することで被害国の安全を確保しようとするもの。

告的意見で，国連憲章 51 条の自衛権は，「一国による他国への武力攻撃」を前提としているとの解釈を示した。

(3) 集団的自衛権

国連憲章 51 条は，武力攻撃の直接の被害国による個別的自衛権に加えて，集団的自衛権を認めている。これは伝統的国際法には存在しなかった概念で，国連憲章を起草したサンフランシスコ会議で新たに導入されたものである。集団的自衛権の性質については，個別的自衛権の共同行使（A 説），他国に係る自国の死活的利益の防衛権（B 説），他国の権利の防衛権（C 説）という三説がある **13-7**。B 説が国家実行には近いと考えられるが，ICJ は，ニカラグア事件（本案判決）で，国際社会の一般的利益の擁護という観点から C 説を採用したうえで，その濫用を防止するための要件を付け加えた。他方で，2015 年 9 月に成立した日本の安全保障法制で新たに認められるようになった集団的自衛権は，B 説に近いものと考えられる。

(4) その他の例外の主張

武力不行使原則の例外として，在外自国民の保護や人道的干渉が主張されることがある。前者は自国民の生命・財産に対する侵害を防止するためには武力の行使も認められるとするもので，パレスチナ・ゲリラにハイジャックされた

民間航空機内の自国民を救出するため，イスラエルが軍の特殊部隊を用いてウガンダのエンテベ空港を急襲した 1976 年の**エンテベ空港事件**がその例である。後者は他国における大規模な非人道的行為を阻止するために軍事介入する権利を主張するもので，セルビアのアルバニア系住民救済のために行われた 1999 年の NATOによるユーゴ空爆がその例である。それぞれに一定の正当性は認められるものの，国際法上の権利として確立しているとまではいえない。

5 集団安全保障

(1) 勢力均衡と集団安全保障

「戦争の自由」が広く認められていた 19〜20世紀初頭には，軍事同盟間の**勢力均衡**を維持することが国際平和に寄与すると考えられた。しかし，「勢力」の客観的判断は実際には困難なため，両陣営は互いに自陣に有利な均衡を求める。その結果，勢力均衡は**軍拡競争**を招きやすく，また同盟関係が固定化されると，相手同盟国に対する敵がい心が醸成されやすい。勢力均衡の破綻から生じた第一次大戦への反省から，戦後，対立関係にある国をも含めた１つの集団の内部で武力の不行使を約束しあい，すべての国が力を結集して**侵略を排除**することで被害国の安全を保障しようとする**集団安全保障**の考え方が導入されることになった **13-8**。

13-9 国連安保理での討議の模様

（写真：UN Photo/Amanda Voisard）

(2) 国際連盟と国連の集団安全保障

集団安全保障を最初に制度化したのは国際連盟（連盟）だが，連盟の集団安全保障は，① **戦争の禁止**が部分的であった，② 連盟規約に違反して戦争に訴えた国の認定や，制裁の発動の是非を各国が個別に判断する**分権的体制**にとどまっていた，③ 制裁手段として**経済制裁**を重視し**軍事制裁**は補助的なものにすぎなかったなどの特徴があった。そのため，1935 年に起きたイタリアによるエチオピア侵攻事件にさいしては，連盟として実効的な経済制裁を実施することができず，イタリアの侵略を食い止めることができなかった。

これに対して，国連の集団安全保障は，連盟での失敗を踏まえて，① 戦争のみならず武力の行使や武力による威嚇を一般的に禁止した，

13-10 国連の集団安全保障の仕組み

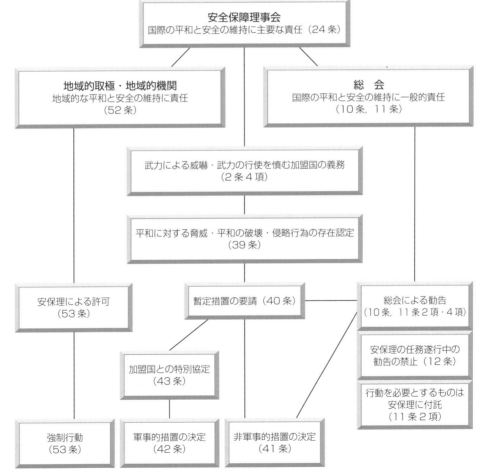

条数は国連憲章。

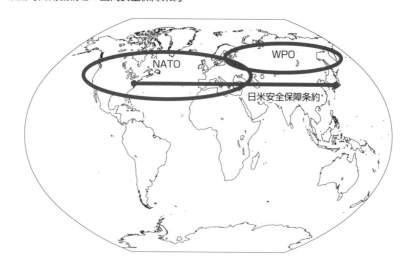

②「侵略」等の認定と集団的措置の決定を国連の機関である安全保障理事会（安保理）**13-9**が一元的に行う**集権的体制**を採用した，③経済制裁等の非軍事的措置とともに軍事的措置も重視した，④国連自体による普遍的な集団安全保障に加えて，地域的な集団安全保障を認めたなどの特徴を持つ，より集権的で強力なものになった。

国連の集団安全保障の仕組みは次のようなものである**13-10**。平和に対する脅威・平和の破壊・侵略行為が発生した場合，まずは安保理が侵略行為等の存在認定を行う（国連憲章39条）。そのうえで，紛争当事者に対して軍隊の撤退や停戦などを内容とする**暫定措置**を要請する（同40条）。その要請が受け入れられない場合，安保理は経済制裁や外交制裁といった**非軍事的措置**を発動するように加盟国に求める（同41条）。加盟国は国連憲章上の義務としてこれに従わなければならない。非軍事的措置では不十分な場合には，安保理は**軍事的措置**を要請することもできる（同42条）。もっとも加盟国に軍事的措置をとるよう命じるためには，加盟国があらかじめ安保理との間で**特別協定**を結んでいる必要がある（同43条）。しかし実際には，この種の特別協定はこれまで結ばれたことがないため，国連憲章が当初予定したような特別協定に基づき組織された**国連軍**による軍事的措置は今日まで例がない（「朝鮮国連軍」は，安保理の勧告に基づき西側諸国が自発的に提供した軍隊で，特別協定に基づくものではない）。

こうした安保理による措置に加え，一定の制約の下，総会もその勧告権限（国連憲章10条，11条）を使って加盟国に非軍事的措置を要請することができる（「平和のための結集決議」）。また，地域的取極・地域的機関も地域的な集団安全保障の一翼を担い（同52条），安保理の許可があれば，地域的機関として強制行動をとることもできる（同53条）。

(3) 冷戦期の変容

冷戦期には，安保理の投票手続に組み込まれた拒否権（国連憲章27条3項）のため，国連の集団安全保障は機能不全に陥り，国連憲章51条の個別的・集団的自衛権に基礎を置いた西側の軍事同盟であるNATOと，東側の軍事同盟であるワルシャワ条約機構（Warsaw Pact Organization：WPO）間の勢力均衡が国際安全保障の現実を支配した。

日本はNATO加盟国ではなかったが，米国との二国間安全保障条約である**日米安全保障条約**を通じて，実質的には，東側と対峙する西側軍事同盟の一翼を担ってきた**13-11**。

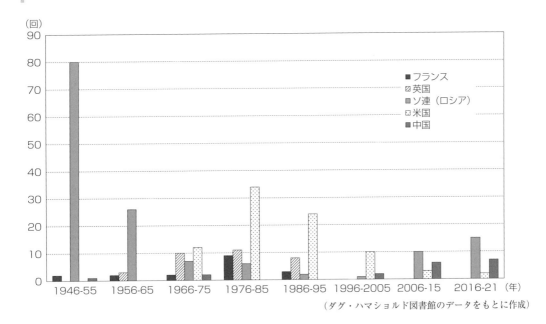

13-12 国連安保理での拒否権行使回数の変化

（回）

凡例：
- ■ フランス
- ▨ 英国
- ▧ ソ連（ロシア）
- ▫ 米国
- ■ 中国

（ダグ・ハマショルド図書館のデータをもとに作成）

(4) 冷戦後の集団安全保障

　冷戦が終結した 1990 年代に入って，安保理内での合意形成が比較的容易になり拒否権行使の回数が激減したことを背景に **13-12**，国連憲章で想定された**集団的措置**（暫定措置，非軍事的措置，軍事的措置）を実際に発動したり，現実の国際関係に適合する形でその内容を変形・発展させたりする慣行が現れるようになってきた。

　1990 年 8 月に起きたイラクによる隣国クウェートへの侵攻事件（湾岸危機）に際し，安保理は，国連憲章 39 条と 40 条に言及して，イラクのクウェート侵攻に関し「**国際の平和と安全の破壊**」が存在することを認定し，イラク軍のクウェートからの即時・無条件撤退等を内容とする暫定措置の要請を行った（安保理決議 660）。ついで国連憲章第 7 章の下で，41 条の措置に相当する包括的な経済制裁措置を含む非軍事的措置を発動した（安保理決議 661）。これらの措置は，国連憲章に予定されていた集団安全保障が典型的な形で機能した例ということができる。

　こうした努力にもかかわらず，イラク軍はクウェートから撤退しなかったため，安保理は，さらに**安保理決議 678** を採択し，国連憲章第 7 章の下で，クウェートに協力する加盟国に対し「あらゆる必要な措置（all necessary means）」をとることを「許可（授権）（authorize）」した。この決議を根拠に，翌 1991 年 1 月から米軍を始めとする多国籍軍はイラクへの軍事活動を開始し，イラクをクウェートから排除することに成功した。安保理決議 678 に基づく多国籍軍の武力の行使は，国連憲章に当初予定されていた国連軍（国連憲章 43 条）によるものではなかったが，安保理のすべての常任理事国を含む 9 理事国以上の多数の同意を得て行われたという意味で，個別国家の判断に基づく自衛権の行使に比べ，国際社会のより客観的な判断を反映したものということはできる。こうした安保理による武力行使の許可（授権）方式は，その後もしばしば用いられるようになり，その過程で，とりうる措置の目的や期間が限定され，安保理への報告の義務が強化されるなど，今日では，国連の慣行として次第に確立されつつある。

　イラクのフセイン政権による**大量破壊兵器保有の疑惑**を理由に行われた 2003 年 3 月の米軍等による**イラク戦争**も，上記安保理決議 678，湾岸戦争の停戦決議でイラクに大量破壊兵器の廃棄を義務づけた安保理決議 687，イラクによる義務違反を確認した**安保理決議 1441** を根

13-13 イラク戦争の法的根拠に関する米国の説明

安保理決議678（1990年11月29日）対イラク武力行使許可

⬇

安保理決議687（1991年4月3日）対イラク停戦決議
〈停戦条件〉
● 大量破壊兵器の廃棄に関する査察の無条件受入れ
● 経済制裁の継続等

⬇

1991年4月6日イラクによる決議受諾⇒停戦

⬇

安保理決議1441（2002年11月8日）
● イラクが決議687等の関連決議の重大な違反を犯し続けていることを決定
● イラクに武装解除の「最後の機会」を与える
● さらに重大な違反があれば安保理を招集
● 義務違反が継続すれば，イラクは「深刻な結果」に直面するとの警告

⬇

2003年3月20日　米国等によるイラク戦争開始
〈理由〉
● イラクに大量破壊兵器の廃棄を義務づけた決議687等の重大な違反の存在を決議1441で認定
● 決議687で定められた停戦の基礎が崩れたため，多国籍軍に武力行使を許可した決議678の効力が復活

 **13-14** UNEF・Ⅰのユーゴスラビア兵士

（写真：UN Photo/JG）

和のための結集決議」に基づき，国連総会の緊急特別会期が開催され，安保理決議案の内容を踏襲した決議案が賛成141，反対5，棄権35，投票不参加12で採択された。同決議は，ロシアに対する強制措置の勧告を含むものではなく，また，法的拘束力も有しないが，国連加盟国の73％がロシアの行動を「侵略」と認定したことの重みは，決議に賛成した国はもちろんのこと，棄権した国の政策にも少なからず影響を与えるものと考えられる。

6 国連平和維持活動（PKO）

(1) PKOの生成と確立

　国際安全保障のための中核的制度として国連憲章が用意した集団安全保障は，戦後まもなく顕在化した東西冷戦の結果，予定どおりには機能しなかった。他方で冷戦期には，超大国間の大規模な軍事衝突こそ起きなかったものの，世界各地で多数の武力紛争が発生した。こうした現実に直面した国連は，国際平和の維持に寄与しうる最低限の機能領域として，**国連平和維持活動（PKO）**を生み出すことになった。1956年のスエズ動乱に際して国連総会緊急特別会期の決議に基づきエジプトに派遣された**第1次国連緊急軍**（UNEF・Ⅰ）**13-14**の成功を契機に，その後これにならった類似の活動（その後は安保

拠に行われた。しかし，その実質的根拠であった大量破壊兵器は実際には発見されなかったこともあり，あらたな武力行使の「許可（授権）」を得ることなく，究極的には，湾岸危機の際の安保理決議678を根拠に行われたこの武力の行使については，安保理決議の枠外で行われたものだとの批判も根強い **13-13**。

　2022年2月に開始されたロシアによるウクライナへの軍事侵攻は，核保有国であり国連安保理の常任理事国でもある国によるあからさまな国際法違反にいかに有効に対処できるかという難問を国際社会に突き付けている。国連安保理は，侵攻開始の翌日，国連憲章2条4項に違反するロシアのウクライナへの侵略を最も強い言葉で非難し，ロシアがウクライナに対する武力の行使を即時に停止すべきことなどを内容とする決議案を採決に付したが，ロシアの拒否権で否決された。そのため，安保理の要請と「平

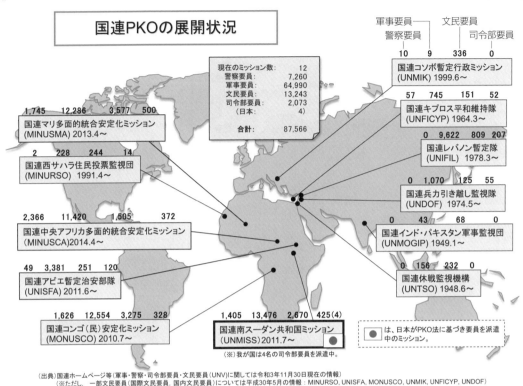

13-15 国連 PKO の展開状況

国連PKOの展開状況

現在のミッション数: 12
警察要員: 7,260
軍事要員: 64,990
文民要員: 13,243
司令部要員: 2,073
（日本）: (4)

合計: 87,566

軍事要員 ─ 文民要員
警察要員 司令部要員
10　9　336　0
国連コソボ暫定行政ミッション
(UNMIK) 1999.6〜

57　745　151　52
国連キプロス平和維持隊
(UNFICYP) 1964.3〜

0　9,622　809　207
国連レバノン暫定隊
(UNIFIL) 1978.3〜

0　1,070　125　55
国連兵力引き離し監視隊
(UNDOF) 1974.5〜

0　43　68　0
国連インド・パキスタン軍事監視団
(UNMOGIP) 1949.1〜

0　156　232　0
国連休戦監視機構
(UNTSO) 1948.6〜

1,745　12,286　3,577　500
国連マリ多面的統合安定化ミッション
(MINUSMA) 2013.4〜

2　228　244　14
国連西サハラ住民投票監視団
(MINURSO) 1991.4〜

2,366　11,420　1,505　372
国連中央アフリカ多面的統合安定化ミッション
(MINUSCA)2014.4〜

49　3,381　251　120
国連アビエ暫定治安部隊
(UNISFA) 2011.6〜

1,626　12,554　3,275　328
国連コンゴ（民）安定化ミッション
(MONUSCO) 2010.7〜

1,405　13,476　2,670　425(4)
国連南スーダン共和国ミッション
(UNMISS) 2011.7〜 ●
（※）我が国は4名の司令部要員を派遣中。

● は、日本がPKO法に基づき要員を派遣
中のミッション。

（出典）国連ホームページ等（軍事・警察・司令部要員・文民要員（UNV）に関しては令和3年11月30日現在の情報）
（※ただし，一部文民要員（国際文民要員，国内文民要員）については平成30年5月の情報：MINURSO, UNISFA, MONUSCO, UNMIK, UNFICYP, UNDOF）
（※文民要員はUNV，国際文民要員，国内文民要員の総計）

（出典：外務省ウェブサイトをもとに作成）

理決議に基づくものがほとんど）が，1960年代に入ってから「平和維持活動」と総称されるようになり，それ以前に存在した1948年以来のパレスチナにおける**国連休戦監視機構**（UNTSO）等の監視団も，遡ってPKOのカテゴリーに含めて理解されるようになった。以来，2022年2月までに71の平和維持活動が実施され，そのうち12の活動が現在も展開中である**13-15**。

PKOは集団安全保障のための強制措置（集団的措置）とは異なり，紛争当事者や受入国の同意に基づき，公平な立場で紛争に介入して，兵力の引離し，停戦監視，選挙監視等の活動を行う。安保理内での大国の不一致のため国連がその本来の機能を果たせない中にあって，PKOは，紛争の悪化を防止し，紛争解決のための条件整備を行うことを通じて，平和維持の分野でその独自の機能を発揮するようになった。

PKOは，集団安全保障や集団的自衛権などとは異なり，国連創設時から予定されていた活動ではなかったため，国連憲章中に明確な規定があるわけではない。国際関係の現実に対応すべく，国連の慣行を通じて経験的に発展してきた活動である。そのため，その概念はかならずしも固定的なものではなく，国際関係の状況の変化に応じて変わりゆく性質を有する。冷戦期を通じて確立された従来型のPKOは，①紛争当事者や受入国の**同意・協力**（非強制性），②要員提供の**任意性**，③紛争に対する**公平性**（特別利害関係国の除外），④国連事務総長による**指揮・統制**，⑤**自衛以外での武力行使の禁止**，といった共通の特徴を持つものであった。

(2) 冷戦後の機能変化

冷戦の終結により，東西両陣営間の大規模な軍事衝突の危険は縮小したが，逆に地域紛争や民族紛争が多発するようになったことで，国連の平和維持機能への需要はより高まった。他方で，その機能にも兵力の引離しや停戦監視とい

Chapter

13

国の安全を守る

1. 紛争当事者間での停戦合意の成立
2. 活動地域の属する国及び紛争当事者による当該活動への日本の参加への同意
3. 特定の紛争当事者に偏ることない中立的な立場の厳守
4. 上記の原則のいずれかが満たされない状況の場合における参加部隊の撤収
5. 要員の生命等防護のための必要最小限の武器使用

（出典：内閣府ウェブサイト）

った従来型の機能に加えて，武装解除，秩序回復，警察・行政機能，難民の帰還促進，道路の修復といった多様な機能を含む多機能型（multi-dimensional）のPKOが登場するようになった。1992年の国連カンボジア暫定統治機構（UNTAC）がその典型である。また，従来型のPKOと本来の国連軍の中間的な領域に，同意原則や公平原則にとらわれず，強制性を付与された新しいタイプのPKOが現れるようになった。

1992年6月にブトロス・ガリ国連事務総長（当時）が示した国連の平和実現機能の強化に関する包括的提案である「**平和への課題**（Agenda for Peace）」は，国連の平和実現機能を**予防外交**（preventive diplomacy），**平和創造**（peace making），**平和維持**（peace-keeping），**平和構築**（peace-building）の4つの活動分野に分類し，各機能の強化策を提言した。このうち予防外交としての国連要員の**予防展開**（preventive deployment）は，1992年12月，**国連保護軍**（UNPROFOR）のマケドニアへの派遣で，また，平和創造の1つと位置づけられた**平和執行部隊**（peace-enforcement units）の提案は，1993年6月の国連憲章第7章の下で武力行使を含む必要な措置をとる権限を与えられたUNPROFORや同年3月の**第2次国連ソマリア活動**（UNOSOM・II）に取り入れられ，現実化した。

こうした冷戦後のPKOの変化のうち，とりわけ強制性を付与された平和執行部隊の実践は，ソマリアでの武装集団との戦闘でPKO側にも多大の犠牲を出すなど，かならずしも成功した

わけではない。そのため，1995年1月に同じくガリ事務総長が示した「**平和への課題：補遺**」では，ソマリアと旧ユーゴでの経験を踏まえて，PKOの同意原則からの乖離，公平性の喪失，武力行使権限の付与は，かえってその要員を危険にさらし，PKOの有効性を減少させることになるとの認識が示され，従来型のPKOへの回帰の必要が謳（うた）われた。

その後，2000年8月に国連平和活動検討パネルが，コフィ・アナン国連事務総長（当時）に提出した「**ブラヒミ・レポート**」では，当事者の同意，公平性，自衛以外の武力行使の禁止といった従来型のPKOの原則を支持するとしつつ，PKOに十分な自衛能力と任務遂行に必要な装備を認め，十分に**強化された**（robust）PKOを提案している。また，国連事務局のPKO局が，約60年にわたるPKOで得られた教訓の蓄積や現代におけるPKOの性質・任務をまとめた2008年1月の「**国連平和維持活動：原則と指針**」（「**キャップストーン・ドクトリン**」）は，同意，公平，自衛・任務防衛以外の武力行使の禁止という3原則に従う強化されたPKOは，安保理の承認と，受入れ国や主たる紛争当事者の同意を受け，戦術レベルで武力を行使するのであり，当事者の同意を必要としない国連憲章第7章の下での平和執行とは区別できるとの整理を行っている。

(3) 日本の貢献

日本は，1991年の湾岸戦争に際して莫大な財政支援を行ったものの国際社会から十分な評価を受けられなかった。そのため，国際平和への人的貢献の必要性が強く意識されるようになり，1992年6月「国際連合平和維持活動等に対する協力に関する法律（国際平和協力法）」を制定して，国連PKOへの要員派遣を中心とした国際平和協力に乗り出すことになった。国際平和協力法は，同法の下で行われる国連PKO等への参加が，日本国憲法の禁止する「武力の行使」との評価を受けることがないように，いわゆる「参加五原則」 **13-16** に従って行うべきことを定めている。2016年3月に施行された同法の改正によって，現地住民，活動関係者などの生命や身体を保護するという「駆け付け警護」のために武器を使用することが可能となった。

同法の下で日本は，1992年の国連アンゴラ監視団への選挙監視要員の派遣を皮切りに，2019年10月までに13のPKOに停戦監視要員，司令部要員，施設部隊，輸送調整部隊，文民警察要員などを派遣してきたが，2017年5月の南スーダンからの自衛隊施設部隊 **13-17** の撤収以降，国連PKOへの自衛隊の部隊派遣は行われていない。

■参考文献

- 黒﨑将広ほか『防衛実務国際法』（弘文堂，2021年）
- 香西茂『国連の平和維持活動』（有斐閣，1991年）
- 田畑茂二郎『国際法〔第2版〕』（岩波書店，1966年）
- 田岡良一『国際法上の自衛権〔新装版〕』（勁草書房，2014年）
- 松井芳郎『湾岸戦争と国際連合』（日本評論社，1993年）
- 松井芳郎『武力行使禁止原則の歴史と現状』（日本評論社，2018年）
- 村瀬信也編『国連安保理の機能変化』（東信堂，2009年）
- 森肇志『自衛権の基層』（東京大学出版会，2009年）

戦争・武力紛争にもルールがある
──敵対行為の規制と犠牲者の保護

1 武力紛争法の基本的な考え方と構成

(1) 基本的な考え方

国際法は，国家間に対立や紛争が生じた場合には，まず交渉から裁判までのいずれかの平和的手段による解決を求め，自衛権行使や国際連合（国連）の軍事的強制措置のような場合を除いて武力の不行使を定めた。しかし，平和的手段といっても当事国同士の交渉がまとまる保証はなく，国際裁判を行う場合にも当事国の合意が必要である。平和的手段による解決が行き詰まれば，**武力不行使原則**にもかかわらず**戦争**や**武力紛争**を起こす国が現れる。一国内でも民族対立や権力闘争から武力紛争が生じる。反乱を起こすことは武力不行使という国際法上の原則の違反ではないが，政府軍と反乱者（反徒）の間で国同士の武力紛争と同様の激しさの**戦闘**が行われることも珍しくない。

国際法は，こうしたさまざまの理由から発生する武力紛争における戦闘その他の**敵対行為**を規制し，**武力紛争犠牲者**を保護する詳細な規則を持つ。これらの規則の背景には，武力行使そのものが国際法上合法か否かは別にして，武力紛争中の異常な心理に誘発される無制約の殺傷と破壊を防ぐ必要があるという考え方がある。このため軍事的合理性のある行為に精力を集中させ，早期の勝利のためには不要な殺傷と破壊を禁止する諸規則が形成された。

(2) 構 成

武力行使が違法とされる前の時代では，敵対行為に関する規則を戦時国際法や戦争法と呼んだ。武力不行使原則の確立の後は，**武力紛争法**や**国際人道法**という呼び方が広まる。武力紛争法は，違法とされるに至った戦争という用語を避けるために使われだした名称である。国際人道法の呼称は，この分野の規則を人道的観点から再構成しようとする動きを背景に 1970 年代から**赤十字国際委員会**（ICRC）を中心に使われはじめた。当初は，武力紛争犠牲者保護の人道的規則を指していたが，敵対行為を規律する規則にも人道的要素があるため，これらも国際人道法に含まれると考えられるに至る。ただし，一定の範囲で殺傷と破壊を許容する規則であるという本質を忘れさせるという懸念から，国際人道法の語の使用を避ける立場もある。

本章では武力紛争法の語を用いる。それは，敵対行為を規律する規則および犠牲者保護の規則に二分される。前者は，敵対行為規律に関する条約が 1899 年と 1907 年の**ハーグ万国平和会議**で多数採択されたことから**ハーグ法**とまとめて呼ばれる。後者は，犠牲者保護の条約が 1864 年以降ジュネーヴで赤十字国際委員会が音頭をとって採択されてきたため，**ジュネーヴ法**と総称される。このほかに，攻撃目標や保護対象の所在場所を基準として武力紛争法を**陸戦法規**，**海戦法規**および**空戦法規**に分けることもある。

武力紛争法と密接に関係する分野として**中立法**と**軍縮法**がある。武力紛争法は，武力紛争当事者間の関係を規律するが，中立法は武力紛争の当事国と非当事国の関係を規定する。また，武力紛争法は，兵器については武力紛争中のその使用にもっぱら関心を向ける一方，軍縮法は，大量破壊兵器や**通常兵器**の開発から保有までを規制する。

2 武力紛争法の適用に関する基本問題

(1) 国際的と非国際的の武力紛争

武力紛争法は，主に国同士の武力紛争を指す**国際的武力紛争**を念頭に整備されてきた。国際的武力紛争が発生すれば武力紛争法の許容する範囲で人を殺傷し，物を破壊しても法的責任は問われない。普通なら人を殺せば法的責任が生

14-1 1864 年の第 1 回赤十字条約（最初のジュネーヴ陸戦傷病兵保護条約）採択会議

ジュネーヴにある赤十字国際委員会は、その後も武力紛争犠牲者保護のための条約作成の中心となり、1949 年のジュネーヴ諸条約や 1977 年の同諸条約追加議定書といった条約起草で重要な役割を果たした。

（写真：ICRC ARCHIVES（ARR））

じるが、国際的武力紛争中は、武力紛争法によりこれが変更される。国際的武力紛争にはハーグ法とジュネーヴ法の全面的な適用がある。条約としては 1907 年のハーグ陸戦条約附属規則、1949 年のジュネーヴ諸条約および 1977 年のジュネーヴ諸条約第 1 追加議定書が最も基本的なものである**14-1**。

国際的武力紛争が生じると適用される法規則が大きく変わるので、いつ国際的武力紛争が発生したかが重要な問題になる。国の軍隊同士の衝突があれば短期間の衝突でも武力紛争が存在すると考えられ、宣戦通告のような国の意思表示はその適用のためには不要である（⇨巻頭カラー**C-7**）。

国際的武力紛争以外の武力紛争を非国際的武力紛争といい、政府と反徒が争う内戦がその典型例である。以前は、植民地支配下にある人民のような自決権を持つ人々が独立等のために植民地本国と戦う場合も内戦とされたが、ジュネーヴ諸条約第 1 追加議定書は、これを国際的武力紛争と規定した（1 条 4 項）。

非国際的武力紛争では政府軍と警察の行為は、国内法秩序を維持するためのものとされ、逆に反徒の行為はすべて内乱罪や殺人罪といった国内法上の犯罪を構成する。国際法は、反乱を禁止しないが、国内法秩序維持のための政府の暴力による反徒制圧も認めている。つまり、国際的武力紛争は国対国という対等な者同士の闘争であるが、非国際的武力紛争は警察と犯罪者の間の闘争であると国際法からも認識される。このため、お互いに撃ち合いをすることが違法ではないということを前提として敵対行為を規律するハーグ法のような国際的武力紛争の規則はそぐわなくなり、非国際的武力紛争の武力紛争法は、犠牲者保護のジュネーヴ法が中心になる。

非国際的武力紛争に適用される主要な条約規則は、ジュネーヴ諸条約共通 3 条およびジュネーヴ諸条約第 2 追加議定書（1977 年）である。また、警察と犯罪者の闘争で、捕虜概念もないから政府は反徒を捕まえても捕虜として保護する義

14-2 武力紛争に適用される最も基本的な現行条約

国際的武力紛争（国家間の武力紛争、交戦団体承認のある武力紛争、自決権行使団体の行う武力紛争）	非国際的武力紛争（一国内の内戦、外国に根拠地を持つ非国家的団体との武力紛争）
1899 年（1907 年改正）　ハーグ陸戦条約（ハーグ第 4 条約）および附属規則（1910 年発効、締約国数 38、日本 1912 年批准）	
1949 年　ジュネーヴ諸（四）条約（1950 年発効、締約国数 196、日本 1953 年加入） 　　　　陸戦傷病兵保護条約（ジュネーヴ第 1 条約） 　　　　海戦傷病兵難船者保護条約（同第 2 条約） 　　　　捕虜待遇条約（同第 3 条約） 　　　　文民保護条約（同第 4 条約）	1949 年　ジュネーヴ諸条約共通 3 条
1977 年　ジュネーヴ諸条約第 1 追加議定書（1978 年発効、締約国数 174、日本 2004 年加入）	1977 年　ジュネーヴ諸条約第 2 追加議定書（1978 年発効、締約国数 169、日本 2004 年加入）

Term

ユス・アド・ベルム（*jus ad bellum*）と
ユス・イン・ベロ（*jus in bello*）

　武力行使や戦争に関する国際法は、「ユス・アド・ベルム」と「ユス・イン・ベロ」に大別される。前者は、武力行使そのものが合法か否かを判断する規則で国連憲章の武力不行使原則や自衛権行使要件の規定が含まれる。後者は、武力紛争開始後のその当事者の行動を規律するもので、武力紛争法や国際人道法と同義である。

14-3　朝鮮国連軍

朝鮮国連軍は今も存在し、関係国連決議および国連軍地位協定に基づいて日本でも行動する。東京の横田基地には国連軍後方司令部（米国のほか、オーストラリア、カナダ、フランス、ニュージーランド、フィリピン、タイ、トルコおよび英国が構成国）が置かれている。写真は、2014年の朝鮮国連軍後方司令部司令官交代式で敬礼する新司令官豪空軍大佐（正面）。

（写真：U. S. Air Force photo/Osakabe Yasuo）

務はなく、国内刑法を適用して犯罪者として処罰できることに注意しなければならない **14-2**。

(2) 差別適用と平等適用

　武力不行使原則を諸国が守れば国際的武力紛争は生じないはずであるから、武力紛争があれば少なくとも一方の当事者は違法に武力行使をしていることになる。

　ユス・アド・ベルム（*jus ad bellum*）からすれば、違法に武力を行使している侵略国も自衛権を行使する国と同じくユス・イン・ベロ（*jus in bello*）すなわち武力紛争法上の権利を持ち、侵略国軍将兵が自衛権行使国の将兵を殺傷しても処罰されず、自己が捕らえられれば捕虜として保護されるのは奇妙である（⇨**Term**）。そこで、違法に武力を行使している国の武力紛争法上の権利を否定する考え方が生まれる。これを**差別適用論**という。国連軍に有利に武力紛争法を適用すべきであるという差別適用論が朝鮮戦争（1950～53年）の際に**朝鮮国連軍 14-3**について学界で主張されたこともある。

　しかし、どの国も自国が合法的に武力を行使していると主張し、国連の安全保障理事会（安保理）も国家間の武力紛争で**平和の破壊**や**侵略行為**の存在を判断することはほとんどない。この状況で差別適用を行えば、互いに相手の武力行使が違法であると主張して相手の武力紛争法上の権利を否定することになる。これでは無法状態がもたらされるだけである。一方の違法性が確認されても差別適用をすれば、侵略国に属するとはいえ違法な武力行使開始に責任のない下級将兵の捕虜資格を否定したり、文民の保護

を奪うことにもなる。差別適用には不都合が多く、実際にもこれがなされたことは稀で、**平等適用**が原則である。つまりユス・アド・ベルムからの合法・違法の評価は国家責任や侵略犯罪の追及には関係しても、ユス・イン・ベロの適用に直接には影響しない。

　非国際的武力紛争では国際的武力紛争とは異なって政府軍と警察は法の執行として発砲できるが、犯罪者である反徒側に殺傷と破壊を行う権利が国内法上あろうはずはない。国内法上のこの差別的な扱いは、内戦における法秩序維持の権限を政府に付与していることの当然の結果で、これを差別適用とわざわざいう必要はない。

③ 敵対行為と戦闘員

(1) 敵対行為参加の資格

　武力紛争法は、一定の要件を満たせば国際的武力紛争の相手方当事者を殺傷し、その物を破壊するということを認める。すなわち誰が、どのような外見をとって、何に向かって、いかなる兵器を使って、という各段階で武力紛争法は条件を設け、そのすべてに合致してはじめて殺傷や破壊について行為者の武力紛争法上の責任が追及できなくなる。非国際的武力紛争では、政府軍と警察が警察官職務執行法等の範囲で行

う暴力行為のみが国内法上合法で，反徒側の行為が合法となる余地は国内法上はない。反徒は国内法に基づき処罰されるが，国際法はそのことをまったく妨げない。

国際的武力紛争では，国の**軍隊構成員**（衛生要員と宗教要員を除く），**群民兵**（占領されていない村落の住民で，敵軍接近にあたり民兵等を組織する暇なく戦う者），**占領地の組織的抵抗運動団体**および**自決権行使団体**の構成員が戦闘員として敵対行為に参加する資格を認められる。まさにこうした資格のため，これらの者は，捕まれば捕虜として保護される**14-9**。戦闘員以外の文民は，敵対行為参加を武力紛争法によって明示的には禁止されないが，敵対行為に参加すれば**背信行為**等の理由で捕まった際に法的責任を追及される。

（2）　戦闘員の外見──背信行為と奇計

戦闘員は，敵を殺傷したり捕らえる際には武器を公然と携行するなどして戦闘員であることを外部に表示しなければならない。陸戦法規上は，傷病兵，投降兵，文民もしくは衛生要員その他の保護される者または保護標章を付けた救急車等の特別に保護される物を装ってかかる行為をしてはならない。これに反すれば背信行為となり戦争犯罪を構成する。

これ以外の方法で敵を欺瞞することを**奇計14-4**といい，原則的に許容されている。擬装や囮（おとり）の使用はこれに該当する。

（3）　攻撃の対象──戦闘員と軍事目標

戦闘員による殺傷や破壊は，敵の戦闘員と軍事目標**14-5**に向けられなければならない。特に物的目標に関してこのことを**軍事目標主義**と

Column 14-1

赤十字標章の濫用

ジュネーヴ諸条約は，赤十字標章やそれらと類似のものの濫用を平時戦時を問わず禁止する（たとえば同第1条約44条，53条）。濫用は，国内法でも規制され，日本にはそうした国内法として赤十字標章使用制限法（1947年），商標法（1959年）や武力攻撃事態法（2003年）がある。類似標識の範囲は条約上直ちには明らかではなく，日本赤十字社は，「赤色系統の色を使用した十字マーク」がそれに該当するという（『知っていますか？　このマークの本当の意味』〔日本赤十字社，2015年〕7頁）。

この解釈からは，工事現場等での白地緑十字旗掲揚は濫用ではないことになるかもしれない。しかし，緑十字旗は，色彩が判別できない薄暮や夜間では赤十字旗と区別不能で，保護対象である衛生施設か，戦闘員が潜む工事現場かの判断もできない。緑十字旗を揚げる工事現場から発砲して敵戦闘員を殺傷すれば，それを衛生施設と信じた敵の信頼は保護されるべきであるから，この発砲が標章濫用による背信行為を構成しうるというのが自然な解釈である。赤色系統のみを濫用とする解釈は狭すぎよう。

仮に赤色系統以外は濫用ではないとしても，わずかでも背信行為の疑念を招く危険がある標識ならば排除すべきで，軍が緑十字旗を公然と使用するのは論外である。しかるに自衛隊は，陸海空とも安全管理規則で安全指導旗等としてその使用を認める。

工事現場の緑十字旗
（大阪大学吹田キャンパス，
2014年2月撮影）。

災害対処訓練「ノーザン・レスキュー2015」（釧路）における
緑十字旗掲揚の陸上自衛隊河川浮橋用動力ボート。
（撮影：平本和義，『世界の艦船』825号〔海人社，2015年〕13頁）

目標識別義務と無人機

　無人機は，初期には標的機としての運用が主で，標的機の通称としてドローンの語が用いられてきた。ドローンはしたがって標的機のことであったが，偵察から攻撃まで多様な任務につく無人機全般をドローンということが今では多くなってしまった。

　無人機使用について目標区別原則の観点から議論がなされている。十分な目標識別能力がない観測用無人機の使用は，それのみに依存する砲やロケットによる攻撃を違法とする。攻撃用無人機であれば無人機自身または遠隔操縦者により目標の識別がなされなければならない。

すでに日本の海上自衛隊は攻撃用無人機の運用経験を持つ。護衛艦たかつき上の米国製無人対潜攻撃ヘリコプター DASH。対潜魚雷2本を抱えているのが分かる。日本のDASHは1970年代後半に退役した。

（写真：海上自衛隊）

ウクライナ軍のトルコ製無人攻撃機 TB2。2022年勃発のロシア・ウクライナ戦争は，こうした小型で安価な無人機の大量投入の有効性を改めて強く印象づけた。

（写真：Ukraine Navy Photo）

14-4　奇　計

第二次大戦イタリア戦線で自由ポーランド軍が使用した兵士の人形で，向かって右の兵士がひもで動かしてさらに本物らしく見せている。この種の欺瞞策は，奇計に分類される。　　　　　　　　　　　　　　　（©IWM）

いう。人的目標は主に敵の戦闘員で，例外的に文民も敵対行為に直接参加している間は目標になる。物的目標は，ジュネーヴ諸条約第1追加議定書によれば，軍事活動に効果的に貢献する性格や機能を持つ物で，その破壊がその時における軍事的利益を攻撃者に与える物と定義される（52条）。物については軍事目標以外をすべて**民用物**と呼び，民用物は攻撃から保護される。

14-5　軍事目標

大阪万博記念公園に2013年10月に展開した航空自衛隊防空ミサイル（パトリオット PAC3）部隊。公園は，軍事目標に通常はならないが，陣地適地として軍事活動に貢献することがこのように分かっていればその場所自体が軍事目標に転化する。　　（写真：朝日新聞社）

　第1追加議定書以前には，国際的武力紛争当事者の領域を**防守地域**（防守都市）と**無防守地域**（無防守都市）に分け，占領を企図して接近する地上部隊に抵抗している地域と定義される防守地域には**無差別攻撃**が許容されるが，無防守地域では軍事目標のみの破壊が認められるとする

軍事目標主義，付随的損害および無差別攻撃

（左）第二次大戦における米軍重爆撃機による交通線爆撃。こうした爆撃で目標周辺に被害が生じることが少なくない。
（写真：U. S. Air Force photo）
（中）1942 年の米軍ドゥーリトル隊東京初空襲の際に爆撃機の掃射で学童が殺害された。学童を文民と認識して射撃したなら，学童死亡は付随的損害ではなく故意の無差別攻撃の結果で戦争犯罪としても責任を追及できる。ポスターは，この事件を利用した少年飛行兵募集用のものである。
（出典：若林宣『戦う広告──雑誌広告に見るアジア太平洋戦争』〔小学館，2008 年〕105 頁）
（右）日華事変中の日本海軍航空隊重慶爆撃を報じる新聞。重慶その他の無防守都市への日本陸海軍による爆撃で多数の文民死傷者が発生した。
（出典：東京朝日新聞 1939 年 5 月 5 日）

考え方がとられてきた。しかし，第 1 追加議定書によっていずれの場所でも物については軍事目標主義だけによって攻撃の可否を判断することが求められる。

攻撃では，相手が戦闘員や軍事目標かの識別が最初に求められる。これが確認されても，文民や民用物に巻き添えの損害（付随的損害）が過度に発生しないよう注意しなければならない。戦闘員や軍事目標の殺傷破壊から得られる軍事的利益と比べて付随的損害が過度ならば，軍事目標に対する攻撃も違法になる。しかし，逆にいえば，文民と民用物に付随的損害が生じてもそれが過度でなければ法的な責任は追及できないということである。

都市を丸ごと爆撃するのは，都市が以前の防守地域の規則の適用を受けていたときならばともかく，文民と民用物も区別しない無差別攻撃であるから違法である。都市内の軍需工場に投弾したとしても，過度の付随的損害が発生すれば無差別攻撃とされる。また，破壊された際に

その内側に蓄えられた大きな力が解放されて周辺に甚大な損害を与える**ダム，堤防**および**原子力発電所**は，第 1 追加議定書によってそれが軍事目標であっても攻撃から原則として保護されるに至った（56 条）。この議定書は，環境に広範，長期的かつ深刻な損害を与えないよう注意を払うことも求める（35 条，55 条）。

(4) 攻撃の手段──兵器の使用規制

戦闘員が適切な外見をとり，殺傷や破壊が許容される目標を攻撃するとしても，さらにそこで使用される兵器について武力紛争法は規制を設けている。その使用規制は，**無差別的効果を及ぼす兵器の使用禁止**，および**過度の傷害や無用の苦痛を与える兵器の使用禁止**の二原則に基づきなされる。

あらゆる兵器は，無差別的に使用したり過度の傷害を与えるよう使用することができる。しかし，そうではない使用もできる兵器は，その使い方に注意すればよいので兵器そのものとし

て使用は禁止されない。兵器として使用が禁止されるのは，使用すればこの二原則のいずれか一方または両方に常に反する兵器である。

　使えばいつも無差別的効果を生じる兵器が禁止されるのは，その使用が軍事目標主義に常に反するからである。**生物兵器や化学兵器**は，使用者の意図にかかわらず広範に拡散する無差別性から，慣習法や**毒ガス議定書**（1925年）等の条約で使用が禁止されている。核兵器に関しては，1963年の東京地方裁判所**下田事件判決**（原爆判決）のいうように，広島・長崎級の都市に10から20キロトンの核兵器を投射すれば無差別的効果を生じるのは明白で軍事目標主義に反する。他方，核兵器は大小さまざまで使用場所もいろいろある。このため，常に無差別的効果を生じることを理由に，兵器としての使用が全面的に禁止されるといえるかに議論が残る。核兵器の合法性に関する1996年の**国際司法裁判所（ICJ）勧告的意見**では，その使用は「国際人道法」に「一般的には」反するとしたがゆえに，そこに例外的に合法となる状況を読み込めるとの解釈が生じた。また勧告的意見は，「自衛の極限状態」での核兵器使用については判断を控えている。なお，核兵器の開発，保有，配備のほか，その使用も全面的に禁止する初めての条約である核兵器禁止条約が2017年に採択され，

2021年に発効した。しかし，核兵器使用の合法性について見解が割れていることを考えれば，この条約が慣習法を法典化したものであるとはいえず，条約としてその締約国しか拘束しないことになる。また，将来，これが慣習法化することも期待できそうもない。

　通常兵器では，焼夷弾（しょういだん）やクラスター弾が広範囲に効果を与えるため無差別的とされ，それぞれ**特定通常兵器使用禁止制限条約議定書Ⅲ**（1980年）と**クラスター弾条約**（2008年）という使用の制限または禁止を求める条約が作られた。**地雷**は，単体では広範囲に被害を与えないが，踏んだものが何であれ起爆するという意味で無差別的といわれる。このため**特定通常兵器使用禁止制限条約改正議定書Ⅱ**（1996年）や**対人地雷禁止条約**（1997年）のように敷設を制限または禁止する条約がある。

　もう1つの原則である過度の傷害または無用の苦痛を与える兵器の禁止は，主に戦闘員に対する兵器使用の場合に適用される**14-6**。文民に対しては，敵対行為に直接に参加している場合や付随的損害を別にして，そもそも兵器によって傷害や苦痛を与えることはできない。傷害と苦痛は戦闘員に対してのみ与えうるのである。そのうえで武力紛争法は，兵器の目的を戦闘員の戦闘能力を奪って戦闘外に置くこととしてい

14-6　過度の傷害または無用の苦痛を与える兵器

通常の軍用銃弾は，鉛等のコアが硬い銅や鉄のジャケットで包まれている。1899年のダムダム弾禁止宣言は，先端がジャケットで覆われなかったり刻み目のある弾の国際的武力紛争での対人使用を禁じた。通常の弾で戦闘員の戦闘能力を奪うに十分で，人体との衝突で扁平となるこうしたいわゆるダムダム弾で大損傷を与える軍事的必要性はないからである。ソフトポイント弾やホローポイント弾もダムダム弾と同様の効果を生じるという。

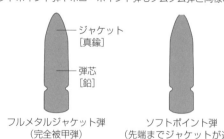

━ ジャケット ［真鍮］	
━ 弾芯 ［鉛］	

フルメタルジャケット弾
（完全被甲弾）

ソフトポイント弾
（先端までジャケットが達しないもの。ダムダム弾の一種でもある）

ホローポイント弾
（先端がくぼんでいる）

ダムダム弾
（先端に弾芯の鉛が露出していたり，ジャケットに刻み目を施したもの）

（図参考：かのよしのり『銃の科学──知られざるファイア・アームズの秘密』〔サイエンス・アイ新書〕〔ソフトバンククリエイティブ，2012年〕99頁・101頁，Mike Waldren, Dum-Dum Bullets〔Police Firearms Officers Association, 2012〕p.19)

る。したがって，戦闘員の戦闘能力を奪ったうえにさらに苦しめることは兵器の目的を超えることになり，ここから戦闘員に対する過度の傷害または無用の苦痛を与える兵器の使用禁止が導かれる。

生物兵器と化学兵器の使用禁止は，無差別的効果のほかに過度の傷害または無用の苦痛を常に生じるからでもある。核兵器は，強烈な爆風，熱線および放射線を発するが，これが常に過度の傷害または無用の苦痛を戦闘員に与えると評価されれば，そこから使用が全面的に禁止される兵器と判断することが可能である。

通常兵器についても，**ダムダム弾禁止宣言**（1899年）が敵の戦闘員に対するダムダム弾使用を違法としたのは，過度の傷害または無用の

苦痛発生のためである。ほかにも，たとえば**プラスチック製弾丸**は，体内に残った弾丸をX線で探知できず負傷兵の治療を長引かせるという理由でその使用が**特定通常兵器使用禁止制限条約議定書Ⅰ**（1980年）で禁止され，戦闘員の網膜を焼き盲目化レーザー兵器も視力障害が永続するため**同議定書Ⅳ**（1995年）で使用が禁止された。

非国際的武力紛争では政府軍と警察の行為は法執行であるから反徒制圧用に兵器を使用する場合には原則的には国内法に従い，兵器使用についての武力紛争法規則は非国際的武力紛争への適用を求める特段の定めのない限り使われない。

Column 14-4

AI 兵器

　一定の状況が生じれば起動する自動兵器（automatic weapon）や発射されれば自動的に目標に指向される撃ちっ放し（fire and forget）式誘導兵器は20世紀後半から普及していた。最近ではAIを搭載した自律性の一層高いAI兵器（自律型致死兵器システム（lethal automatic weapon system, LAWS）ともいう）の開発が行われていることから，先手をうってその使用規制が議論されている。そこで特徴的なのは，機械に殺傷されるのは非倫理的であるがゆえに人の関与を要するという議論が見られることである。この議論は，人が人を殺すのはより倫理的という反対解釈を生む点で危険で，人の関与が元来希薄な海空宇宙戦ではなく近接地上戦闘を念頭に議論しているために規制原理としての普遍性にも欠ける。また，人の関与を必要とする時点を武力紛争開始時の兵器投入時のようないわば上流に持っていけば，人の関与の要素は極小化され，これを議論する意義もなくなるという批判もあろう。

　無差別攻撃および過度の傷害または無用の苦痛の防止という二原理に加え，この人の関与という第三原理が実定法として組み込まれるなら大変化といえるが，この第三原理が国際慣習法化することはAI兵器実戦使用が稀であることもあって当面は考えられない。したがって，第三原理に依拠する条約を作成することは諸国の自由とはいえ，その締約国間のみの規範にとどまり，国際慣習法上はAI兵器か否かを問わず既存の二原理で兵器使用の合法性が判断される。

AI兵器登場前の自動兵器代表例である近接防御火器バルカン・ファランクス搭載の海上自衛隊護衛艦ゆうぎり。艦橋両舷の白い葱坊主状のものがそれで，目標が接近すれば自動的に射撃を開始する。同艦は1996年リムパック演習で射撃標的を曳航していた米海軍攻撃機をファランクスで誤射し撃墜した。この事件は自動兵器運用時の目標識別の重要性を改めて想起させた。

（写真：海上自衛隊ウェブサイト　https://www.mod.go.jp/msdf/equipment/ships/dd/asagiri/#153-4）

文民に接近する無人戦闘車輌。遠方の操作員に情報を送信するためのセンサーや通信アンテナを持つ他，一定の自律性を以て行動する。

（写真：ICRC, "E-Briefing: New Technologies and the Modern Battlespace," 2016）

Column 14-5

宇宙戦法規

　宇宙空間の軍事利用は，核抑止維持や陸海空で行動する部隊支援のための監視や通信にとどまっていたが，21 世紀に入り米露英仏のほか中国やインドも宇宙戦能力を獲得し，戦闘可能空間と認識されるようになった。武力紛争法は，攻撃目標や保護対象の所在場所（domain）により陸海空戦法規に分類され，各法規間には特にハーグ法で相違がある。そこで宇宙戦法規は空戦法規の超高空版にすぎないかまたは独自の武力紛争法ドメインたりうるかの問題が生じている。

　陸海戦法規が元々の二大ドメインとされ，20 世紀前半の空戦の出現で初めてドメイン区分問題が提起された。しかし，艦艇と航空機の法的類似性から空戦法規は海戦法規の修正で足りた。すなわち，空戦法規としてのいくらかの特別法を設ければ足り，空戦法規独自の規則が見いだせなければ一般法たる海戦法規を適用すればよかった。同様に宇宙戦法規も空戦法規の特別法にすぎず完全独立ドメインではないとすれば，宇宙戦法規が見いだせない場合には一般法たる空戦法規を適用することになろう。専門家により作成されている各種宇宙戦法規マニュアルも同様の考えを前提にすると思われる。

夜空を群れをなして飛ぶスターリンク衛星：年間 1000 機以上が打ち上げられるようになったこうした民生用の低高度通信衛星は，どの地点でもいずれかがその上空にあるから軍用通信にも大変役立つ。したがって，武力紛争時には相手方武力紛争当事国の衛星利用をどう妨害するかが課題になると同時に，妨害に伴う民生用通信の麻痺が懸念される。

（写真：Alamy/PPS 通信社）

　しかし，宇宙戦の様相は空戦とはかなり異なる。たとえば相手方武力紛争当事国の通信衛星の破壊は全地球的な通信麻痺をもたらすなど，航空機の破壊とは比較にならない大きな影響が生じる。このように，空と宇宙は空間の持つ意味合いにおいて違いがあるのであって，宇宙戦法規の規則が明白でない場合に空戦法規やそれに関連する中立法規則を一般法と考えて適用するには不都合もある。このため宇宙戦法規は空戦法規からの独立性を強める道を辿る可能性がある。

---

(5) 新技術・新兵器と武力紛争法

　新技術により新兵器が生まれると武力紛争の様相は大きく変わる。新兵器が強力で革新的であれば，それに既存の原則と規則は適用されないとの主張がなされることもある。しかし，そういった主張はいずれも結局のところ退けられてきた。

　核兵器を例にとれば，日本政府は下田事件審理の際に新奇な兵器ゆえに既存規則不適用を唱えたが，1963 年の同事件東京地裁判決は既存の原則と規則で判断した。1996 年の核兵器の合法性に関する ICJ 勧告的意見も，核兵器誕生前から存在する武力紛争法原則を適用しているのである。第 1 追加議定書 36 条が，新しい害敵の方法や手段の導入時にはそれが同議定書に違反しないかの審査を締約国に求めているのも，新兵器等が既存の原則と規則の適用から免れないことが前提である。

　もっとも，諸国の合意さえあれば，既存の原則と規則に対する特別法を設け，新兵器の使用に適用できるのはいうまでもない。現在，特定通常兵器禁止制限条約締約国会合は人工知能（AI）搭載兵器の使用規制を議論しているが，そ

れは AI 兵器が既存の原則と規則の適用を完全に受けることを前提とし，さらに追加的に特別の規制規則を設けるかを検討しているのである。

　なお，陸海空と異なる新しく認識された「空間（domain）」を用いるがゆえに既存の原則と規則の適用がないと主張される場合もある。20 世紀末には，サイバー空間という新ドメインで行なわれる**サイバー戦**（cyber warfare）には既存の原則と規則の適用がないといわれた。しかし，これは目標に効果を及ぼす経由地がサイバー空間であるというにすぎず，サイバー手段の効果は陸海空のいずれかに所在する物に現れる。このため，その効果が陸海空のどこで発生するかによって既存の陸海空戦法規で規律すればよい。サイバー戦に関するタリン・マニュアル（2017 年）も原則的に同じ見解に立つ。

　このように 19 世紀後半に形成された武力紛争法の原則と規則は，新害敵方法手段をも有効に規律しており，新事態に対応できる強固な基盤と柔軟性をともに持っているといえよう。

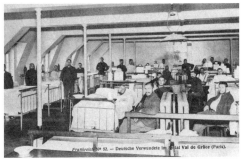

第一次大戦時，フランスの Val de Grace（ヴァル ド グ
ラース）の病院で治療中のドイツ兵捕虜。
（写真：ICRC ARCHIVES（ARR））

ベトナム戦争で北ベトナムに捕虜として抑留されていた
米軍将校と出迎え家族（米カリフォルニア・トラヴィス
空軍基地）。　　　　（写真：©Slava Veder AP/アフロ）

4　犠牲者の保護

（1）　傷病兵と難船者

　武力紛争犠牲者は，陸上戦闘での**傷病兵**，海
上戦闘における傷病兵および**難船者**，捕虜なら
びに文民に分類される。国際的武力紛争でのこ
れらの犠牲者を保護する主な条約として，ジュ
ネーヴ諸条約やその第 1 追加議定書がある。非
国際的武力紛争に関しては，ジュネーヴ諸条約
共通 3 条が敵対行為に参加しない者の保護や傷
病者の収容看護を求め，さらに同諸条約第 2 追
加議定書が補足的に保護規定を設けている。

　傷病者と難船者の収容看護には主に軍隊の**衛
生部隊**があたる。衛生要員および**衛生輸送手段**
も保護されている。彼等は，識別のため赤十字
や**赤新月**の標章を掲げることができる（⇨**巻頭
カラー C-9**）。病院船や衛生航空機にも特別の識
別規則がある。

（2）　捕　虜

　戦闘員資格を持つ者は，国際的武力紛争で敵
を殺傷破壊しても，それが武力紛争法に従って
なされる限りで何の法的責任も追及されない。
この特権を**戦闘員特権**といい，そのゆえに捕ら
えられた後も犯罪者ではなく捕虜 **14-7** として
保護される。武力紛争当事国は，捕虜を武力紛

14-8　拘束報告書

（表）　　　　　　　（裏）

拘束報告書（A）[被拘束者用]	拘束報告書（A）[被拘束者用]

1	番号 [　　　　　]
2	拘束日時
	年　　月　　日　　時　　頃
3	拘束場所
4	拘束者
	識別符号：

拘束報告書（B）	拘束報告書（B）

1	番号 [　　　　　]	8	拘束時の状況
2	拘束日時		
	年　月　日　時　頃		
3	拘束場所		
4	拘束者	9	護送時の状況その他の特記事項
	識別符号：		
5	引渡日：　　年　月　日		
6	引渡区分：　法第6条第1項・第2項		
7	引渡者		
	識別符号：		

確認記録	処分記録
番　号 [　　　]	1 質問結果
被拘束者氏名 [　　　]	
階　級　等 [　　　]	
生 年 月 日 [　年　月　日]	2 所持品検査結果
身分証明書番号等	
[番号 　　]	
[種類 　　]	
拘束日時 [　年　月　日　時　頃]	3 特記事項
拘束場所 [　　　]	

武力攻撃事態における捕虜等の取扱いに関する法律第
8条第1項の規定により，以上のとおり確認した。

　　　　　　　　　年　月　日

　　自衛隊　指定部隊長

識別符号：

処分補助者
識別符号：

注1　拘束報告書は，所要事項を記入し（A）及び（B）を
　　点線部で切り離して使用すること。
注2　不要の文字は横線で抹消して使用すること。

日本の捕虜等取扱法施行細則の拘束報告書（平成 17 年
防衛庁訓令 6 号）。前線で拘束した者について拘束報告書
が作成され，捕虜等取扱法に従い抑留認定がなされる。

	ハーグ陸戦規則（1907年）（「交戦者」と「俘(捕)虜」を以下のように定める。）	ジュネーヴ俘虜待遇条約（1929年）（「俘(捕)虜」を以下のように定める。）	ジュネーヴ捕虜待遇条約（同第3条約）（1949年）（「捕虜」を以下のように定める。）	ジュネーヴ諸条約第1追加議定書（1977年）（「戦闘員」と「捕虜」を以下のように定める。）
正規軍，その一部をなす民兵隊と義勇隊の構成員	○第3条	○第1条 この条約は，ハーグ陸戦規則第1条から第3条にいう者に適用されると定める。	○第4条A1	○第43条1項 軍隊の定義中に指揮官の存在および武力紛争法を遵守させる内部規律制度の存在の条件を組み込んだ上，正規軍とそれ以外の区分を廃して軍隊を一元的に定義した。 第43条2項 軍隊構成員を戦闘員と定義した（衛生要員・宗教要員を除く）。 第44条1項 戦闘員で敵権力下にある者を捕虜とした。 第44条2項 武力紛争法不遵守は同条3項・4項の違反の場合を除き捕虜資格喪失事由にならない。 第44条3項 文民との区別義務および「敵対行為の性質のため」それが緩和される場合を定める。 第44条3項 区別義務違反者の捕虜資格を否認する。
民兵隊と義勇兵隊の構成員	○第1条 ①指揮官の存在，②遠方から識別可能な徽章装着，③公然武器携帯，④戦争法規慣例遵守の4条件を満たす者	○第1条 左に同じ。	○第4条A2 左に同じ。	
群民兵（占領されていない地域）	○第2条 上記③および④の2条件を満たす者	○第1条 左に同じ。	○第4条A6 左に同じ。	
占領地組織的抵抗運動団体の構成員	×	×	○第4条A2 ハーグ陸戦規則第1条と同じ4条件を満たす者	
自決権行使団体の構成員	× 植民地住民等の闘争は武力紛争とされるとしても，反徒による非国際的武力紛争（内戦）の遂行と認識された。	× 左に同じ。	× 左に同じ。なお，非国際的武力紛争としてジュネーヴ諸条約共通第3条の適用はある。	

※捕虜資格：○あり ×なし（ただし，×でも捕虜として扱うことは妨げられず）
※軍隊随伴文民や商船乗組員等の扱いについては省略した。

争終了まで拘束できるが，その生命，身体，個人的財産や名誉は保護され，給養も与えられる 14-8。捕虜は保護対象であるため，誰が戦闘員資格を持ち捕まった後にも捕虜として保護される資格（捕虜資格）を認められるかが，重大な関心事になる 14-9。なお，軍隊随伴文民のように戦闘員資格がなくとも捕虜資格を持つ者があるため，戦闘員資格保持者は捕虜資格もあるがその逆は常に正しいとはいえない。

有力な正規軍を持つ国は戦闘員と捕虜の資格を正規軍構成員に限定しようとするが，正規軍で劣る諸国はそれ以外の者にも資格を拡大しようとする。捕虜資格を拡大すれば，正規軍以外のより多くの者が捕まったときに保護される。他方，正規軍以外の者は，制服や標識を着けない者も多く，文民と区別しにくい。そのような者に

戦闘員と捕虜の資格を認めて敵対行為参加を促進すれば，文民誤射が増えることも懸念される。

ハーグ陸戦条約附属規則（1899年，1907年）は，正規軍将兵には特に条件をつけることなく捕虜資格を与えたが，民兵と義勇兵は，次の4条件を満たす場合だけに捕虜資格が認められた。すなわち，① 指揮官の存在，② 遠方から識別可能の標章装着，③ 公然武器携行，および ④ 戦争の法規慣例遵守である。群民兵は，③と④の2条件を満たせば戦闘員と捕虜の資格が与えられた。

ジュネーヴ捕虜待遇条約（1949年）では，占領地組織的抵抗運動団体の構成員にも上記4条件で捕虜資格を拡大した。さらにジュネーヴ諸条約第1追加議定書は，非国際的武力紛争とされてきた植民地独立闘争のような自決権行使団

体の闘争を国際的武力紛争としたうえで，それら団体の構成員にも捕虜資格を認めた。ただし，その際に文民との区別義務が緩められたので，文民誤射の危険が高まったとの批判が生じた。

（3） 文 民

国際的武力紛争の当事者に属する者は，戦闘員と文民に二分され，文民は戦闘員以外のすべての者と定義される。文民の生命，身体，財産，名誉や尊厳は保護されなければならず，文民は敵対行為に直接に参加しているときを除いて相手方武力紛争当事者の攻撃からも免れる。文民がこうした広範な保護を受けることは確立した国際慣習法規則であるが，条約上はまず相手方当事者の権力下に陥った文民の保護規則が設けられた。

敵の権力下に陥った文民とは，武力紛争開始後もその当事国領域内に残留するもう一方の当事者の文民や占領地住民である。これらの敵支配地にある文民が虐待されないよう定めるジュネーヴ文民保護条約（1949 年）が第二次大戦後になって採択された。

文民保護については，一方の武力紛争当事者の支配下にあるその当事者自身に属する文民の保護という側面もある。すなわち，他方の武力紛争当事者による攻撃からの保護である。文民自体を攻撃の対象としてはならないことのほかに，軍事目標攻撃で文民に生じる付随的損害が過度となってはならない。攻撃からの保護についての条約作成は遅れ，ジュネーヴ諸条約第1追加議定書ではじめて詳細な規定が置かれた。

非国際的武力紛争でもしばしば文民という言葉が使われるが，国際的武力紛争で認められる戦闘員が非国際的武力紛争では存在しないので，戦闘員以外の者という意味での文民も概念上はないというべきである。非国際的武力紛争では，主に国内法や関係人権条約で保護が確保される。武力紛争法としてはジュネーヴ諸条約共通3条とその第2追加議定書が敵対行為に参加しない者等の保護を定めるが，国際的武力紛争に適用される規則より簡単な規則になっている。

Column 14-6

第三者による履行確保

武力紛争当事国以外による履行確保としては，当事国が利益保護国を通じて行うものや，個人資格の委員から構成される国際委員会の事実調査制度もある。しかし，いずれも有効には機能していない。ジュネーヴ諸条約第1追加議定書90条によって国際事実調査委員会（IHFFC）が1992年に設置されたが，調査の実績は極めて乏しい。

IHFFC のエンブレム。

（提供：IHFFC）

5 武力紛争法の遵守

（1） 戦時復仇

他の国際法分野と同様，武力紛争法でもその義務の遵守確保は，主に自力による。相手の違法行為があれば国際責任を追及し，賠償を求め，相手が応じなければ対抗的な手段に訴えることも同じである。武力紛争法上の義務を守らせる手段（履行確保手段）としては戦時復仇が重要である。戦時復仇とは，相手の武力紛争法違反が生じた場合に同様に違法な行為に訴え，相手に同様の損害を与えて法の遵守に戻らせるための措置である。

武力紛争では異常な心理が支配するため，戦時復仇を受けた国はさらに戦時復仇で対抗するという連鎖が発生しやすい。また相手の最初の違法行為がこちらの文民に向けられた場合には，こちらは相手の文民を戦時復仇の対象としえ，そうなれば違法行為に何ら責任のない相手方文民が攻撃されるという不合理も生じる。このためジュネーヴ諸条約や第1追加議定書は，それらの条約が保護する対象に対する戦時復仇を禁止した。しかし，戦時復仇には相手の違法行為継続を停止させる即時的効果が期待できる。このため，他に手段のないときには戦時復仇に訴える権利を留保する国も少なくない。

アラバマ事件

　米国南北戦争で南部連邦（南軍）は英国の民間造船所に軍艦アラバマを発注した。米連邦政府（北軍）は，英国に対し南軍に同艦が引き渡されないよう要請したが，同艦はひそかに出港した。その後同艦は，通商破壊で戦果をあげたものの北軍軍艦キアサージに追われてフランス沿岸で1864年に撃沈された。

　戦後米国は，アラバマ出港を防げなかった英国を追及し，仲裁裁判実施が1871年の米英ワシントン条約で決まった。ジュネーヴで開かれた**アラバマ事件仲裁裁判**では英国の中立義務違反を認めて賠償支払を命じる判決が1872年に下された。南北戦争では南軍の交戦団体としての承認があったとされていたから米英間に中立法の適用があり，判決は**ワシントン三原則**として中立法の内容を明確化したと評価されている。また重大な紛争が裁判で解決をみたことや裁判所が国際法を用いて判断したことから国際裁判の発展の上からも注目される。

仏沿岸で交戦するアラバマとキアサージ。

（出典：Library of Congress）

(2)　戦争犯罪処罰

　戦争犯罪とは，武力紛争法違反であって行為者の刑事責任を追及できる行為をいう。武力紛争当事国は，自国刑法に基づき自国や敵の将兵を戦争犯罪で処罰することが当然できる。しかし，戦争犯罪には武力紛争当事国の法益を超えて諸国に共通の法益や国際社会全体の法益を侵害すると考えられるものもある。ジュネーヴ諸条約や第1追加議定書の**重大な違反行為**，すなわちこれらの条約が保護するものを殺傷破壊する行為はそのような犯罪とされ，武力紛争当事国ではない国も処罰可能である。

　さらに，国際社会全体の関心事であるような戦争犯罪に加えて**集団殺害（ジェノサイド）犯罪**，**人道に対する犯罪**や**侵略犯罪**を処罰する国際的な刑事裁判所が1990年代以降設立されている。これは，諸国による戦争犯罪処罰の実績が芳しくなく，自国民を庇う場合も多いことから，国際的な裁判所による処罰の必要性が強調された結果である（⇨***Chapter 9***）。

6　中 立 法

(1)　中立の概念と中立義務

　武力紛争の存在は，その当事国と非当事国の関係にも影響を与える。武力不行使原則成立前には国際法上の戦争が発生すれば，戦争に軍隊の投入によって参加していない第三国は，当事国双方に公平な中立国と自動的になった。この当事国と中立国の関係を規律する国際法を中立法という。

　中立国は，戦争の全当事国との関係で黙認，防止および避止の3つの義務からなる**中立義務**に拘束される。**黙認義務**とは，当事国が中立国に損害を与えてもそれが武力紛争法や中立法の範囲内であればこれを黙認しなければならない義務をいう。**防止義務**は，中立国領域が当事国により作戦行動に使用されることを防止する義務で，**避止義務**とは，中立国が国として当事国を援助してはならない義務をいう。自国が攻められた場合を除いていずれの国同士の戦争でも中立義務を遵守し，中立を条約上保障された国を**永世中立国**という。

(2)　現代における武力紛争非当事国の地位

　武力不行使原則が確立すると，戦争を合法的に行いうることを前提としてきた中立法はそのままのかたちでは存続できないとされる。つまり，武力行使の違法化の結果，武力紛争が起これば少なくとも一方の当事国は違法に武力を行使していることになるから，そのような国と自衛権を行使している国の双方に公平であることは困難になる。また，国連安保理が一方の当事者を平和の破壊者や侵略国と認定した場合も同じである。

　もっとも，他国同士の武力紛争には関与しないほうが賢明なことも多く，また安保理による

平和の破壊や侵略行為の認定も稀にしかない。法的には今日でも武力紛争でその第三国が中立を選択することは可能である。さらに，軍隊の投入によって武力紛争の当事国にならないが，中立たる地位を選択せずに一方の当事者を援助するいわゆる**非交戦国**と呼ばれる国々も生じる。こうした非交戦国の地位は国際法上必ずしも明らかにされていない。

7 軍 縮 法

(1) 武力紛争法と軍縮法

武力紛争法が兵器に関して規制を行うのは，その使用の場面に限定され，原則として，特定の兵器の保有に言及することはない。これは，武力紛争法が武力紛争の存在を前提としてはじめて適用され，兵器保有といういわゆる平時にもかかわる問題には関与しなかったからである。また，武力紛争法は戦時復仇を許容し，使用が違法である兵器を向けられた場合には同様に違法な兵器による反撃を認めるから，そうした兵器を保有しないことでむしろ履行確保に支障が生じると考えられた。このため1925年の毒ガス議定書のように，毒ガス等の使用を禁止しながらも保有に言及しない条約もあった。

しかし，あらかじめ兵器の質や保有量を規制しておけば，武力紛争発生時の被害軽減，平時からの緊張緩和や平和的解決促進に役立つことに間違いない。こうしたことから兵器保有制限についての条約がつくられてきた。

(2) 軍縮と軍備管理

兵器の保有制限については，規制を段階的に進めつつ最終的には特定の兵器全廃を目指すものと，保有を相互に制限して関係国間の関係を安定化することを主目的とするものの2つがある。前者を**軍縮**（disarmament）といい，後者を**軍備管理**（arms control）として呼び分けることもある。

軍縮は，国家間の紛争を平和的に処理し，さらに安全保障は国連の集団的安全保障の枠組みを充実させそれに依存すればよく，なまじ個々の国が兵器を持つと危険であるという考え方を背景としている。軍備管理の考え方は，戦争の原因は必ずしも兵器保有にはなく，また，多数国間の安全保障制度も完全ではないことから，保有制限を行う場合でも兵力均衡確保や査察制度整備など安全保障上の配慮を払うことを重視する。ただし，この相違は相対的で，区別が厳密にできるわけではない。

(3) 大量破壊兵器

軍縮の分野では，核兵器がその強大な破壊力から最も注目されてきた **14-10** **14-11**。核抑止戦略のために核兵器保有が必要とされつつも，核兵器国の保有制限設定と他の諸国への核兵器拡散防止がともに図られてきた。

核兵器の信頼性は核実験により確認されるが，条約としてはまず1963年に**部分的核実験禁止条約**が結ばれ**大気圏内核実験**が禁止された。しかし，フランスと中国はこれに加わらなかった。地下核実験の制限についても米ソ間で交渉が続いていた。1996年には**包括的核実験禁止条約**が採択されたがその発効には核兵器国のほか，核開発能力を持つ一定の諸国の批准が必要である。

核兵器については，米ソ間の**戦略兵器の制限交渉**のように弾頭や運搬手段を制限する協定締結が試みられてきた。また，新たな核兵器国が生じないよう1968年に**核兵器不拡散条約**が締結された。核兵器不拡散条約では，核兵器国は核兵器を他国へ移譲しない義務を課せられ，非核兵器国は核兵器取得ができなくなるとともに**国際原子力機関**（IAEA）の査察を受ける。フランス，中国ものちにこの条約に参加し，1995年には条約の無期限延長も決まった。

核兵器の配備を地理的に制限しまたは禁止する条約もある。**南極条約，宇宙条約や海底非核化条約**による配備制限のほか，ラテンアメリカ，南太平洋，東南アジア，アフリカと中央アジアにそうした地域的条約がある。なお，最近いわゆるテロリストによる大量破壊兵器取得が懸念されるようになった。これに関しては，**安保理決議1540**（2004年）によって各国が必要な国内措置をとることが求められている。

核兵器をめぐってはこうした軍縮や配備規制

1945 年 8 月に米軍重爆撃機 B29 が広島に投下した原子爆弾の原子雲で爆発 5 分後の撮影という。高性能爆薬換算重量 10 から 20 キロトンの核爆弾は，中規模都市を完全に破壊する威力を持っている。

（撮影：米軍，提供：広島平和記念資料館）

ソ連軍軽爆撃機と搭載用核爆弾。大型機にしか搭載できなかった核爆弾も小型化され，1950 年代にはこうした戦術機でも運搬できるようになった。写真の核爆弾は，重量 1.2 トンながら広島型原爆の約 2 倍の 30 キロトンの威力がある。

（写真：『ヤコヴレフ Yak-25／Yak-28』〔世界の傑作機 159 号〕
〔文林堂，2014 年〕3 頁，©Yefim Gordon）

戦略核兵器は，主に大陸間弾道弾（ICBM），潜水艦発射弾道弾（SLBM）および爆撃機により運搬される。写真は，仏潜水艦ル・テリブルが海中から発射した M51 と呼ばれる SLBM である（2010 年 7 月撮影）。SLBM の多くは圧搾ガスでいったん海面上に射出され，そこでロケットモーターに点火される。米露英の SLBM と同様に仏 M51 も最大 10 発程度の核弾頭を装備し，個別の地上目標に指向できる。核の第一撃に生き残りやすい SLBM は，核復仇にも用いられる。第二撃としての核復仇は，第一撃が違法の場合には，武力紛争法から説明すれば戦時復仇である。

（写真：AFP＝時事）

に関する条約があるが，これらを踏まえ ICJ は，1996 年の核兵器の合法性に関する勧告的意見において，全面的核軍縮の交渉だけではなくそれを妥結に導く義務が存在すると述べて注目を集めた。2014 年にはマーシャル諸島は，核兵器不拡散条約および国際慣習法からして核軍縮義務が存在する旨主張し，これに核兵器国が違反しているとして ICJ に訴えた。また，広範な反核運動により 2017 年には核兵器禁止条約採択にこぎ着けた。もっとも，核兵器保有国でその締約国になろうとする国はない。

生物兵器に関しては，1972 年の生物毒素兵器禁止条約がその開発からの禁止を定めている。化学兵器は，1993 年の化学兵器禁止条約が使用に加えて軍縮的措置として開発から保有までを禁じ，保有化学兵器の廃棄や査察を定める。

(4) 通常兵器

核生物化学の大量破壊兵器以外の兵器を通常兵器という。核兵器出現前の世界においても，戦略的意義を有する海軍力の制限が行われていた。戦間期のワシントンとロンドンの海軍軍縮条約（1922 年，1930 年）がそれである。また，海上通商を脅かす潜水艦を毒ガスなどの非人道的兵器と並んで全廃する条約の作成も試みられたが，これは実現しなかった。

第二次大戦後は，核軍縮が主要な問題となるが，通常兵器軍縮も冷戦終結後の欧州でみられ，

1990 年には**欧州通常戦力条約**が締結された。し
かし，通常兵器に関する軍縮を定める条約はほ
かにはほとんどない。非人道性から使用が禁止
される通常兵器について保有も同時に禁止する
1997 年採択の対人地雷禁止条約や 2008 年のク
ラスター弾条約のようなものがみられる程度で
ある。2013 年には**武器貿易条約**が採択されたが，
これは通常兵器不正取引防止に主眼を置くもの
で，国の軍隊のための通常兵器の保有や輸出入
を規制しない。

┃参考文献
- 竹本正幸『国際人道法の再確認と発展』（東信堂，
  1996 年）
- 藤田久一『国際人道法〔新版再増補〕』（有信堂高
  文社，2003 年）
- 村瀬信也＝真山全編『武力紛争の国際法』（東信堂，
  2004 年）
- 黒﨑将広ほか『防衛実務国際法』（弘文堂，2021
  年）

参 考 文 献

　各章の末尾に関連する参考文献を挙げていますが，ここでは国際法全般の学習用に主要参考文献を挙げました（教科書と条約集については，過去5年間〔2017年以降〕に刊行された代表的なもののみ）。

◆教科書など
- 浅田正彦編著『国際法〔第5版〕』（東信堂，2022年）
- 岩沢雄司『国際法』（東京大学出版会，2020年）
- 小松一郎『実践国際法〔第3版〕』（信山社，2022年）
- 佐藤義明ほか著『ここからはじめる国際法――事例から考える国際社会と日本の関わり』（有斐閣，2022）
- 杉原高嶺『基本国際法〔第3版〕』（有斐閣，2018年）
- 芹田健太郎著『新ブリッジブック国際法入門』（弘文堂，2020）
- 玉田大＝水島朋則＝山田卓平『国際法〔第2版〕』（有斐閣ストゥディア，2022年）
- 中谷和弘ほか『国際法〔第4版〕』（有斐閣アルマ，2021年）
- 森肇志＝岩月直樹『サブテクスト国際法』（日本評論社，2020年）
- 柳原正治＝森川幸一＝兼原敦子編『プラクティス国際法講義〔第4版〕』（信山社，2022年）
- 柳原正治『国際法〔改訂版〕』（放送大学教育振興会，2019年）
- 山形英郎編『国際法入門――逆から学ぶ〔第3版〕』（法律文化社，2022年）

◆条約集
- 植木俊哉＝中谷和弘編集代表『国際条約集』（有斐閣，毎年刊行）
- 浅田正彦編著『ベーシック条約集』（東信堂，毎年刊行）
- 芹田健太郎編集代表『コンパクト学習条約集〔第3版〕』（信山社，2020年）

◆辞　典
- 国際法学会編『国際関係法辞典〔第2版〕』（三省堂，2005年）
- 高橋和之ほか編集代表『法律学小辞典〔第5版〕』（有斐閣，2016年）
- 筒井若水編集代表『国際法辞典』（有斐閣，1998年）

◆判例集
- 森川幸一＝兼原敦子＝酒井啓亘＝西村弓編『国際法判例百選〔第3版〕』（有斐閣，2021年）
- 杉原高嶺＝酒井啓亘編『国際法基本判例50〔第2版〕』（三省堂，2014年）
- 薬師寺公夫＝坂元茂樹＝浅田正彦＝酒井啓亘編集代表『判例国際法〔第3版〕』（東信堂，2019年）

◆ホームページ
- 国際法学会（https://jsil.jp/）
　＊HP内の「研究教育情報」から国際法を学習する上で基本となる情報・資料を提供するインターネット・サイトへのリンク集，国際法の各分野に関する主要な文献をまとめた主要文献目録などにアクセスできます。

List of visual elements, terms & columns

■INDEX 索引■

183

ビジュアルテキスト国際法　第 3 版
"Visual" Textbook of International Law, 3rd edition

2017 年 4 月 30 日	初　版第 1 刷発行
2020 年 11 月 20 日	第 2 版第 1 刷発行
2022 年 12 月 20 日	第 3 版第 1 刷発行

編 著 者	加藤　信行 植木　俊哉 森川　幸一 真山　　全 酒井　啓亘 立松　美也子
発 行 者	江草　貞治
発 行 所	株式会社　有斐閣

郵便番号　101-0051
東京都千代田区神田神保町 2-17
http://www.yuhikaku.co.jp/

印刷／製本・大日本法令印刷株式会社
©2022, N.Kato, T.Ueki, K.Morikawa, A.Mayama, H.Sakai, M.Tatematsu.
Printed in Japan

ISBN 978-4-641-04692-4